中华优秀传统文化思想中的教育与管理书系

中国教育管理学与中华传统文化

古仁 著

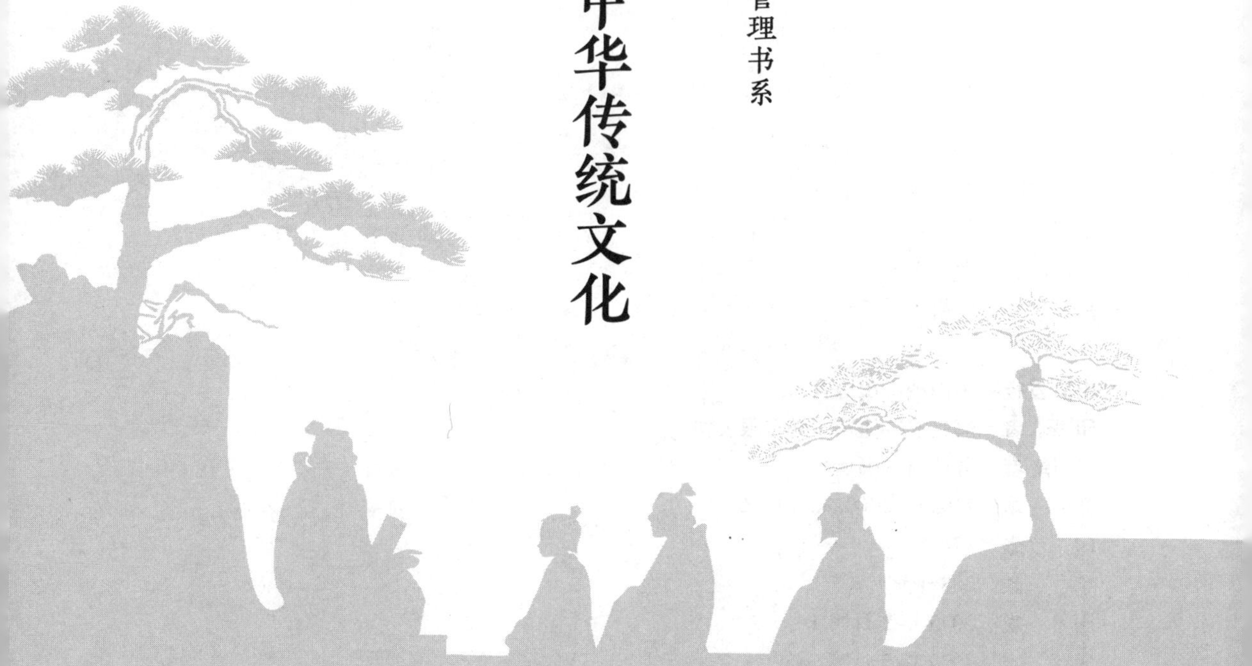

中国经济出版社
CHINA ECONOMIC PUBLISHING HOUSE

·北京·

图书在版编目（CIP）数据

中国教育管理学与中华传统文化 / 古仁著 . -- 北京：中国经济出版社，2025. 5. -- ISBN 978-7-5136-8180-3

Ⅰ . G526；K203

中国国家版本馆 CIP 数据核字第 202525CK15 号

组稿编辑	崔姜薇　黄傲寒
责任编辑	罗　茜
责任印制	李　伟
封面设计	任燕飞工作室

出版发行	中国经济出版社
印 刷 者	河北宝昌佳彩印刷有限公司
经 销 者	各地新华书店
开　　本	710mm×1000mm　1/16
印　　张	17.25
字　　数	288 千字
版　　次	2025 年 5 月第 1 版
印　　次	2025 年 5 月第 1 次
定　　价	88.00 元

广告经营许可证　京西工商广字第 8179 号

中国经济出版社 网址 http://epc.sinopec.com/epc 社址 北京市东城区安定门外大街 58 号 邮编 100011
本版图书如存在印装质量问题，请与本社销售中心联系调换（联系电话：010-57512564）

版权所有　盗版必究（举报电话：010-57512600）
国家版权局反盗版举报中心（举报电话：12390）　　服务热线：010-57512564

书系前言

国家提出要建设自主的知识体系，为什么要"自主"，因为中国足够独特，与其他国家不一样，不能用其他国家的学问来解释。以管理学为例，在中华传统文化的管理思想中有自己独特的理论体系，在人性假设、管理目标、管理的评价标准、管理方式、激励方法、管理范畴、管理取向、人才观、分配方式等方面，与西方管理学有着系统性的差异。以教育学为例，中华传统教育思想在教育目标、教育内容、教育原理、教育原则、教育方法等方面，都有自己的特征。中国有很多独特的管理与教育实践，在西方管理学与教育学中都得不到合理解释，使其"无处安放"，进而使其无法形成知识积累。

西方管理学以经济人假设为基础，认为人会追求自身利益最大化，具有自利性；中国管理学与教育学以"人皆可以为圣贤"为基础，认为人具有善性和无限潜能，具有利他性。如果相信西方的学问就会认为做人自私自利是理所当然的；如果相信中国的学问，就会把利他奉献作为人生的价值追求。学问本身就塑造人格，学问所指导的实践又进一步塑造人格。中国之所以能够取得今天的成就，利他奉献、团结合作是我的重要"法宝"。如果应用西方的学问来指导教育与管理，我们就是在按他们的需要培养人，而不是按我们自己的需要。社会学理论不仅是在探讨真理，也是在做集体理性的选择，中华优秀传统文化中的理论思想，可以给个体带来更大的幸福，可以给社会给人类带来更多的美好。

在中国传统文化思想中，很多学科是可以统合的，管理学、教育学、政治学、法学、自我修养等都是相通的。真实的世界只有一个，如果不同学科各有一套理论，相互之间难以兼容，肯定就有假学问。按照中华传统文化，个体的多个方面也是可以实现统合的，工作、生活、交往、爱好、学习、实践等等，都是可以应用一套学问。你懂了一套学问，就可以生发出无穷无尽的智慧。中华传统文化思想，不仅可以应用到人文学科与社会学科，还可以应用到自然科学领域，天人合一的宇宙观、全息整体观等，对认识自然、发展科技等都具有重要的指导价值。中华优秀传统文化思想，因其反映了宇宙人生的真谛，所以才可以实现多种统合。

自主知识体系要如何建设？有人认为根本就不必提发展自己的学术，西方的学术就是放之四海而皆准的科学，只要是解释人类的行为就都可以用，我们只要在人家的基础上再往前发展就可以了。就好像建一个建筑，我们只要给西方学术体系这个建筑换砖换瓦、添砖添瓦，就算发展中国的学问了。我认为，这种零敲碎补根本不能算自主的知识体系，我们必须从地基就开始重新建。从宇宙人生的真谛出发，建设统合各领域的真学问。自主知识体系要能够解释中国的社会实践，能对我们自己的独特经验形成知识积累，能在同胞之间形成文化认同与情感共鸣。希望学术领域能认识到这一点，我们还有一个自主的学科体系要去建立。我深知同胞之中藏龙卧虎，如果那么多优秀的人都能来研究中国自己的学问，相关学术研究的繁荣定指日可待。

谨以此书献礼于我深爱的祖国与人民，献礼于社会主义事业的建设者，献礼于为中华民族抛头颅洒热血的先烈，献礼于传承中华传统文化的仁人志士。感谢历史与时代把这样的机会给了我，感谢祖国与人民对我的哺育与培养。能做一个中国人，能做一个受中国传统文化滋养的中国人，我感觉既幸运又骄傲。不管您是谁，我们认识或者不认识，您对我的观点赞同或不赞同，只要我们共同有着对中华优秀传统文化思想的热爱，有着对人类美好生活的期盼，我们就是盟友。如果您觉得这套书能对您有所启发，那一字一句都是我对您的祝福。

前言

高校的教育管理学专业，主要是学习西方经济管理思想。教育管理实践中，有很多教育工作者自发的教育与管理经验，这些经验根植于中国传统文化与本土文化，都有其独特的价值，但又都比较零散，不成系统。西方的经济管理思想给中国教育管理领域的指导是有限的，中国教育管理领域尚未形成自己的管理理论，也难以给中国的教育管理实践以系统性指导。中国自己的教育管理理论，要建立在自己的教育理论与管理理论的基础之上，本书将在《中国传统教育学理论》《中国人文管理学理论》与《中国人文管理学实践》的基础上，构建中国教育管理学理论。

一、构建中国教育管理学理论的侧重点

（一）教育管理以教育目标为目标

西方管理学在经济领域产生，往往是以效率最大化为目标。教育管理虽然也存在效率问题，但是，效率目标并不是教育管理的目标，教育管理是服务于教育目标实现的，应以教育目标为目标。教育的目标是人才培养，教育管理也应该以培养人才为目标。一方面，教育管理为实现人才培养目标服务；另一方面，教育管理也可以独立完成一些人才培养目标。

（二）以中华传统教育与管理思想指导教育管理

教育管理以教育目标为目标，其整个管理思想体系就要与教育目标相契合。以效率为目标的西方管理思想体系是难以契合教育目标的。中华传统思想中管理与教育具有极高的重合性，"格物""致知""诚意""正心""修身""齐家""治国""平天下"的八条目既是教育的次第，也是管理者成长的次第。因此，以中华传统管理思想构建教育管理理论具有天然的

契合性。

(三)学生管理要充分发挥育人作用

随着社会发展，人与人之间的相互依赖性逐渐下降，人与人之间的联系也在减少，但是，人是具有情感需要与社会性需要的。在未来，学校作为知识传授主体的功能将下降，但是，作为道德与情志培养主体及社会交往空间的功能将上升。在当前的很多教育实践中，学生管理被看作保障学科教学的辅助工作，其内容也被简单压缩为卫生、纪律等方面；在未来，学生管理应该发挥与学科教学相当的教育功能。通过多样化的设计，学生管理要充分发挥育人作用，为学生的全面发展提供有力的支持。

(四)充分发挥学生与教师的自主性

在人工智能时代，知识传授将不再是对既定少量知识的重复强化，而是扩展人的知识面。当让人学习既定的少量知识时，教育培养了具有相似知识结构的人，当把学习的自主权交给每个人时，他们的知识结构将超出很多人的想象。目前，我们已经积累了很多教育经验，但这些教育经验很大一部分都是针对应试教育的。虽然国家强调学生的全面发展，但是，一些老师和家长最主要的教育目标，是把学生规训成遵守纪律、努力学习、能考出好成绩的学生。当教育以培养"圣贤"为目标，以培养真正的德才兼备、全面发展的人为目标时，老师和家长就不再是要把学生培养成自己所期待的样子，而是帮助学生成为他们自己期待的样子。老师要做的是引领学生树立目标，并指导学生如何实现目标。年轻人的学习能力与成长速度，将超出成年人的想象。自主成长的学生需要自主成长的老师来进行教育，老师的自主成长是学生自主成长的保障。

二、本书的主要内容

(一)基于中华传统文化思想构建教育管理理论的必要性与重要性

本书讨论了构建中国教育管理学理论的必要性，以及中华传统教育与管理思想对构建中国教育管理学理论的重要意义。中西文化差异、教育领域与经济领域的差异，使得我们有构建中国教育管理学理论的必要。教育管理应该以教育目标为目标，中华传统教育思想里有自己的教育学理论，对教育管理提出了自己的要求。中华传统管理思想能够很好地回应教育理论对教育管理的要求,为我们构建中国教育管理理论提供了可能与支撑。

(二)学生管理理论

学生人文管理的基本管理哲学问题,包括人性观、管理目标、管理范畴、管理取向、管理的评价标准等,学生管理应落实教育内容、遵循教育原理、符合教育原则、应用教育方法。师生关系是学生管理的关键。应在学生管理中落实道德教育、情志教育、才能教育等教育内容。班级管理是学生管理的重要内容,应开发各种类型的学生管理工具,使学生管理的有效经验得到积累与传播。

(三)教师管理理论

教师人文管理的基本管理哲学问题,包括人性观、管理目标、管理范畴、管理取向、管理的评价标准等。教师人文管理的重要管理模式是德政、和谐与教化管理,其主要激励方法是道德激励与情感激励。道家无为而治的管理思想对教育管理有重要启示。教师的自我修养,对教师自我发展及教育教学水平提升具有重要的意义。

(四)学校的制度建设与文化建设

学校的制度建设应考虑人文性、文化特征,应该有适宜的边界,其制度并不是越详细越严格越好。学校文化建设应该遵循教育原理,核心是对人的塑造。学校文化应落实到个体、课堂、管理等方方面面。学校文化建设可利用的资源包括中华传统文化、自身所具有的资源、社会资源等,应具有国际视野。不同学校的文化建设在教育目标与教育内容上是相似的,特色主要体现在教育目标的实现路径上。家校合作是学校教育管理工作的重要内容。相互尊重是家校合作的基础,家长应尊重老师的专业性,老师应尊重家长的自主权。家校合作的范畴包括道德教育、情志教育、才能教育等,同时包括价值观、理性标准、情感意愿与行为习惯等教育环节,两者应分工合作。学校应鼓励家长进行自我修养,并为有意愿的家长提供力所能及的支持。学校与家庭要达成培养"圣贤"的共识,在促进孩子成长发展的共同目标下进行沟通合作。

(五)教育行政管理

教育行政管理的两个基本逻辑,一是从上至下贯彻教育目标,二是从下至上遵循教育管理规律。教育行政管理应符合中国文化特点,考虑社会发展趋势，考虑人文管理思想，注意政策的机会成本，借鉴其他国家的教育政策时应考虑文化差异等。应警惕政策目标与执行结果的不一致性。信息社会的教育管理，不要以技术过度替代人与人的沟通，不要把人脑当成信息系统的延伸，切忌管理范围与监督范围的盲目扩大，警惕流量经济对教育管理的侵蚀。实现学生禀赋与学校特色匹配及行为均衡的教育资源分布，是能够在一定程度上保障因材施教与教育公平的教育资源分配方式。

(六)中国教育管理实践与教育理论发展

中国教育事业取得了多方面的成就，为社会发展提供了人才保障。我们应该有自信通过总结自身的有效经验，推动教育事业更好发展。管理案例是收集与总结教育管理经验的一个途径。应该在总结自身成功经验的基础上，把教育实践经验上升为理论，再以理论反过来指导实践，实践是检验真理的唯一标准。我们应该建立起自主的学科体系，以自身经验形成知识积累。

目录

第一章 中华传统思想对构建教育管理理论的意义 …… 001
第一节 构建中国教育管理理论的必要性 …… 001
第二节 中国管理学与西方管理学的差异 …… 004
第三节 中国传统教育学理论 …… 013
第四节 从教育对管理的要求看中国教育管理学 …… 016

第二章 学生管理的基本管理哲学问题 …… 021
第一节 学生人性观 …… 021
第二节 学生管理的目标、范畴、取向与评价标准 …… 025
第三节 遵循教育思想是学生管理应遵守的原则 …… 028
第四节 师生关系是学生管理的关键 …… 029

第三章 学生管理与道德教育 …… 036
第一节 德政的双重内涵与学生管理 …… 036
第二节 规范、激励与德育 …… 039
第三节 学生德育应遵循教育原理 …… 044
第四节 教育对道德的影响及教育回报的道德机制 …… 050

第四章 学生管理与情志教育 …… 057
第一节 学生情志状态的识别 …… 057
第二节 情志教育的教育原理 …… 059
第三节 积极社会情感的培养 …… 062

第四节　特殊学生的关爱 ··· 065
　　第五节　从大学生的情志状态看学生管理 ···················· 066

第五章　学生管理与才能教育 ·· 069

　　第一节　学生的自我管理 ··· 069
　　第二节　全面发展与学习成绩 ······································· 071
　　第三节　服务他人与自我成长 ······································· 072
　　第四节　学生管理与人际交往能力培养 ······················· 073
　　第五节　发扬优点比纠正缺点更有效 ··························· 074

第六章　班级管理 ·· 078

　　第一节　班级民主管理 ··· 078
　　第二节　班级是学生成长的社会空间 ··························· 082
　　第三节　班级文化 ··· 084
　　第四节　班干部的选拔与培养 ······································· 086
　　第五节　集体主义的错误运用——集体惩罚 ··············· 088

第七章　学生管理工具开发与积累 ···································· 090

　　第一节　学生管理工具的价值 ······································· 090
　　第二节　以教育理论为基础开发学生管理工具 ··········· 091
　　第三节　学生发展情况研判工具的开发与应用 ··········· 093
　　第四节　根据教育理论把学生管理标准化与流程化 ··· 095

第八章　教师的人文管理 ·· 097

　　第一节　教师人性观 ··· 097
　　第二节　教师管理的目标 ··· 099
　　第三节　教师管理的范畴 ··· 101
　　第四节　教师管理的取向 ··· 105
　　第五节　教师管理的评价标准 ······································· 106

第九章　德政、和谐与教师管理 ·· 108

　　第一节　德政的双重内涵与教师管理 ··························· 108

  第二节　和谐的管理作用 …………………………………… 110

  第三节　教师的教化管理 …………………………………… 112

  第四节　不合理的激励会破坏教师的目标一致性 ………… 115

  第五节　教师队伍建设 ……………………………………… 116

第十章　教师的道德激励 …………………………………………… 118

  第一节　从经济回报与情绪回报看道德激励的可行性 …… 118

  第二节　从道德快乐看教师道德激励的可行性 …………… 119

  第三节　教师的理想追求与道德激励 ……………………… 123

  第四节　师德培养 …………………………………………… 124

第十一章　教师的情感激励 ………………………………………… 126

  第一节　情感激励的特点与效果 …………………………… 126

  第二节　使学校成为教师的情感归宿 ……………………… 129

  第三节　教师的职业动机 …………………………………… 130

  第四节　学校应重视教师的情绪 …………………………… 133

第十二章　无为而治与教育管理 …………………………………… 135

  第一节　无为而治的管理思想 ……………………………… 135

  第二节　适度的管理强度 …………………………………… 137

  第三节　无为而治管理思想对教育管理的启示 …………… 142

  第四节　无为而治的校长修养 ……………………………… 147

第十三章　教师的自我修养 ………………………………………… 151

  第一节　教师的自我修养之道 ……………………………… 151

  第二节　自我修养之法 ……………………………………… 157

  第三节　自我修养之术——文、武、医、艺、耕 ………… 168

第十四章　学校制度建设 …………………………………………… 185

  第一节　制度建设的人文性与科学性 ……………………… 185

  第二节　文化、组织行为与制度制定 ……………………… 187

  第三节　制度的边界 ………………………………………… 193

第四节　支持性制度 …… 198

第十五章　学校文化建设 …… 200
　　第一节　学校文化建设的核心与原理 …… 200
　　第二节　学校文化的落实 …… 203
　　第三节　学校文化建设可资利用的资源 …… 204
　　第四节　如何看待多姿多彩的学校文化 …… 207

第十六章　家校关系与家校合作 …… 209
　　第一节　相互尊重是家校合作的基础 …… 209
　　第二节　家校合作的范畴 …… 210
　　第三节　缺位的家长自身教育与学校的作用 …… 212
　　第四节　家校沟通的基本内容与基本逻辑 …… 214

第十七章　教育行政管理 …… 215
　　第一节　教育行政管理的两个逻辑 …… 215
　　第二节　从中华传统文化思想看教育行政管理 …… 219
　　第三节　警惕政策目标与执行结果不一致 …… 223
　　第四节　信息社会的教育管理 …… 228
　　第五节　因材施教与教育公平——行为均衡的资源分配方式 …… 230

第十八章　中国教育管理实践与教育理论发展 …… 234
　　第一节　中国教育管理实践 …… 234
　　第二节　教育管理案例写作 …… 237
　　第三节　中国教育管理理论总结与发展 …… 242

参考文献 …… 246

书系后记 …… 249

第一章 中华传统思想对构建教育管理理论的意义

新中国成立以来，中国社会各方面事业取得了长足的发展，充分展示了国家的管理能力和中华民族的文化底蕴。但是，在管理学领域，尚未形成基于中国传统文化与本土文化的系统管理理论。在教育管理学领域，学科教学主要以产生自西方经济领域的管理学理论为主，很多学术研究也建立在西方学术体系的脉络之上。在教育管理实践中，也主要应用西方管理理论作指导，当然，在具体管理实践中，可能会自发应用一些具有中国文化特色的做法，但是，这些都是自主生发的，很少有系统的中国管理理论指导管理实践，更缺乏专门针对教育领域的教育管理理论。

第一节 构建中国教育管理理论的必要性

一、中西文化差异

关于中西文化的差异，哲学、社会学、文化心理学、管理学等不同领域的学者，都从不同角度进行了总结。本书从管理学视角分析中西文化的差异。

1. 整体思维与分析思维

中国人的思维方式倾向于整体思维，而西方人的思维方式倾向于分析思维。从管理目的上说，西方管理实践主要看重效率，实现组织利润最大化是经济组织的最高目标，因此在这样的目标设置里，往往不考虑社会目标与人生目标，组织目标是与社会目标割裂的，个人在工作中的目标与人生目标也往往是割裂的。根据中国的整体思维，我们探讨的是工作目标与人生目标的有机结合，尤其是在教育领域，很多教师都是带着教育理想选择教师工作的，如果在管理上不能有机结合教师的人生目标，而只是把工作作为满足教师经济需要的手段，仅通过经济手段激励教师，就达不到激励效果。

中国的整体观对于我们认识教育管理的目标设置有几点启发：教育目标与社会目标的整体考虑、效率目标与非效率目标的整体考虑、教师工作目标与人生目标的引导与整合。

2. 集体主义与个人主义

整体思维倾向于把组织成员看作一个整体，表现出集体主义倾向；分析思维倾向于把组织成员看作独立个体的集合，表现出个人主义倾向。中国文化具有集体主义的特点，而以美国为代表的西方文化具有个人主义的特点。这种价值观差异会成为组织行为差异的来源。

3. 和谐取向与竞争取向

整体思维倾向于追求人与人之间的协调平衡，表现出和谐取向；分析思维倾向于追求个人利益的最大化，表现出竞争取向。相较而言，中国文化具有追求和谐的倾向，西方文化具有崇尚竞争的倾向。具有不同取向的人，对组织的期待会有所不同，在组织中的行为表现也会有所不同。

4. 情境理性与制度理性

中国人是情境理性的，要根据具体情境做出最优选择，而不是顽守既定的制度；西方人是制度理性的，不管具体情境如何，都要按照制度去执行。制度理性者往往抽象掉人的具体性，把人看作制度的"螺丝钉"，制度主导着组织的运转；情境理性者相信人是管理的核心，看到人的具体性，人才选拔相对严格。

5. 逻辑思维与辩证思维

逻辑思维的基础是逻辑关系，而逻辑关系的基础是把事物区分成不同的部分，逻辑往往是不同事物之间的关系。中国的辩证思维强调联系和整体性，不强调区别。

二、教育领域与经济领域的差异

经济管理往往以效率最大化为管理目标，教育管理是为达到教育目标服务的，其并没有自身独立的管理目标，而教育目标总是以人的成长与发展为核心，并不是以效率最大化为目标。由于两者目标的不一致性，在教育领域应用经济管理理论，难免有不适配的现象。

三、中国教育与西方教育有所不同

很多时候我们都在借鉴西方教育管理方法，但借鉴西方的教育管理模式难以满足我们自身的需要。一方面，西方教育管理领域主要是在应用西方经济管理思想；另一方面，即使西方教育管理领域能够根据教育领域的特点进行一定的取舍和创新，也存在着中国教育与西方教育有所不同的问题。比如，中国作为社会主义国家对教育公平、立德树人等更加重视。

综上所述，中国与西方在文化上的这些差异，必然导致有效的管理方式也是有差异的。探索这些差异背后的管理意义，对于探索符合中国文化的管理方法，有效借鉴国外的管理经验，具有重要意义。

四、教育管理学研究对管理学的反哺

在教育背景下研究管理哲学，对于促进管理哲学乃至管理科学的发展具有特别的意义。当今世界信息交流高度发达、国际交流频繁，不同的文化之间可能存在着不同程度的影响或融合。现有的管理学主要是在经济领域发展起来的，而在经济领域的国际融合度是相对较高的。国际上一些影响广泛的促进经济交流的协议，以及跨国公司的广泛存在，使得我国的经济组织在管理方式和管理理念上受到国外很大影响，这些影响虽然也会渗透到教育领域，但是影响相对来说比经济领域要小很多。这可能使得教育领域更多地保留了具有中国文化特色的管理理念与管理方式，为我们研究中国文化下的有效管理制度提供了机会。在西方管理学领域，一直是经济管理在滋养教育管理；在本土管理学领域，存在教育管理反哺经济管理的可能性。因此，一方面，管理哲学研究对于促进教育管理实践具有重要的意义；另一方面，教育管理哲学研究对于促进管理哲学的发展也具有积极的意义。

第二节 中国管理学与西方管理学的差异[①]

当今中国社会取得了举世瞩目的发展成就，证明了中国社会的管理能力。中国当代社会的管理方法，一方面是向西方发达国家学习，另一方面是传承自己的文化传统，将西方的管理思想以管理学学科的形式展示出来，但是，中国传统的管理思想在学术领域尚缺乏系统的梳理。本书尝试从管理哲学的基本问题出发，对中国传统管理思想与西方管理思想进行比较分析，从而帮助我们更好地认识自己的传统管理思想，有助于我们在适宜的管理情境中做出更有针对性的管理决策。

一、中国管理哲学与西方的差异

1. 人性假设——善性与无限潜能

人性假设是西方管理学的基本出发点，西方管理学主要是从善恶角度来认识人性，虽然其人性观有一定的变化与发展，但都是从人的欲求角度来认识，通过满足人的欲求来"诱惑"人努力工作。中华传统文化思想认为"人皆可以为圣贤"，既肯定了人的善性，也肯定了每个人都有无限的潜能，拥有无限的可能。中国对人性潜能的这种认识，集中体现在中国人耳熟能详的寓言故事《愚公移山》中。愚公作为一个90岁的老者，却相信大山可以被移动。

西方管理哲学与儒家哲学都有关于人性善恶的相关探讨，但是两者在本质上还是有很大区别的。在西方管理学中，关于人性的探讨，更多的是看到人作为生产工具的性质，作为实现组织管理目标的一种保障条件的性质，可以说是偏向物质的一面和生物性的一面。在儒家关于人性的探讨中，更加注重人精神的一面，人本身就是管理的目的，如何提高个人的修为，并借之提高其他人的修为。两者关于人性假设的前提与目的不同，其对管理实践的意义就具有不同的意义。

通过总结分析，我们认为在中国传统管理思想中，人性观的两个方面与管理关系比较密切，一是人性的善恶，二是人的潜能。中国文化从更广阔的

[①] 本节内容在笔者的《中国人文管理学理论》中有更深入的阐释，感兴趣的读者可以参考。这里为了兼顾内容的完整性及简洁性，只做了简要介绍。

视角来认识人性,超越了西方管理学仅从善恶角度来认识人性。善恶角度更多地指向管理中的监督与激励问题,而潜力角度则可以指向管理的授权与信任问题。

2. 管理目标——人才的获得与培养

一般认为,西方管理学以效率最大化为目标。一旦以效率为目标,就把人工具化了,人成了实现效率的工具,从而可能忽视人的真正价值与需求。中华传统文化思想中,不以效率为目标,而是以人才的获得与发展为目标,"是故君子先慎乎德。有德此有人,有人此有土,有土此有财,有财此有用。德者本也,财者末也。外本内末,争民施夺。是故财聚则民散,财散则民聚。"[①] 这里提到了"德""人""土""财""用",西方的效率目标,主要体现在物质财富上,在这里,主要对应着"财"。从这段论述可以看出,在中国传统思想中"土"的重要性大于"财","人"的重要性大于"土","德"虽然是根本,但"德"主要是针对自身的,从外在来看,最根本的就是"人"。因此,儒家管理思想,内在上是修自身的德行,外在上是以人才获得与发展为目标,并不以"财"为目标,即使获得了"财",也是为了"用",如果不能正确使用"财","财"本身就失去了价值。

以人为目标是否与效率目标相矛盾呢?所有价值归根结底都是由人创造的。当以人为目标,重视人的多方面需要时,人一旦得到了充分发展,就可能创造出更高的价值,因此,在以人为目标与效率目标之间,可能存在一定的不一致性,但是,两者之间并不是矛盾的。

3. 管理方法——德政与教化

从具体管理方法来看,西方主要是依靠制度来完成管理,比如,激励制度、科层制度,以制度做出详细的规定,强制或者激励被管理者,按照管理者或者组织的意图去完成工作。制度的制定也主要是出于利益的考量,比如,在委托代理理论中,委托人制定一个适宜的分配比例,可以激励代理人按照委托人的意图或者组织利益最大化的目标去工作。

西方管理学以效率最大化为目标,以制度为实现目标的管理方法。在中国传统管理思想中,以人才的获得与发展为目标,也要有相配套的管理方法。《论语》中有这样的论述:"导之以政,齐之以刑,民免而无耻;导之以德,

---

① (战国)孟子,等. 四书五经 [M]. 北京:中华书局,2009:48.

齐之以礼，有耻且格。"① 其中的"政"与"刑"与现代管理学的"制度"内涵比较接近，以规定奖惩的方式来进行管理。但是，这里说以这样的方式来管理"民免而无耻"，只有以"德"和"礼"来管理，才能够"有耻且格"。我们先来看看"民免而无耻"与"有耻且格"两者的区别。一个是他人监督，一个是自我监督；一个是监督外在行为，一个是监督内在心理。靠他人来监督行为，恶行可以说会防不胜防，而靠自己来监督自己的内心，内心不产生恶念，自然就不会产生外在的恶行。德政其实具有两个方面的含义：一方面是管理者以修己安人的德行方式来管理下属；另一方面是给下属足够的德行成长空间，而不是用惩罚性制度来压缩其德行空间。一旦一个人犯了错，在有惩罚措施的条件下，往往首先想到如何逃避惩罚；只有在没有惩罚威胁的情况下，才可能进行道德的反思。

怎样才能培养被管理者的"德"与"礼"？这就要辅之以教化。如何教化？首先管理者要以身作则，修己安人。儒家经典《大学》提出了"格物、致知、诚意、正心、修身、齐家、治国、平天下"八个条目②，既是教育的过程，也是管理的过程。可见，在中国传统思想里，教育过程与管理过程是具有高度重合性的。德政与教化是管理的重要方法。

在中国传统管理方法中，一般不靠精细的制度管理，当西方管理学传入中国时，很多人都惊叹于制度的精细化。中国传统管理思想既然不应用精细化的制度，如何保障员工能按照组织的利益行事呢？中国文化讲究"礼之用和为贵"，通过"和"使大家的利益具有高度的一致性，即使在无人监督的情况下，个体也会自愿做出对组织有利的选择。在西方的组织中，人与人之间是工作关系，个体与组织之间主要是工作关系。但是，在中国的组织中，倾向于追求人与人之间的和谐关系，个体与组织之间多方面的依赖，同时也会应用一些制度安排保障集体利益一致，在这种以"和"维系的人际关系及人与组织关系中，个体在不同的情境下，都更可能做出对组织、对集体最优的选择，而不是只做对自身最有利的选择。以制度来管理，制度很难是完备的，不可能在任何情况下都是最优决策；中国的管理思想通过简约的制度与"和"互补，给具体执行者以更大的授权，使其可以在具体情境下根据实际情况做出对组织最有利的选择。

---

① （战国）孟子，等．四书五经［M］．北京：中华书局，2009：7．
② （战国）孟子，等．四书五经［M］．北京：中华书局，2009：47．

4. 激励方法——物质与精神

西方的激励理论有内容型激励、过程型激励、目标激励等，归根结底都是以某种利益去诱惑被管理者，使其按照管理者的目标去工作。西方管理学虽然在不断发展，但基本上都是在探索人的需要，通过满足其需要，诱惑其努力工作。西方管理理论以效率最大化为目标，以制度为主要管理方法，在激励方法上，使用以物质激励为主的激励方法。中国传统管理思想以人为目标，管理方法上应用德政与教化，配合相应的激励方式。西方的激励方式，对应到中国文化里，主要对应着"利"，而在中华传统文化里，有对于"利"的认识，以及"利"与"义"关系的认识，比如《论语》中说："放于利而行，多怨"，①《孟子》中有这样的论述："为人臣者怀利以事其君，为人子者怀利以事其父，为人弟者怀利以事其兄，是君臣、父子、兄弟终去仁义，怀利以相接；然而不亡者，未之有也。……为人臣者怀仁义以事其君，为人子者怀仁义以事其父，为人弟者怀仁义以事其兄，是君臣、父子、兄弟去利，怀仁义以相接也。然而不王者，未之有也。"② 可见，在中国传统管理思想中，纯粹的利益激励是存在弊端的，所以，并不主张纯粹的利益激励，而是强调"义"在其中的作用，用君子的德行来激励人，"君子喻于义，小人喻于利"。③ 从外在利益来说，最大莫过于生命，如果生命没有了，一切外在利益也就都失去了作用，《孟子》中有这样的论述："生，亦我所欲也；义，亦我所欲也。二者不可得兼，舍生而取义者也。生亦我所欲，所欲有甚于生者，故不为苟得也；死亦我所恶，所恶有甚于死者，故患有所不辟也。"④ 可见，中国传统思想对于"义"的重视。那么，如何使人重视"义"呢，这又恰好与中国的管理方式相配合，就是德政与教化。这里，我们需要讨论的是"义""德""教"为什么能发挥激励作用。

西方采用利益激励的方式，而利益是人期待获得的。"利"能够给人带来满足和愉悦，所以其可以发挥激励作用，"义""德""教"的激励作用是如何发挥的呢？《论语》中说："知者不惑，仁者不忧，勇者不惧"⑤ "智者乐水，仁者

---

① （战国）孟子，等. 四书五经 [M]. 北京：中华书局，2009：11.
② （战国）孟子，等. 四书五经 [M]. 北京：中华书局，2009：108.
③ （战国）孟子，等. 四书五经 [M]. 北京：中华书局，2009：11.
④ （战国）孟子，等. 四书五经 [M]. 北京：中华书局，2009：105.
⑤ （战国）孟子，等. 四书五经 [M]. 北京：中华书局，2009：22.

乐山；智者动，仁者静；知者乐，仁者寿"①"君子不忧不惧"②"不仁者不可以久处约，不可以长处乐"③"苟志于仁矣，无恶也"④，可见，在儒家的理念中，良好的道德可以造就良好的情志，道德水平高更容易获得快乐的感受。"'乐者，乐也。'君子乐得其道，小人乐得其欲。以道制欲，则乐而不乱；以欲忘道，则惑而不乐。"⑤ 可见，在中国的传统管理思想里，不仅物质方面欲求的满足可以带来快乐，高尚的道德也是可以给人带来快乐的，而且缺乏道德规制的欲求快乐是不可持续的，会让人"惑而不乐"，只有德性才能给人带来持续的快乐。

下面，我们需要思考"道德"为什么可以给人带来快乐，道德激励相对于欲求激励有哪些优势？欲求快乐既有饱和性，也有无餍足性。所谓饱和性，就是有些欲望的满足是有上限的，如饮食，不管一个人多富有，胃口终是一定的，达到了一定的富裕程度，即使财富再增长也不太可能用于改善饮食。所谓无餍足性，在某些方面，就是欲望有"欲壑难填"的性质，如对奢侈品的需求。从持续性来说，物质激励要不断地重复进行，去年发的奖金不会在今年仍然发挥激励作用，但是，道德激励的持续性相对长久。道德快乐可以转化为欲求快乐，如孔子说："饭疏食，饮水，曲肱而枕之，乐亦在其中矣。不义而富且贵，于我如浮云。"⑥

从易感知性来说，可能欲求激励更容易感知。我们不是否定物质激励，而是强调如果没有以道德激励为补充，物质激励很难独自发挥良好的激励作用。从儒家的视角来看，儒家并不提倡严格的"禁欲主义"，而是赞成适当的欲求满足，反对"穷奢极欲"。欲求的满足应该在符合"道德"的基础之上，不能为了满足欲求而做不道德的事。

"格物、致知、诚意、正心、修身、齐家、治国、平天下"的八条目，是修身过程，是道德成长过程，蕴含了道德激励需要遵循的规律。其中的"诚意、正心"与情志密切相关，可以认为与情志相关的激励是道德激励的组成部分。只有知道应该如何做，并愿意去做，才会产生行为。一个情绪良好的人，如果有合作意愿，则会有工作效率；相反，一个内心不满的下属，终究

---

① （战国）孟子，等. 四书五经 [M]. 北京：中华书局，2009：16.
② （战国）孟子，等. 四书五经 [M]. 北京：中华书局，2009：27.
③ （战国）孟子，等. 四书五经 [M]. 北京：中华书局，2009：11.
④ （战国）孟子，等. 四书五经 [M]. 北京：中华书局，2009：11.
⑤ （战国）孟子，等. 四书五经 [M]. 北京：中华书局，2009：384.
⑥ （战国）孟子，等. 四书五经 [M]. 北京：中华书局，2009：17.

会去寻找发泄自己不良情绪的出口。因此作为激励工具的情感关怀具有有效性、持续性、多元主体性、外溢性、双向性、经济性等特点，管理者应该注重情志的生产作用与激励作用。

5. 管理范畴——以人为中心展开

西方管理学以效率为目标，其管理范畴可能只包含能够提高经济效益的方面，即能给组织带来经济效益的，才在其管理范畴之内，不能给组织带来经济效益的，则不在管理范畴之内。但是，以人的发展为目标的管理，其管理范畴就不局限在经济领域，而是以人的需要为基础，即凡是人所需要的，都可能在组织的管理范畴之内。比如，对于单个经济组织来说，员工的健康状况并不在其管理范畴之内，关注员工的健康状况可能降低自身的经济效益。但是，对于以人为目标的组织来说，在员工有健康问题的时候就可能给予帮助，其管理的范畴相对也就更大了。

对于以效率为目标的组织来说，只要不威胁组织的效益，可以不在乎员工的私德，但是，对于以人为目标的组织来说，个体的私德也可能在其考量之内。尤其是在中国社会，人们评价领导者的一个重要方面就是私德。在西方的组织里，只要一个领导能力强，能够带领大家创造价值，就可能满足一个好领导的要求。但是，在中国，好的领导必须具有某种道德上的优越性，能够做大家的榜样。即使不能带领大家实现德行的成长，至少不能让大家认为有人品问题，因为人品有问题的领导很难得到大家的认可。

6. 管理取向——伦理取向

西方的管理学主要是在经济领域产生的，是伴随着工厂生产发展需要产生的；中国的管理思想是在社会管理过程中产生的。两者在产生的背景、管理目标、管理取向等方面都有所不同。西方管理学在经济领域产生，其取向也是经济化的，中国管理思想在社会管理领域产生，其取向是伦理化的。经济化的取向主要是为了创造物质财富；而伦理化的取向不仅要创造出人生活所需要的财富，还要创造出相应的人，也就是说，既要创造财富，也要创造出社会所需要的人。中国传统管理思想以人为目标，而伦理性是人的重要特征。对于经济取向的组织来说，其是社会人才的选拔者与接收者，如果组织内部某个人在能力或道德上不能满足组织的需要，就可以开除这个人，重新选拔。但是，对于整个社会来说，只有培养的可能，没有开除的可能。可以认为经济取向的管理是一种分析思维的管理思想，只关注单位内部或者小范围内的效益。而伦理取向的管理是一种整体思维的管理思想，关注整个社会的多方面需要。

在现代管理领域，应该甄别不同的管理情境，思考什么样的管理取向或管理取向组合更适合自身的管理需要。现在无论是在经济领域还是非经济领域，都在应用西方主流管理思想，这可能会造成很多的不适用性。比如，在行政管理领域，在某些情况下，伦理取向更适合。

7. 管理的评价标准——心悦诚服，各尽其才

西方管理思想以效率为主要目标，评价管理的标准自然就是效率的实现情况，如果效率实现了则会获得相应的收益。中国传统管理思想以人为目标，也有自己相应的评价标准。《孟子》中有这样的论述："仁言不如仁声之入人深也，善政不如善教之得民也。善政，民畏也；善教，民爱之；善政得民财，善教得民心。以力服人者，非心服也，力不赡也；以德服人者，中心悦而诚服也，如七十子之服孔子也。""心悦诚服"是评价管理水平的标准，所以中国有句古话是"得民心者得天下"，能否得到下属发自内心的拥护和支持，是评价管理者水平的标准。"心悦诚服"意味着支持、信任，下属一方面愿意为组织工作，另一方面愿意为组织的发展贡献力量。

道家"无为而治"的管理思想中，提出了"太上不知有之"的管理评价标准，认为能够让员工感觉不到被管理，而是按照自己的意愿在工作，这是最好的管理。

8. 管理的民主与公平

中国人是情境理性的，要根据具体情境做出最优选择，而不是顽守既定的制度；西方人是制度理性的，不管具体情境如何，都要按照制度去执行。制度理性的西方人会选择没有执政经验的人做总统，因为他们相信自己的制度，不管是什么人在自己的制度里都可以发挥相似的作用。情境理性的中国人，认为按照僵化的制度来行事是不理性的，希望能够在不同情境下根据具体情况进行最优决策，而每一种情况下若由所有人共同参与决定既不可能也不一定有效，所以人们愿意把决策权都委托给自己信任的有决策能力的人，即所谓"最优决策者"。实质民主应该建立在利益一致的基础上，而脱离了利益一致性的形式民主，可能只是弱肉强食的另一种形式。

西方文化中，具有个人主义文化，假设每个人从自身利益出发来做决策，如果不亲自参与决策，自己的利益可能被他人忽略，参与决策过程是权力的

重要保障和体现，所以有了西方的民主形式。中国文化中，具有集体主义文化，相信即使自己不亲自参与决策过程，集体也会为自己的利益着想，只要决策是为自己的利益着想的，人们不是非常在意决策是谁代表自己做出的，所以中国的民主形式是民主集中制。这是与中国的国情、文化及一系列制度安排相适应的。中国通过严格的选拔过程及民主集中制选举出政府领导者，然后赋予政府足够的权力去履行管理职责，这样看起来政府的权力很大，如果政府负责人选择错了，后果就会比较严重。但是，恰恰在这一点上，中国又有自己的制度安排。中国的高层领导选拔是非常谨慎的，其必须从基层做起，经历几十年的工作考验，在品德、能力及为人民服务的决心方面，都经历了严格考验。从这个意义上说，西方的民主形式、政府管理方式、官员选拔方式、个人主义的文化、制度理性这一系列是相适应的，具有互补性。中国的民主形式、政府管理方式、官员选拔方式、集体主义的文化、情境理性这一系列是相适应的，亦具有互补性。西方和中国可能都各自选择了适合自己的方式。

政府作为被授权的"最优决策者"，在实现了社会总体收益最大化以后，要把收益在人民群众之间进行一定的分配，而分配的基本原则就是社会公平，并关注弱势群体。中国政府在社会管理过程中，非常重视公平及对弱势群体的帮助。

在社会分配中，虽然通过数据计算看起来中国反映贫富差距的基尼系数在拉大，已经达到了国际的警戒线，但是中国社会非常稳定，社会治安也是良好。因为底层老百姓享受到了国家发展的成果，无论是在物质上还是精神上都是如此。西方是个人主义文化，"有"和"用"是统一的，"有"才能"用"；中国是集体主义文化，"有"和"用"是两个概念，没有不等于没用。中国人在意的不是谁"有"，在意的是怎么"用"。可以说，基尼系数只看到了"有"，而没有看到"用"。中国人重视的不是财富掌握在谁手里，而是掌握财富的人如何使用财富，为谁的利益服务。

中国式的民主是以人民的实质利益为主，可以说是一种结果性民主。西方的民主是以过程性民主为主，虽然形式本身有其管理价值，但是有其局限性，不能以形式代替实质。

9. 其他方面

除上述讨论的管理哲学的基本问题之外，中国传统管理思想对领导者与领导力的认识，有"内圣外王"理念，这和管理的教化与德政是一致的。在人才观上，侧重德才兼备，与"以和为贵"、简化制度，加大授权等管理思想一脉相承。西方在人才评价上侧重能力，而中国更偏向于品德。管理有两种不同思路：一个是事做了就是管理做好了，另一个是人选对了就一切都对了。

本部分主要从中西哲学观的差异来认识其管理实践差异的根源，进而总结出管理哲学的差异，并分析其对管理实践的指导意义。

二、中国管理理论的体系性

在中国儒家传统文化思想中，人性观以"人皆可以为圣贤"为代表，一方面相信人性本善，另一方面相信人有无限潜能。在这样的人性观基础上，中国的管理以人才获得与发展为目标，认为人是一切的基础，也是财富的基础。在激励方式上，中国的管理除了物质激励，也重视道德方面的引领；在管理方式上，采取教化与德政的方式；在制度制定上，不注重精细化的制度规定，认为这样会压缩个体的道德反思空间，并且为了引导个体从组织利益出发进行决策，采取以"和"为导向的组织关系；在管理取向上，以伦理为取向；在管理范畴上，只要与管理目标相关的内容，只要是人的需要，都在管理范畴之内，而不仅仅局限于经济领域。评价管理好坏的标准是人的心悦诚服。分配方面注重公平，保障大家的真实利益，实现实质的民主。由于在管理方式上侧重给予执行者较大的授权，在人才选拔上特别重视人才的"德"，德才兼备是其人才观。由于管理者要具有实施德政的能力，能修己安人，所以侧重"内圣外王"的品质。如果使用物质激励，其分配方式与激励同时完成，但是道德激励有独立的分配方式，在中国传统管理思想中就是实质民主与公平。

表1-1 中西方管理思想对比

	西方管理思想	儒家管理思想
人性假设	从善恶角度来认识	1. 从善恶角度； 2. 从潜力角度
管理目标	提高效率	人才的获得与培养
管理评价标准	利益实现	心悦诚服
管理方法	制度	教化与德政，"礼之用和为贵"
管理取向	经济取向	伦理取向

续表

	西方管理思想	儒家管理思想
管理范畴	以效率为目标展开	以人为目标展开
激励方式	物质激励，满足	道德激励与物质激励，满足与引领
人才观	能实现高效率	德才兼备，以德为先；"内圣外王"
分配方式	在物质激励中完成	实质民主与公平

儒家管理思想的不同要素之间是相互支撑的，构成了一套完整的体系。在体系内部，不同要素之间相互呼应，一脉相承。其核心点都是围绕"人"展开，由于管理目标是人才的获得与发展，所以评价管理的标准是人的心悦诚服，管理的方法是对人的教化，以德政的简约制度与"和"为基础，给予具体执行人更大的授权，授权其根据具体情境做出对组织的最优选择。由于人是其核心，而伦理性是人的重要特征，所以其管理取向是伦理取向，管理范畴围绕人的需要展开。其民主形式体现为把决策权交给"最优决策者"，并由经过严格选拔的"最优决策者"代表大家的利益做出决策，保障实质民主与公平。

文化自信的树立，不是靠说辞，而是根植于文化在现实中的实际效用。管理学是具有实践性质的学科，中国的哲学思想如果能在管理学理论与实践中得到应用，取得良好的效果，更有助于我们了解自己的文化，树立文化自信。在社会科学领域，管理学是中国文化的重要实践阵地，如果能够接受实践的检验，那文化自信自然就能树立起来。

第三节 中国传统教育学理论[①]

在中华传统文化思想里，有完整的教育理论体系。本节做简要介绍。

一、人性观与教育目标

在中华传统文化中，有"人皆可以为圣贤"的人性观，圣贤具有两方面的基本特征，一是善性，二是无限潜能。对应到教育领域，以培养圣贤为终

[①] 本节内容在笔者的《中国传统教育学理论》一书中有更详细的介绍，感兴趣的读者可以参考。这里为了兼顾内容的完整性及简洁性，只做了简要介绍。

极教育目标，德才兼备、自由而全面发展可以理解为"成为圣贤"的过程性目标。也就是说，中华传统文化思想中的培养圣贤的教育目标与当今时代的教育目标以及与共产主义的教育目标是相契合的。

二、教育内容

根据评价圣贤的标准，我们总结出传统教育思想侧重三方面的教育内容：道德、情志与才能。道德教育以智、仁、勇为"三达德"，可以化生出其他所有优良品质。情志教育是传统教育的重要内容，受教育者的情绪状态是评价教育效果的重要标准。"喜怒哀乐之未发，谓之中；发而皆中节，谓之和；中也者，天下之大本也；和也者，天下之达道也"，① 教育要培养受教育者"中和"的情志状态。才能教育所包含的内容可以是无穷无尽的，个体首先需要具备维持生命、生存与生活的基本能力，在此基础上根据自己的兴趣、特长及社会需要等，发展自身的特殊能力。

道德教育是最核心的教育内容，统摄情志教育，如"仁者不忧""智者不惑""勇者不惧"；统摄才能教育，如"道明法自生"。

三、教育原理

《论语》中说"导之以政，齐之以刑，民免而无耻；导之以德，齐之以礼，有耻且格"②。中华传统教育思想以德与礼来引导人，而不是以政与刑来规制人。

《大学》中说"大学之道，在明明德，在亲民，在止于至善。……物格而后知至，知至而后意诚，意诚而后心正，心正而后身修，身修而后家齐，家齐而后国治，国治而后天下平"，③ 为我们展示了教育的原理。"格物""致知"属于"知"的范畴，"诚意""正心"属于"情"与"意"的范畴，"修身""齐家""治国""平天下"属于"行"的范畴。情意是知和行之间的桥梁。"知"是一种理性标准，即在理性上知道什么是对的；在知道什么是正确的行为标准以后，如果在践行这种行为标准时能够获得积极的情志体验，就会自觉地去这样做；如果能够经常这样做，就成了一种行为习惯；在行为习惯的基础上，即使面临挫折与困难时，也会保持较高的道德标准，严格要求

---

① （战国）孟子，等．四书五经［M］．北京：中华书局，2009：53．
② （战国）孟子，等．四书五经［M］．北京：中华书局，2009：7．
③ （战国）孟子，等．四书五经［M］．北京：中华书局，2009：47．

自己，这一阶段可以认为是"强力不反"；在"强力不反"的基础上，高尚的人格修养成了个体生命的本色，不受任何外在环境影响，这就是一种"安而行之"的人格境界。总结传统的教育思想，教育有五个相互衔接的阶段：理性标准、情感共鸣、行为习惯、强力不反、安而行之。

儒家经典《大学》中说"知止而后有定，定而后能静，静而后能安，安而后能虑，虑而后能得"，①"知""定""静""安""虑""得"，是教育者的情志状态，是自我修养的"心法"。

中国传统教育讲究"由近及远"，从如何对待家人推广到如何对待其他人；讲究"由易到难"，从容易学习的内容逐步推进到相对较难的内容；根据人成长的逻辑，在人生的不同阶段有不同的重点发展内容。

四、教育原则

传统教育讲究因材施教，要根据受教育的情况给予有针对性的教育。对任何人的道德教育都是以"至善"为目标，在因材施教过程中遵循以下原则：适宜其所面临的情境；针对其面临的主要问题；符合其发展水平，帮助其向最近发展区提高；等等。对于任何人的情志教育都以"中庸"为目标，追求情志的中正平和。对于才能的因材施教，要注意扬长避短，使其坦然接受自己的不足，并在自己擅长的方面充分发挥自身的才能。

五、教育方法

在教育方法方面，传统文化中包含丰富的内容。修己安人，以身作则，教育者不断提高自身的修养是实施良好教育的关键。读圣贤书，汲取古圣先贤的智慧，汲取人类的集体智慧，并应用于自身的实践。生活教育把教育融入日常生活之中，既是随时随地的教育，也是实用有效的教育。寓教于乐，把教育内容渗透到具有娱乐性的教育形式之中，如故事、艺术、游戏等。寓教于乐是知行情意的统合，是对积极人格与良好情志的培养，其本身蕴含了不可替代的教育内容。师徒制是中国历史上一种重要的教育形式，师徒制教育是师父以身示范，是生活教育，也是整体性教育。成为圣贤是教育的终极目标，其实现一方面需要个体终其一生的努力，另一方面需要在整个社会中完成。

---

① （战国）孟子，等. 四书五经［M］. 北京：中华书局，2009：47.

六、师生关系与同伴关系

传统教育思想还重视良好的师生关系与同伴关系。"安其学而亲其师,乐其友而信其道,是以虽离师辅而不反",[①] "独学而无友,则孤陋而寡闻。"[②] 教师要"传道授业解惑",学为人师,行为世范,教学相长,诲人不倦;学生应尊师重教、谦虚好学、勤奋刻苦、学而不厌。

第四节 从教育对管理的要求看中国教育管理学

如果想实现教育的人才培养目标,就必须有与之相匹配的管理作为支撑。西方管理学的很多管理理念都与我们的教育思想背道而驰,因此,必须基于中国传统管理思想发展中国教育管理学。

在中华传统文化思想中,教育与管理具有一致性。甚至在一些情境下,管理被直接说成了"教"。

一、从教育目标看与之匹配的教育管理

1. 效率目标与教育目标的背离

在教育管理学领域,学科教学以产生自西方经济领域的管理学理论为主,很多学术研究也建立在西方学术体系的脉络之上,教育管理实践也主要以西方管理理论为指导。

西方管理学在经济领域产生,其管理理论以效率为目标,具体表现为以最小的成本创造最大的产出,或者既定的产出耗费最低的成本。而产出与成本一般是可以以货币计量的。在教育领域,管理以人才的培养为目标。虽然教育领域做事也讲究效率,也希望能以既定的成本创造最大的价值,或者以最低的成本完成某件事,但是,这些只是面对具体事务的具体目标,不指向人才培养的教育根本目标。以成本有效的方式完成了所有事务,不等于实现了教育目标。

教育管理是服务教育发展的,要以教育目标为目标,而没有自己独立的管理目标。教育的目标指向人的发展,但是,西方管理学主要以效率为目标,人不过是实现效率目标的工具,这就造成了两者目标的不一致。以西方管理

---

① (战国)孟子,等. 四书五经 [M]. 北京:中华书局,2009:379.
② (战国)孟子,等. 四书五经 [M]. 北京:中华书局,2009:380.

学理论指导中国教育管理,难免有不适应性。

2. 中华传统管理目标与教育目标的一致性

在中华传统管理思想中,其管理目标也指向人,比如,儒家经典《大学》中说"有人此有土,有土此有财,有财此有用","财"相对来说接近西方管理学的效率目标,而中国传统管理理念则认为"人"是最重要的,"财"不过是人才获得与发展的自然结果。可见,中国传统管理思想以人为宗旨的管理目标,与教育目标具有很大的一致性,可以更贴合教育管理的需要。

以中华传统管理思想构建教育管理理论,对认识与指导中国教育管理实践,发展中国管理理论,弘扬中华优秀传统文化,提高中国文化在国际上的影响力等,具有重要的理论意义与实践意义。这样的教育管理理论也更符合中国人的思维方式,更符合中国国情。

中华传统管理思想以人才的获得与培养为目标,重视人的多方面需要,一旦人得到了充分发展,就可能创造出更高的价值,所以,在以人为目标与效率目标之间,可能存在一定的不一致性,但是,两者之间并不是矛盾的。综上所述,在教育领域应用中华传统管理思想是具有潜在优势的。

3. 教育管理方式与教育目标的统一及价值

教育主要是培养人,在中国"立德树人"是重要的教育目标,教育管理自然也要服务于这样的教育目标。管理方式与管理目标最好具有一致性,即管理方式也要具有"立德树人"的效果。但是,目前指导教育管理实践的管理理论,以西方管理学理论为主,而西方管理学以经济人假设为基本假设,以追求效率为主要目标,这都与中国的教育目标不相契合。比如,我们要培养具有高尚道德品质的人,但是,在管理上却把人当成缺乏道德的人来管理;我们要培养具有内在自觉的人,但是,在管理上却总是用外部动机来激励人。这些不一致,会阻碍教育目标的实现及削弱管理的效果。中华传统管理方式虽然不以效率为目标,但是,其实现效率的能力并不一定比以效率为目标的管理差——所有价值,归根结底都是由人创造的。

4. 从中华传统文化看学校管理的目标

教育目标是教育管理的出发点,教育管理是围绕教育目标展开,为实现教育目标服务的。有人提出这样的问题:教育管理到底是更偏向于教育,还是更偏向于管理?我个人认为是更偏向教育的,几乎所有教育目标都要通过教育管理来实现,可以说教育管理是实现教育目标的支撑,但是,教育管理没有自己独立的管理目标，而是以教育目标为目标。"教育"仿佛是一棵苗，"管理"仿佛是一盆水，虽然苗需要水才能活，但是，如果没有这棵苗，这盆水也是没有价值的。① 在谈教育目标时，很多人都只把关注点放在学生身上。但是，如果以整体观来看待教育目标，教育是为了实现社会的整体目标服务的，而社会的整体目标包含每一个群体的发展目标。从这个意义上说，教育所有相关主体的成长发展都是教育目标，也是教育管理的目标。如果从这个意义上看学校管理，那么学校管理的目标就不仅指向学生，也指向教师、校长等管理者。教师与管理者的这种"成长发展"不仅指向与工作相关的方面，还指向整个社会发展目标的所有方面。前面我们提到教育的目标是培养圣贤，而培养圣贤的终极目标的实现并不只是在学校教育阶段完成的，而是在整个社会中完成的。教师与管理者作为社会主体的一部分，理应继续向"圣贤"的方向成长、发展。学校不仅是学生成长的空间，也是教师和管理者成长的空间。从这个意义来说，学校管理在不同群体上都指向"成为圣贤"的终极目标，包括以"圣贤"为目标的学生教育，以"圣贤"为目标的教师管理，以"圣贤"为目标的管理者自我修养。

二、从人性观与教育内容看与之匹配的教育管理

教育要发展人，就要相信人的某种可塑性，要相信人是可以改变的。西方管理学的人性假设，以经济人为代表，虽然后续也有一定发展，但是基本都是认为人性是固定不变的。虽然有一些人性假设认为人性在不同情境下会有不同表现，但那并不是人性的变化，而是同一的人性在不同情境下的不同表现。中华传统的人性观，以"人皆可以为圣贤"为代表，相信人是可以改变的，人的品德和才能是可以不断提升的。即使荀子的性恶论，也是认为人性是可塑的，是可以教育和影响的。在中华传统教育思想中，主要有三方面的教育内容：道德、情志与才能，人在这些方面都是具有可塑性的。

---

① 教育管理学作为一个交叉学科，我们时常会思考其与管理学关系更紧密，还是与教育学关系更紧密。从实际情况来看，在其他管理学领域里，比如，工商管理、政府管理领域，很少有关注教育管理的。但是，在教育的诸多相关学科中，却常能看到教育管理的相关内容。教育管理学与教育学各学科是"和而不同"，虽然各有自的技术特点，却有着共同的目标；教育管理学与管理学各学科是"同而不和"，虽然技术有相通之处，目标却不同。从这个意义上说，教育管理与教育学的关系更为密切，教育管理学作为教育学的二级学科，对教育学的发展是有利的。

三、从教育原理看与之匹配的教育管理

《论语》中说"导之以政,齐之以刑,民免而无耻。导之以德,齐之以礼,有耻且格",① "格物""致知""诚意""正心""修身""齐家""治国""平天下",② 既是教育的原理,也是管理的原理。西方管理学主要以制度进行管理,对应着"政"与"刑",不利于促进人的道德成长,而中国传统的管理方式主要应用"德"与"礼",正好符合教育的人才培养需要。

四、从教育原则看与之匹配的教育管理

中华传统教育思想以因材施教为教育原则,因材施教需要灵活性,能够根据不同学生的不同特点进行教育。西方管理思想倾向于制度理性,不管具体情境如何,都要按照规定好的制度去执行。中华传统管理思想是情境理性的,要根据具体情境做出最优选择,而不是固守既定的制度。情境理性的管理制度倾向于给执行者更大的授权,使其可以根据所面对的具体情况做出最优选择。这种情境理性的管理制度,更能满足教育领域因材施教的需要。

五、从教育方法看与之匹配的教育管理

在中华传统教育思想中,教育者"修己安人,以身示范"是重要的教育方法。西方管理思想侧重领导者如何去影响他人,而很少强调领导者自己如何提升修养,甚至还有理论认为,领导才能是天生的,是不能后天培养的。而中国传统管理思想讲究"内圣外王",管理者自身品格高尚,可以通过示范作用影响下属,这与以身示范的教育思想是一脉相承的。

六、从师生关系看与之匹配的教育管理

在教育里,我们希望师生之间、同学之间都能够保持良好的人际关系。西方管理思想并不是以人本身为目标,而是有一个外在目标。表现在师生关系上,即学生成为任务的完成者,教师成为督促学生完成任务的监督者,一旦任务不能顺利完成,教师就可能受到惩罚。这种情况下,一旦学生表现不好,就可能影响到教师的利益。两者之间就容易形成对立关系,不利于良好

---

① (战国)孟子,等. 四书五经 [M]. 北京:中华书局,2009:7.
② (战国)孟子,等. 四书五经 [M]. 北京:中华书局,2009:47.

师生关系的建立。西方管理思想都是从自我利益最大化出发做决策，而在教育领域里，我们期待教师能够从学生利益角度考虑问题。西方管理思想倾向于用竞争来激励人，让大家争夺某种外在的东西，容易造成同学之间的竞争关系，不利于同学关系和谐。中国传统管理思想讲究"以和为贵"，讲究不同主体之间的利益一致性，有助于建立良好的师生关系与同伴关系。

七、中华传统文化思想中教育与管理的一致性

在中国传统管理思想中的某些语境下，直接把管理称为"教"，比如，《孟子》中说："仁言，不如仁声之入人深也。善政，不如善教之得民也。善政民畏之，善教民爱之；善政得民财，善教得民心。"① 孟子明确提出了管理的两重内涵——"政"与"教"，并且认为"教"胜于"政"。《大学》有这样的论述："所谓治国必先齐其家者，其家不可教而能教人者，无之。故君子不出家而成教于国。"② "《诗》云：'桃之夭夭，其叶蓁蓁。之子于归，宜其家人。'宜其家人，而后可以教国人。"③《礼记·学记》中说："古之王者建国君民，教学为先"④ "能为师然后能为长，能为长然后能为君。故师也者，所以学为君也。是故择师不可不慎也。"⑤《孙子兵法》中也说："令素行以教其民，则民服；令不素行以教其民，则民不服。令素行者，与众相得也。"⑥ 可见，在中国传统管理思想中，教化与管理的内容高度相似，管理中有明确的教育内涵，甚至直接把管理称作教化。沈立（2018）通过对管理的要素及教育的要素分析对比，也得出了在中国传统文化中管理与教育是一体的结论。⑦ 在中国传统思想中，管理即教育，教育即管理。因此，中华传统管理思想应用于教育领域是可以无缝衔接的，而如果要应用西方管理思想就有很多不适应之处。

---

① （战国）孟子，等. 四书五经 [M]. 北京：中华书局，2009：112.
② （战国）孟子，等. 四书五经 [M]. 北京：中华书局，2009：48.
③ （战国）孟子，等. 四书五经 [M]. 北京：中华书局，2009：48.
④ （战国）孟子，等. 四书五经 [M]. 北京：中华书局，2009：379.
⑤ （战国）孟子，等. 四书五经 [M]. 北京：中华书局，2009：380.
⑥ （春秋）孙武，曹操，杨丙安，等. 十一家注孙子校理 [M]. 北京：中华书局，2016：258.
⑦ 沈立. 如何培养管理者——中国传统管理教育初探 [M]. 郑州：河南人民出版社，2018：21-23.

第二章 学生管理的基本管理哲学问题

管理哲学的基本问题，是所有管理都要首先回答的问题。对于中国的学生管理来说，我们要根据中华传统管理思想来看这些管理哲学的基本问题，包括学生人性观、学生管理的目标、学生管理的范畴、学生管理的取向、学生管理的评价标准等。学生管理既然是为了达到教育目标，就要遵循教育思想。本章讨论学生管理的关键因素——师生关系。中华传统教育思想讲究"亲其师而信其道"，师生关系也是学生管理的基础。

第一节 学生人性观

在西方管理学中，比较深入人心的人性假设是经济人假设。经济人假设一般认为人具有追求自身利益的特点，这种人性观还把人看作固定不变的。教育本身是为了培养人、发展人，蕴含了人是可以被影响的内在逻辑。西方管理学的人性观，无法满足学生管理的需要，无法满足教育领域的需要，我们必须从教育本身的需要出发来建构学生的人性观，而中华传统人性观是一个非常切合的参考。中国传统教育与管理思想相信"人皆可以为圣贤"，相信教化对人的影响作用。前文我们曾指出，"圣贤"具有两方面的基本特征：一个是善性，一个是无限的潜能，这两个方面也正与我国"德才兼备"的教育培养目标相契合。要培养德才兼备的人才，首先要相信培养对象具有德才兼备的可能性，如果认为培养对象是不具有可塑性的、一成不变的经济人，那么教育就失去了意义。

一、相信学生的善性

教育者首先要相信学生有善良的天性，相信学生内心里有做善良人的愿望,也相信学生在行为上可以友善地对待他人,相信学生具有利社会的可能性。学生内心深处都具有完善自我的愿望,"大学之道,在明明德,在亲民,在止于至善",每一个学生在内心深处都渴望成为这样的人。那些暂时偏离了这个方向的学生,是暂时迷失了。教师的职责就是帮助那些暂时偏离的学生重新回到正确的成长道路上。

教师对学生的批评,很多时候是因为对学生的误会,而不是学生真的没有表现好。一旦教师因为误会而批评学生,最容易让学生感觉委屈,进而使其与教师"对着干"。教师"冤枉"了一个学生,也会影响自己在其他学生心中的形象。有些教师,因为整天教育学生,就形成了"有罪"推断的倾向,无论发生什么事情都首先认为是学生有问题。如果能够相信学生的善性,做"无罪"推断,就不会冤枉学生,也可以少一些麻烦。教师最好不要贸然批评学生,要给学生一个解释的机会,若只是根据自己所见所闻的片段对学生做出判断,没有了解前因后果,有时候会冤枉学生。当学生犯错时,要对事不对人,不要对学生进行人身攻击,挖苦讽刺等;一件事情没有做好,不等于就是无药可救的人。如果认定一个人无药可救,就是失去了应对的智慧与可能。

在一个小学三年级的课堂上,有一位校外的专家在听课。专家坐在教室的最后面。坐在教室最后一排的一个男生,知道这节课有人听课,也在努力好好表现,但在手放下的过程中,不小心碰掉了一支笔,正好掉到了听课专家的附近。如果没有人听课,这个男生可能就随手捡起来了,但是,听课专家的存在让他十分犹豫,他怕自己捡文具的行为会影响专家对这堂课的评价。于是,他在捡与不捡之间犹犹豫豫,就没有把注意力放到听课上。这时教师发现了他的异常行为,认为有人听课他还捣乱,就点名批评了他。本来他是想帮助教师给听课专家留下好印象,没想到教师还批评了自己。男生一气之下,用脚把笔勾到了自己脚下,踩到脚底下来回滚动,有意使其发出声音,直到下课也没有停下来。如果教师不是做"有罪推断"直接批评他,而是能做"无罪推断"问一句"怎么了",也许就不会发生这样的情况。

如果学生上课睡觉了,有的教师可能会想"学生太辛苦了,这是他坚持不住了",有的教师可能会想"敢在我上课的时候睡觉,这是不尊重我呀",一名教师是以积极的态度来看待学生,还是以消极的态度来看待学生,这取决于学生本身的情况,也取决于教师自身的修养。

二、相信学生的无限潜能

教育者也要相信，每个学生都有无限的潜能。按照中华传统的全息整体观，整体的每一个局部都是能够反映与影响整体的，而按照中华传统"天人合一"的宇宙观，每一个人都是宇宙这个整体的一个全息的局部。不仅每一个学生都有无限的潜能可以去影响世界，教育者自己也有无限的潜能去影响学生。这是从理论上来看学生的潜能，理论上的可能性与现实中的可能性并不一致，比如，理论上一块铁可以被塑造成任何形状，但是，在现实中一块铁可能并没有成为任何形状的机会，因为它成为一种形状就没有机会成为另一种形状。具体到现实中，教师不一定要相信学生具有所有的能力，但是，要相信学生具有自己想象不到的能力，学生可以有超越自己想象的光明未来。实际上，很多学习成绩并不好的学生，在走向社会以后却成为事业上的成功者，超越了很多上学时比他们成绩好的同学。

教师只有相信学生的善性与无限潜能，才能心存敬畏，才更可能为潜在的未来"圣贤"努力寻找成长的路径，一旦教师认为一个学生是"无药可救"的人，就可能放弃他，甚至打击、挖苦、敌对他，导致学生失去成长的机会。

有一位高中教师，在带领一个班级时遭受了自己在班主任生涯中的极大侮辱与挫折——怎么也管不住这个班级，来硬的学生跟他对着干，来软的学生不买账。教师看起来是一片苦心，就是没有效果。教师在一次发言时，不知道是出于真心，还是情绪发泄，对全班同学说，你们都是农村或小县城的孩子，就算再努力也没有用，人生的发展空间是有限的，死了那份心吧。可能是部分同学犯了错误，他就这样打击了全班同学。有些学习成绩好、有理想、从来不违反纪律的同学，很多年后仍然对教师当年的"打击"耿耿于怀。既然在教师眼里全班同学都是没有希望的，再努力都没有用的，同学们又凭什么要努力满足老师的期待。你愿意相信学生能做好，学生或许也愿意成为你相信的样子；你眼里已经把学生看得那么不堪，学生还有什么积极性做更好的自己给你看。这位教师虽然与学生的关系不好，但是，班级同学之间是团结的。之前班里有一些同学，对老师是有同情心的，觉得老师都是为大家好，让那几个调皮的学生不要再难为老师。经过教师的"侮辱性"教育之后，全班同学都不喜欢他，谁要是能跟他对着干，就成了同学心目中的英雄。结果这位教师只带了这个班级一年，学校就不得不更换班主任。相信学生本身就是对学生的一种激励，不相信就是一种打击。

在笔者的《中国传统教育学理论》一书中，我们介绍了人性观与学习成绩的关系，要相信孩子的潜能并通过积极的家庭教育引导其努力，最终使其取得更好的学业成就，这里不再赘述。

三、让学生知道教师相信他

教师不仅要在心里真诚地相信学生，也要表达出来，让学生知道教师相信他们。有一名大学生，属于"学渣"行列，从来对学霸只有仰望的份儿。有一次上课，任课教师真诚地说，我们学院的每一个同学都很优秀，未来都是社会的人才。"学渣"被教师的真诚深深感动了，心想自己一定不能让老师失望。这极大地激起了他学习的热情和勤奋努力的决心。教师的真心相信会激发学生的信心，教师的相信与学生的自信叠加到一起就可能生发出不可思议的力量。可见，教师的学生观，不是虚无缥缈的理念，而是具有实际教育意义的。有些教师对学生说的口头禅是"我相信你""老师相信你"，这是具有教育意义的，或许会帮助不够自信的学生树立起信心，那么学生就会有更多的勇气去面对自己的错误和不足，努力提高自己。

四、以多元化评价标准促进学生自由而全面发展

人性观是对人性的基本认识，学生观是对学生人性的基本认识。人性观是管理的起点，学生人性观是学生管理与教育的基础。从中华传统文化来看，相信人的善性，相信人有无限潜能，这对于教育者来说具有特别的意义。尤其是面对表现一般的学生时，教师是把学生当作潜在的人才来教育，还是当作无药可救的刺头来教育，教育结果是不一样的。这也关系到教师能否公正地对待学生，一旦学生觉得老师偏向某些学生，没有公正地对待自己，教师在学生心中就难以树立良好的形象。

每个人都有自己的长处与短处、优点与缺点。在教育系统里，人们往往不自觉地把学习成绩作为评价学生的重要标准，这容易抑制成绩一般的学生的发展。一个学习成绩不好的学生，可能在未来是有社会责任感的人；一个学习好的学生也可能危害社会。教师可以采用多元化的标准来评价学生，从道德、情志、才能等方面去发现学生的优点，比如，品德好乐于助人、有集体主义精神、脾气好不轻易对人发火、性格乐观总是面带笑容、运动能力强、自理能力强等。

教育者一定要有这样的意识，不能以学习成绩为唯一标准去评价学生，不能给学生打僵化的标签。《庄子》中说"以差观之，因其所大而大之，则万物莫不大；因其所小而小之，则万物莫不小。……以功观之，因其所有而有之，则万物莫不有；因其所无而无之，则万物莫不无。……以趣观之，因其所然而然之，则万物莫不然；因其所非而非之，则万物莫不非"。[①] 一旦我们能以多样化的标准去评价学生，就会发现每个学生都有自己的优点与长处。教师不仅自己要有正确的学生观，也要引导学生看到自己的优点，并引导学生学会欣赏他人的优点。不要让学生因自己成绩不好而自卑，也不要因同学成绩不好而鄙视、霸凌。

五、接纳学生的成长过程

学校作为社会生活空间，对学生的言行有一定要求，但是，这种要求有时候与人的自然属性并不一致。比如，低年级小学生的本性就是好动，但是，纪律却要求他们坐在自己的位置上。很多人都有爱说话的习惯，但是，纪律却要求大家保持安静。这种要求与本性之间的差异，会导致相关纪律问题反复出现。当问题出现时，教师可以及时提醒学生，但是，不要把学生看作十恶不赦、罪大恶极。纪律要求是社会强加给他们的规范，而不是他们自我生发出来的需要，甚至有些规范还要压抑他们的自然需要，因此要给学生足够的时间去适应，尤其是低年级的学生。

学生犯错是正常的，他们需要时间去成长。一些违纪的学生，可能会反复犯相同的错误。教师不要期待提醒一次学生就能完全改正，只要他们能认识到自己的错误，并愿意改正，可以多提醒几次。反复提醒，才能改变原有认知，形成新的习惯。

第二节 学生管理的目标、范畴、取向与评价标准

管理目标、管理范畴、管理取向、管理的评价标准等，是管理哲学的基本问题。本节我们分析中华传统教育与管理思想中学生管理的基本管理哲学问题。

---

① 陈鼓应. 庄子今注今译 [M]. 北京：中华书局，2009：452.

一、学生管理的目标

教育管理是为教育服务的，因此，教育管理没有自己独立的管理目标，而是把教育目标作为自身的目标。学生管理作为教育管理的一部分，其目标也是为实现教育目标服务的。根据中华传统文化思想，教育目标是培养圣贤，因此学生管理的目标也是培养圣贤。圣贤具有两方面的特点：一是善性；二是无限的潜能，这两方面的特点恰好与我国德才兼备的人才培养目标相契合，这意味着优秀传统教育思想在当今的中国教育实践中，仍可能具有适用性。这使得学生管理目标不仅是中华传统教育与管理思想的目标，也是当今社会发展的目标。因此，古代一些有益的教育思想仍可以为我们今天提供参考。

"培养圣贤"的学生管理目标，体现在我国社会主义教育实践中，就是促进学生的自由而全面发展，为社会主义事业培养建设者和接班人。这是理论上的总体目标，这个目标要落实到教育实践中，还需进行细化，比如，德、智、体、美、劳全面发展等。

中华传统教育思想的主要内容包括道德、情志、才能。学生管理是要帮助学生成为道德高尚、情志愉悦、有才能的人，要促进学生的全面发展，为社会培养人，为国家培养人。

二、学生管理的范畴

中华传统思维是整体观，按照整体观的思维，凡是与学生相关的影响学生发展的因素都在学生管理范畴之内。需要说明的是，影响学生发展的因素涉及的范围非常广，有些家庭因素、社会因素，不是学校和教师影响的范围所及。对于学校和教师来说，学生管理范畴就是学校和教师能够影响的与学生相关的各种事务。

有些学生的教育问题，根源出在家长身上，学校虽然无法直接影响孩子的家庭，但是，学校可以尽自己的能力通过家校合作的途径，对学生家庭产生一定的影响，以促进学生更好地发展。家庭情况是决定学生行为的重要因素，对于一些屡教不改的学生，教师往往容易把问题归为家庭因素。学校虽然无力改变学生的家庭，但是要尽可能弥补其家庭的缺陷，这也是追求教育公平的内在要求。

有一些教育话题比较敏感，教育的分寸不容易把握，比如，早恋问题、性教育问题等，这些问题对孩子的成长发展非常重要。如果教育者不能够给予适当的正确教育，孩子这方面的启蒙教育就可能是由影视剧甚至不良网站等来完成。性教育的尺度不容易把握，但是，中国有那么多有智慧的教师，把这些成功经验凝结起来，就可能找到良好的边界。我们不能像鸵鸟一样把头埋起来不闻不问，这不是对学生负责的态度。所有学生需要的教育，都应该在教育范畴之内。

三、学生管理的取向

当学生管理取向涉及的不同管理目标发生冲突时，如何取舍？学生管理的具体目标是多维的，多维目标之间很多情况下都是和谐的，但是，有时候也难免会有所冲突，在多维目标出现冲突时，如何进行抉择，就反映了学生管理的取向。

教育应该着眼于学生一生的发展与需要，着眼于整个人类的长远发展。个体良好的道德品质既是个体获得幸福的重要因素，也是人类社会和谐发展的基础。在教育领域，应该重视学生的道德培养，这是最重要的管理取向。有些老师为了追求成绩，在重要考试中，有意安排学习成绩好的同学为学习成绩差的同学作弊行方便。有些学校为了能够在上级检查中取得好成绩，有意安排一些学生说谎。甚至有的学校要求学生背记一些虚假数据，以应对上级检查，这都是教育领域的舍本逐末行为。

这些行为的产生，往往也有其现实原因，各层级教育管理者也要反思这些行为产生的原因，是否存在激励偏差。上级提出一定的标准，要求下级实现，这是一种效率较高的管理方法，在管理中有其实用价值。但是，有些学校为了迎接上级检查，可能会伪造相关材料。人文管理的重要原则是，管理要引领人向善发展，如果是逼人造假，就是使人向恶发展了，不符合人文管理的理念。很多公开课，教师带领学生"造假"，这无论是对教师还是对学生的人格培养都是没有好处的，是在给学生示范"造假"。很多学生都很有集体主义观念，为了学校的荣誉，表演、说谎、造假都在所不惜。如果学生误认为社会就是这个样子，长大以后也会努力再现自己心目中的社会，这就与教育目标大相径庭了。

在学生管理中，有时候有多重目标需要抉择，在决策时应考虑学生的长远发展。比如，学生管理应侧重道德取向与能力取向，而不是学业成绩与具体技能取向。道德与能力属于通用性能力，可以随着时代的变迁转化形成新的具体技能，而具体技能却可能随着社会的发展变化而失去应用价值。此外，不仅要把学生培养成社会的栋梁,还要把学生培养成自身幸福的人。

四、学生管理的评价标准

学生管理的评价标准应着眼于教育目标的实现,教育的目标是培养"圣贤",学生管理的评价标准也应以此为核心展开。

1. 能够助力学生成为"圣贤"

管理应该助力学生向着圣贤的方向发展,体现到学生身上为:学生能健康成长、品德高尚、情志愉悦、能力充分施展、能够友善地对待他人、有爱国主义精神、有集体主义精神、有贡献社会的意愿和能力等。总之,教育管理是以教育目标为目标,而评价学生管理工作,就要看教育目标的实现程度。

2. 有助于学生成为主动的自我管理者

学生不是在教育者的"管制"下,被动向"圣贤"的目标靠近,而是在教育者的"引领"下,主动向"圣贤"的目标靠近。学生要成为主动的自我管理者,即使在离开学校以后,终其一生都会主动向"圣贤"靠近。"成为圣贤"不是在教育阶段实现的,而是每个人终其一生的追求。

第三节 遵循教育思想是学生管理应遵守的原则

教育管理以教育目标为目标,为了实现教育目标,教育管理除了要考虑管理规律,还应该根据教育理论来进行,遵循教育思想是学生管理应遵守的原则。

一、落实教育内容

学生管理应从道德、情志与才能三个方面落实教育内容,为学生的自由而全面发展提供保障,不能仅局限于事务性目标,比如,卫生、纪律等。学生管理是为实现教育目标服务,落实教育内容是实现教育目标的重要保障。很多教育内容是难以在学科教育中落实的,需要在学生管理领域落实。

二、遵循教育原理

学生管理要遵循教育原理,比如,"导之以德,齐之以礼","知行情意"的统合等。以学生德育为例,如果想培养乐于助人的人,首先,从"知"上让学生知道，乐于助人是良好品质，助人为乐是一种善行；其次，在"情意"上让学生对助人为乐的行为或者助人为乐者产生赞叹，产生情感上的共鸣；最后，为学生创造助人为乐的机会，使其亲身实践，并通过反复实践形成习惯。这里是采用了"知行情意"统合的教育原理，以"情意"做"知"与"行"的桥梁，实现"知行合一"。

三、符合教育原则

学生管理也要遵循因材施教的教育原则。比如，面对迟到的学生，经常迟到与偶尔迟到、有惭愧心与没有惭愧心，在不同情境下，教师的对待方式应该是有所区别的。如果是经常迟到，教师就要利用这个机会提高学生对按时到校的重视。如果是偶尔迟到，且学生自己表现出了惭愧之心，教师就可以简单提醒"下次注意"，对学生表示宽容与友好，以建立良好的师生关系。如果是偶尔迟到，但学生没有惭愧之心，为了防止学生向不良方向发展，教师就应该多说几句。

四、应用教育方法

学生管理应该以使用教育方法为主，而不是以使用管理方法为主。管理方法是应用奖惩等外在激励，诱发人的外在行为。而教育是要深入人的情感与心灵，使外在行为成为个体自发的决定。在学生管理过程中，教师也要采取以身作则、生活教育、寓教于乐等教育方法。应用管理方法，若外在奖惩激励消失，相应行为也可能随之消失，就达不到教育效果。有一位小学低年级的英语教师，鼓励学生在班级群里打卡自己的朗读视频。有一位家长说，自己的孩子特别积极，每天都拉着自己录视频。有一天孩子没有主动录视频，家长提出来时，孩子冷淡地说，"今天又不奖励积分，就算了吧。"原来之前发视频老师都奖励 10 分的评价积分，那天没有这个奖励，孩子就没有动力了。看起来引导孩子录视频学英语是积分起作用了。反过来想，如果有一天学生觉得积分没有意义，又没有自主学习的动力，就可能厌学了。

第四节 师生关系是学生管理的关键

中华传统教育理论讲究"亲其师而信其道"，师生关系是教育的基础。遵循教育思想，达成教育目标，是学生管理的根本目标，而师生关系是实现教育目标的保障。一旦师生关系出现了问题，学生对教师产生了抵触情绪，那么教师的所有教育在学生那里都难以产生教育效果。教师对这点一定要非常注意，要选择适当的教育时机和教育方式，尽量避免使学生产生对抗态度。对抗态度一旦产生，教育效果就会大打折扣，收效甚微，甚至可能完全没有效果。

教师想与学生建立良好关系，是相对容易的。有个别学生，没有什么原因，就是不喜欢老师，那也没办法，老师也没有必要讨好所有人，能进行正常的教育教学就可以了。学生有自己偏爱的科目和老师是正常的，不可能所有老师都受欢迎。

一、师生关系对学生管理的重要性

管理意味着被管理者要按照管理者的期望去做一些事情，如果处理不好，就容易出现对立关系。如果学生感觉老师在强迫自己做不愿做的事，就会产生抵触心理。中国传统管理思想，讲究管理者与被管理者的利益一致性，只有大家的利益一致，才能使用德政与教化的管理方法，被管理者才能自愿去做事，发挥主动性与能动性。老师在管理学生的过程中，一定要在学生心目中树立"为学生好"的形象，建立信任关系，否则很难进行学生管理。中国传统管理思想讲究德政、内圣外王，无论从哪个角度来看，被管理者都要信任管理者。对应到教育领域，学生要信任自己的老师。

我们需要明白的是，良好的师生关系不只是为了老师的正常工作，更是为了学生的良好发展。一旦学生对老师有了抵触情绪，就会排斥老师所有的教育。很多孩子还不成熟，对很多事情分不清利弊，比如，处于叛逆期的中学生，可能因为不喜欢某个老师，在上这个老师的课时有意不听课，以为这是对老师的报复，实际上受损失的是他们自己。不成熟的孩子分不清其中的利害关系，就需要老师给予更多的帮助。尤其是这个不被喜欢的老师本身，学生喜不喜欢自己，对自己可能影响不大，但是，对学生本人影响很大。

二、从管理视角看四种类型的师生关系

我们借用《道德经》中的描述："太上，不知有之；其次，亲而誉之；其

次,畏之;其次,侮之",① 把师生关系划分为四种类型:"侮之""畏之""亲而誉之""不知有之"。

1. "侮之"的师生关系

学生可能欺软怕硬,如果觉得哪个老师好欺负,就可能在这个老师上课时说话、搞小动作等,而在那些不好惹的老师上课时,就规规矩矩。按照正常思维来说,学生又何必欺负憨厚老实的老师呢,老师对自己不那么严厉,自己好好配合老师工作不就可以了。孩子欺负某个好欺负的老师,是对所有老师的"报复"。他们所受到的委屈、压抑、束缚等,都要在可以释放的时候发泄。打一个比喻,每个老师相当于一块木板,共同组成了一个木桶,装着学生想倒的脏水,如果哪一个老师的木板比较短,所有脏水就都要从这里流出来。还有一种情况是,学生由于某种原因而讨厌某个老师,有意与老师作对。

有个别学生会顶撞老师,这种情况有可能是学生自身比较顽劣,也有可能是学生因老师的某些行为而感到不满。有些老师平时就不太尊重学生,学生在心里积蓄了对老师的不满,但是,大多数学生都敢怒不敢言。一旦有某个学生顶撞了老师,就成为大家的代言人,于是会有很多学生支持他。这种顶撞老师的学生,一旦成了众多学生的代言人,并觉得自己成了同学中的"英雄人物",就会觉得顶撞老师是一种能够获得赞扬的"英雄行为",这样的学生会难以管理。

喜欢老师是一种积极情感,对学生的成长有积极作用。一个好老师应该是被学生喜欢的。但是,一个和善友好的老师,也可能看起来比较好欺负,而可能难以管理好学生。在开始带一个班级时,老师最好表现出自己的威慑力,在学生中建立起威信以后,再以相对柔和的态度赢得学生的亲附,即表现为先严后宽、恩威并施。尽量避免"侮之"的师生关系。在这种关系中,不但教师会感觉不愉快,学生也难以被教育好。

2. "畏之"的师生关系

"畏之",简单来说是让学生感到害怕,这可能来自敬畏或恐惧。有些老师虽然对学生要求严格,是让学生敬畏。他们做事有理有据,是为了学生好,能得到学生的认可。有些老师是让学生恐惧,学生对老师的话不敢不听。这

---

① 陈鼓应.老子注释及评介 [M].北京:中华书局,2009:128.

样的老师可能教出的学生学习成绩挺好，但是，学生大多不会感激老师。有的老师说，自己工作很努力，学生的学习成绩也很好，只是在学生毕业之后，没有一个来看过自己。老师可以让学生敬畏，但是最好不要让学生恐惧。恐惧是一种负面情绪，对学生的心理健康和情志发展都不利。

如果一个老师教育学生的全过程都是让学生感觉恐惧，即使带出了高分的学生，也是失败的教育。这样的教育没有在学生心中产生积极情感，学生在老师那里没有感受到人性的善与人生的美好。

3."亲而誉之"的师生关系

有些老师让学生赞赏、喜欢。学生的喜欢往往是由敬佩产生的。首先，一个老师要课讲得好，这是与学生建立良好关系的重要因素。一方面，课堂是师生相处时间最长的地方；另一方面，课堂教学关系到学生的切身利益，学生很看重。另外，老师在学生心目中树立良好形象，也不一定非得与自己的专业相关，数学老师体育好、语文老师唱歌好、思想品德老师美术好，都可能在学生心目中树立起良好形象。教师自身自由而全面发展，为学生树立一个榜样，让学生也期望成为这样的人，有助于建立良好的师生关系。

教师教育学生的能力，除专业能力外，能否处理好教育教学过程中的每一次事件，都关乎自己在学生心目中的形象，也是其能力的体现。老师对某个学生的态度，可能具有外溢性，其影响并不是只局限在某个个体上。比如，老师对某个学生的关爱可能感染所有人，让所有人都感觉自己会这样被爱。

能被学生"亲而誉之"的老师，一般来说也是在学生之中有威严的，在需要的时候能够震慑住学生。所谓"文武之道，一张一弛"，"武"是能够禁除不好的方面，"文"是能够发展好的方面。

4."不知有之"的师生关系

对于一部分学生来说，老师对于他们来说是"不知有之"的，比如，自我管理能力强、成绩好、勤奋刻苦、情绪状态好、从不违反纪律、同学关系融洽的学生。对于这部分学生来说，老师管理者的身份可能是不发挥作用的，但是，教育者的身份还是有作用的：引导学生树立正确的价值观、远大的理想、选择合适的人生榜样等；在情绪教育方面，给予信任、鼓励、体贴关心，通过班级活动调节紧张情绪等。学生角度的"不知有之"不等于老师没有作为，只是这种作为自然而然，如春风化雨、润物无声。

"不知有之"是师生管理关系的最高境界，但是，其实现需依据学生的情况。一般来说，老师应该是追求"亲而誉之"，或者"亲而誉之"与"畏之"相结合，尽力避免"侮之"。四种师生关系既具有整体性，也具有个别性。从教师角度来看，师生关系具有对某种类型的倾向性，但是，对于不同学生来说，在不同时间、不同地点，师生关系类型可能是不同的。

三、在学生管理过程中塑造良好的师生关系

每一次与学生接触，都是老师建立师生关系的机会。管理学生的过程，并不只是让学生遵守某些规范，也是一个建立师生关系的过程。师生关系的建立，需要一个过程，教师要持续地在学生心目中树立自己的良好形象。

学生管理是要培养学生的行为习惯，而习惯的培养也需要一个过程，教育者要有耐心，不可能自己一声令下，一切就马上都符合自己的心意，如学生可能会反复犯错。老师要把学生引导到一个改正错误的"通道"上，这个"通道"的尽头，是改正错误习惯，形成新的良好习惯。老师首先要培养学生接受教育的习惯，循序渐进地引导学生。老师惩罚学生是导致师生关系紧张的重要原因。学生犯错时，如果不得已要惩罚，那惩罚要适度，并取得学生的认可。学生要认识到自己错了，并觉得以适当方式被告诫是应该的。为了让学生心甘情愿地接受惩罚，惩罚要从轻到重，逐渐增加，老师也可以提供不同的选择，让学生自己选，学生也发挥了自主性，并有某种自由度与自愿性在其中，养成愿意接受老师教育的习惯。这样学生管理就不容易造成师生之间的对立。老师一定要注意不过度惩罚。

四、处理好与特殊学生的关系

如果老师知道有学生不喜欢自己，并且已经影响了学生的学习积极性，要尽量主动与学生化解不良关系，这样做不是为了老师自己，而是为了学生。学生不喜欢一个老师可能没有明确的理由，当老师给学生一个喜欢自己的理由时，或许就改变了学生的态度。有些学生因为不喜欢某个科目的任课老师，而不喜欢学习这个科目，甚至因为想"反抗"某个老师而故意不学习这个科目，这种非理性行为在青春叛逆期的学生中容易发生。

有一位初三班主任，在接管了班级之后，了解到班级里有一位后进生中的"老大"——不爱学习，总是爱带领其他后进生在班级里调皮捣蛋，于是就重点关注了这名同学。她本身是比较严厉且威严的老师，但是，给予了这名同学很多格外的关爱。这名同学之前因为与其他老师闹矛盾而不爱学习，

因不爱学习而与老师矛盾更深。他从老师那里得到的从来都是挖苦与讽刺，很少得到老师的关爱。新班主任的关爱，让他受宠若惊。在老师的帮助下，他也开始想学习，但是，由于之前落下的课程太多，导致他力不从心。因为自己无法提高成绩为老师争光，他就主动承担起打扫班级卫生等任务，给其他同学创造更多的学习机会，帮助其他同学提高成绩为老师争光。为了回报老师的"恩情"，他不但自己不违反纪律，还主动帮助老师维持班级纪律。那几名与他要好的后进生，都开始遵守课堂纪律了。

有一些特殊学生，可能需要老师的特别对待。与这些同学的关系，有时候影响的是学生本人，有时候甚至可能影响整个班级。

五、建立师生关系的关键

建立良好的师生关系，需要教师的真诚，而不是心机。真实存在的东西都会有某种能量，而不存在的东西是不会产生能量的。真诚来自真心，是具有能量的。心机来自虚伪，是没有能量的。有些学生虽然年纪小，但是，他们的情感感受力是敏锐的。老师的情感反应会被学生敏锐地感受到。老师的真心是不会被学生忽视的，起码不会被某个学生完全忽略，也不会被所有学生忽视。

教师同样的行为，出发点不同，动机不同，其教育效果是不同的。年龄小的学生虽然还不完全懂事，但是他们能够敏锐而准确地感受到教师是否对自己好，一旦学生能够感受到教师的善意，很多问题就好解决了。

六、教师切忌情绪化管理

教师的情绪化管理，是在教师情绪失控的情况下，对学生进行教育与管理。人在情绪失控时很难选出最适宜的教育与管理方式。在情绪失控的情况下，教师容易进行情绪发泄，从而导致教育与管理方式过激，可能会伤害学生，并严重破坏学生对自己的信任。情绪失控也影响教师在学生心目中的形象，使学生认为教师没有其他办法才会这样情绪失控，让学生看到了教师的"底牌"。此外，强烈的不良情绪，对教师自身的健康十分不利，教师也应该加以控制。

教师大发脾气会不会让学生害怕自己，有利于自己今后的管理？教师应该是让学生感觉有威严，而不是感觉恐惧。教师的威严不是靠情绪化树立的，而是靠正确地处理每一件事的威信树立的。

七、理性面对不喜欢自己的学生

师生关系的建立是一个互动的过程,并不完全取决于老师。我读高一时,每周有一次生理课,是我们班最受欢迎的副科休闲课。每次要上这门课时,同学们都很开心,热切地等待着老师的到来,老师每次也都是兴高采烈地走进教室,带着灿烂的笑容开始上课。整个课堂气氛热烈,时不时爆发出欢快的掌声和笑声,老师也是一副自信满满、挥洒自如的样子。在我的心目中,全校的生理课都是这个样子的。有明星般受欢迎的老师,有追星般的学生。后来有一次,忘记了是什么原因,我在上课的时间经过走廊时看到临近班在上生理课,发现老师并没有站在讲台上,而是落寞地站在一个角落里一言不发。这种反差让我感到很惊讶。后来经过打听才知道,他们班生理课都是上自习,从来不讲课。言谈之中感觉他们班同学不喜欢生理老师,觉得他讲的东西都没用,不想听课想上自习。因为我们班学生喜欢生理老师想听课,老师就精心准备了上课内容,并满怀激情地上课;临近班同学不喜欢老师不想上他的课,老师就一言不发地看着大家上自习。除非是那种能量特别大的老师,能够赢得所有学生的拥护,对于大多数老师来说,总是会有学生不喜欢自己。不过没关系,只要能保持正常教育教学就可以了。

第三章 学生管理与道德教育

道德是中华传统教育思想中的重要内容，也是当今教育领域的重要内容，学生管理中要注重落实道德教育。中国传统的德政管理思想有双重内涵，对学生管理及道德教育有重要启示。学生管理应注重达到教育目的，不能以规范、激励等管理方法代替教育。在学生管理过程中落实道德教育，要注意遵循"知行情意"等教育原理。为分析道德教育的重要意义，我们采取实证方法检验教育对道德的影响及教育回报的道德机制。

学生管理工作是按照教育原理完成对学生的教育，而不是按照外在要求实现对学生言行的规制。比如，学生出现了违纪行为，就按照教育原理进行教育，把学生引导到正确的成长道路上。并不是说只要学生不违纪就是好的教育。现实中，部分老师在用威胁、恐吓、讽刺、挖苦的方式使学生不敢违纪，但是，造成师生关系紧张，在学生的心里教育并没有发生。学生管理要通过教育实现学生的内心与言行的整体成长，而不是通过奖惩规范学生的外在行为。

第一节 德政的双重内涵与学生管理

前文介绍了中华传统的管理方式，即德政与教化。《论语》中说"导之以政，齐之以刑，民免而无耻；导之以德，齐之以礼，有耻且格"[1]，其中的"政"与"刑"类似于以规定与奖惩的方式来进行管理，以这样的方式来管理"民免而无耻"，只有以"德"和"礼"来管理，才能够"有耻且格"。"民免而无耻"与"有耻且格"的区别：一个是他人监督，一个是自我监督；一个是监督外在行为，一个是监督内在心理。自己监督自己的内心，内心不

---

[1] （战国）孟子，等. 四书五经 [M]. 北京：中华书局，2009：7.

会产生恶念，自然就不会产生外在的恶行。

一、德政的双重内涵

德政具有双重含义：一方面是管理者以修己安人、"内圣外王"的德行方式来管理下属；另一方面是给下属足够的德行成长空间，而不是用惩罚性制度来压缩其道德成长空间。一旦一个人犯了错误，在有惩罚措施的条件下，往往首先想到的是如何逃避惩罚，只有在没有惩罚威胁的情况下，才更可能进行道德反思。在德政管理中，一般以教化来影响人，再通过"和"使大家的利益具有高度的一致性，即使在无人监督的情况下，个体也会自愿做出对组织有利的选择。

下面我们举例来说明德政的双重内涵。假设这样一个情境：某学校每周会对每个班级进行卫生评分。有一天，学校负责检查卫生的人在某班级教室讲台下的公共区域，发现了一个纸团。按照学校规定，这个纸团会影响班级的卫生评分。事后班主任在班级里问学生，这个纸团是谁掉的。

试想以下两种情况。

情况一：对于承认的学生，班主任不会指责，只会亲切地提醒下次注意。

情况二：对于承认的学生，班主任会严厉批评，并进行一定的惩罚。

在第一种情况下，掉纸团的学生可能就直接承认了，会为自己的不小心给班级荣誉带来损失而惭愧，为自己给老师添了麻烦而惭愧，并下决心下次要小心点。

在第二种情况下，掉纸团的学生可能被批评和惩罚的恐惧控制，不敢承认是自己掉了纸团，如果老师最终不能确定是谁掉的，自己就会感觉很庆幸。

当然，这两种反应也不是绝对的，但是，其发生的概率是很高的。比较两种情况，在第一种情况下，没有惩罚性制度，个体进行的是道德反思，自己影响了集体荣誉，以后不要再犯类似错误。在第二种情况下，由于有惩罚性制度，个体被惩罚的恐惧控制了，在考虑如何摆脱惩罚，而没有进行道德反思，如果没有被发现，就会感觉很幸运；如果被发现了，为了避免惩罚甚至不惜说谎，进一步做违反道德的事。在第二种情况下，假设班级每周对每个同学进行评分，积分达到一定程度，学生可以兑换自己喜欢的奖品。这个掉纸团的同学，如果本周不犯错误，就可以兑换到自己心心念念了很久的一个奖品；而如果他承认自己掉了纸团，就无法兑换这个奖品。在这种情况下，学生可能不承认，所以，"惩罚"极大地降低了其承认的可能性，得不到奖励也是一种变相的惩罚。

我们再试想，如果学校给班级的评分只是给各班级自己作参考，不与老师的绩效工资等挂钩，老师会如何反应；如果评分与教师绩效工资直接挂钩，如这个纸团会使老师少拿20元绩效奖金，老师会如何反应。在第一种情况下，老师更容易原谅学生，表现出更亲和的态度；在第二种情况下，老师一想到自己起早贪黑辛苦工作，居然因学生犯错扣了钱，对犯错的同学难免有怨言。在第一种情况下，没有对教师的惩罚性制度，教师想到的是教书育人，对学生态度和蔼，也更容易激发学生的道德反思；在第二种情况下，有对教师的惩罚性制度，教师会更倾向于批评、惩罚学生，使学生被惩罚的恐惧控制，就难以进行道德反思。

对于学生来说，在第一种情境下，是"导之以德，齐之以礼，有耻且格"，学生不仅有惭愧心，而且决心要改正；在第二种情境下，是"导之以政，齐之以刑，民免而无耻"，学生不仅没有惭愧之心，也不进行道德反思，如果没有被发现，还会感觉很庆幸。由此可见，德政并不仅仅是要求管理者自身具有高尚的道德，以仁爱之心管理下属，也包含了要给被管理者德性成长的空间。因此，我们强调德政的双重内涵：一是管理者自身的德行；二是被管理者的德行成长空间。

二、德政双重内涵在学生管理中的运用

根据德政的双重内涵，对应到学生管理领域里，也有两层含义：一是老师有高尚的道德情操，能为学生做示范，并有仁爱之心，能够友善地对待学生；二是给学生充分的道德成长空间。从教育实践领域的情况来看，第一点很多老师都能做到，但是，第二点很多老师和学校都需要反思。

1. 教师关爱学生，以身作则

老师培养学生，要通过言传身教，以身作则。

一所小学，环境卫生工作开始都是由保洁员来完成，学生中存在着一些不尊重他人劳动成果的现象。比如，有些学生扔垃圾时不扔到垃圾桶内，而是随意一丢，甚至以游戏的态度，在远处向垃圾桶抛掷，没有扔进去也不管，心想反正有保洁员收拾。后来，学校响应国家号召，决定进行劳动教育。首先就是校园卫生都由学生来完成。学校教师大会进行讨论时，教师都赞成开展这样的劳动教育，并提出教师应该以身作则。于是，教师办公室的卫生也

不再由保洁员打扫了,而是教师自己轮流打扫。当学生们经过教师的办公室,发现老师们在打扫卫生,就很惊讶地问,"为什么卫生是老师自己在打扫,不是有保洁员吗?"后来学校宣布,以后教室的卫生都要学生自己完成,学生们也都坦然接受了,并逐渐在劳动过程中体会到了乐趣,也能够更加珍惜学校干净整洁的环境,不乱丢垃圾了。在这个案例里,学校想对学生进行劳动教育,是从老师以身作则开始的。试想,如果老师的办公室是由保洁员打扫,而学生的教室是由学生打扫,那么学生们的劳动态度可能就会不一样。

如果老师之间有攀比的风气,那么学生之间也容易攀比。当然,学生的攀比之风不一定都是跟老师学的,家长在其中也会有一定作用,此外社会风气也会对学生产生影响,但是,老师的影响是很直接、很关键的。

2. 给学生足够的成长空间

在教育实践中,应该给学生足够的成长空间,并用教化去影响学生,不能简单地应用禁止性规定、奖惩性规定,因为这可能会压缩学生的成长空间。

有所学校,所在城市寸土寸金,学校面积不大,学生活动空间有限,学生的大部分课间都在教室里度过。几个一年级小学生,喜欢画画,就每天带画纸去学校。但是,一年级的小学生自律性还没有培养起来,画纸用过后就随意丢到了地上,影响了班级的卫生评分。后来,老师为了避免这种情况,直接规定,学生不许带画纸来上学。另一所西部农村学校,大部分学生是留守儿童,有一次一个学生带零食到学校,想分享给甲同学,结果被乙同学抢了去,甲同学就大发脾气,把学校提供的营养午餐使劲乱丢,甚至丢到了其他同学的身上,引起了混乱。老师到教室问了好一会儿才搞清楚发生了什么,因此规定,以后上学不准带零食。这两个例子都是用禁止性管理制度限制了不期待行为的发生,但是,应该进行的教育却没有发生。在前一个例子里,从教育角度来说应该努力提高学生的自我管理能力,使其能够管理好自己的物品,不随地乱丢废纸;在第二个例子里,应该教育孩子学会如何与他人进行沟通,以实现自己的诉求,如何管理自己的情绪,等等。两位老师采取的管理方式,只是杜绝了不期待的行为的出现,却没有进行应有的教育。

第二节 规范、激励与德育

学生管理是为实现教育目标服务,应该应用教育方法以达到教育目的,但是，在教育实践中普遍存在的现象是，应用管理方法达到管理目的。管理是在应用规定、奖惩等外在因素影响人的外在行为；而教育是通过影响人的认知、情感、态度等内在因素影响人的外在行为。规范与激励作为常见的管理方法，对于影响学生的行为是十分有效的，但是不一定能达到教育目的。

一、从德政的双重内涵看"小红花"模式的学生管理

1. "小红花"模式在中小学被广泛运用

在中小学的学生管理中，普遍存在着以外在奖励或惩罚使学生产生期待行为的做法，我们把这种做法统称为"小红花"模式的学生管理。这种管理模式在现实中有不同的表现形式，但本质上是相似的，都是以外在奖励或惩罚来规制学生的外在行为。

"小红花"模式在有些学校应用很普遍，比如，在有些学校里，学生的一举一动都可以被赋予一个评分，学生可以用加总起来的积分兑换奖品。奖品的种类很多，都是学生们喜欢的文具、玩具等；奖品会根据其本身的价格划分为一定的等级，等级越高需要的积分也越多。很多学生为了兑换自己喜欢的东西，会努力攒积分。也有的学校是采用诸如"管理量化评分细则"的评价标准，对学生所有不期待行为赋值一个扣分，期待行为赋值一个加分。扣分项包括课间操在队伍中乱动、自习课说话、带零食、仪容仪表不合格、乱扔纸屑、宿舍卫生不合格、未完成阅读任务等。加分项包括受到校级以上单位表扬、考试成绩好、获奖、担任班干部、做好人好事、成绩进步快等。

"小红花"模式不仅被应用在学生管理的纪律、卫生等领域，也进入了课堂教学。有些老师上课时会随时根据学生表现奖励"小红花"或积分。除了针对个人的奖励，还有针对小组的奖励，鼓励小组之间展开竞争，并根据表现给予"小红花"或积分。

2. "小红花"模式的应用价值

孔子说"吾未见好德如好色者也"，成年人尚且如此，作为处在学龄阶段的小孩子，有时候可能不能理解"内在美德"的意义与价值，但是，可能凭借自己的禀性理解"外在声色"的意义与价值。教育者通过把"外在声色"与"内在美德"挂钩，或许可以把受教育者对"外在声色"的喜爱转嫁到对"内在美德"的喜爱上。当然，这只是一种理想情况，这种转嫁不一定能顺利完成，受教育者可能只爱"声色"，而不爱"美德"。我们期待的是"小红

花"帮助学生养成一定的习惯,在奖励消失以后,学生仍然能够保持相应的行为习惯。但是,实际情况可能在奖励消失时,行为就随之消失了。

一个班级有四五十个学生,为了保证大家能有良好的学习环境,上课的时候就需要每个学生都遵守课堂纪律,如果有个别学生扰乱课堂秩序,就可能导致所有学生都无法正常学习。很多中小学生还没有形成足够的自律能力,或者说其自律能力与学校教育的要求还有差距,这就需要外在的力量来管理,此时教师就成了自然的管理者。一个违反纪律的学生,老师通过批评或惩戒告诉他这是错误的,这本来是一种正常的教育方式。但是,随着独生子女越来越多、娇生惯养的孩子越来越多、家长对孩子的溺爱现象越来越普遍,经常出现即使是正当的批评也可能会给老师带来麻烦的情况。在这种情况下,"变相的惩罚"就显得比较安全,"小红花"管理模式中的奖励体系,实际上也是变相的惩罚体系,没有获得奖励就相当于被惩罚了。但两者之间还是有差别的,批评惩戒主要影响了违反纪律的学生,而"小红花"式的奖励模式,影响了所有学生,让所有人都在某种控制之下,失去了某种自主与自由。

很多时候让一个人感到开心的,并不是奖励本身,而是对自己做到了感到骄傲,以及他人对自己努力的认可。我参加成年书法班时,刚开始班里鼓励连续打卡 21 天,做到的同学都会得到一个小礼物,每个人拿到小礼物时都非常开心。同学都是有收入的成年人,小礼物的价值对于他们来说不值一提,但是,这样一个小礼物却让大家非常开心。大家在乎的不是礼物本身,而是那个做了正确事情的自己,是能与自己情感共鸣的老师和同学。如果一个人没有付出,即使得到奖励也不会高兴,因为他只得到了一个对自己价值有限的小礼物。

有时候奖励的意义不在于奖励本身,而是对获奖者的肯定。我想做这件事,我克服困难做到了,我的付出得到了你的认可。你对我的奖励,是我们之间的一种情感共鸣。在这种情况下,奖励是一种肯定与情感表达。在学生没有做到的情况下,即使老师想讨好学生进行奖励,学生也不会感激,因为学生没有付出,就不会产生情感共鸣。

3. "小红花"模式的弊端

理想的教育是使学生依靠内驱力主动成长,"小红花"教育是靠外在诱惑驱动人被动成长。什么是人生的兴趣,做什么事情本身就使你快乐?在你百无聊赖时,你想做什么?如果一个人所有精力都被外在诱惑填满了,就没有时间去倾听自己内心的声音，连自己的兴趣是什么都难以找到。

比如，在一堂语文课上，课堂内容讲的是英雄事迹，在这样的课堂上，我们期待学生能够有情感上的共鸣，能在下课后，让英雄事迹仍然影响学生的情绪。但是，"小红花"的课堂奖励模式，可能让有些学生在下课后第一时间就去计算自己课上得了几朵"小红花"，"小红花"的排名是前进的还是后退了。有些情况下，获得了奖励的学生，下课后还要马上去找老师签字确认。过于关注与"小红花"相关的事务，就可能使孩子从情感共鸣中迅速走出来。学生对"小红花"的兴趣超过了对教育内容本身的兴趣，超过了对美德本身的热爱。

人做一件事情的情绪都是有周期的，有时候情绪高涨想突飞猛进，有时候情绪低落想停下来休整。即使情绪没有周期，学习的进度也可能有周期，有时候遇到挫折，也需要沉淀一下。这并不是退缩，而是跳高前的下蹲。我们需问一个问题，奖励应该是在情绪低落时进行，还是在情绪高涨时进行？有人可能会说，当然是要在情绪低落时进行，以"熨平"情绪周期。我觉得不能一概而论，要看这个情绪低落期是什么性质。如果确实是跳高前的下蹲，硬是不让蹲，后面怎么跳高呢？如果情绪周期像生理周期、季节变化那样，是一个自然现象，我们就应该尊重这个周期。如果一定要进行奖励，那么奖励可以作为扩大高涨期的辅助，而不是作为缓解低落期的抵抗。在需要进行休息和调整的时候，不要用外部刺激来激励其努力，否则可能产生抵触情绪或厌学，要等其兴趣自然恢复后，再通过奖励重新进入情绪高涨期。

4. "小红花"模式的创造性应用

我读小学时，是很少有"小红花"激励的，顶多一个学期一次，老师把对每个人的评价贴到教室后面的学习园地上。平时在学校里，我们都是按照自己的心意生活，而不是按照"小红花"的指向。但是，鉴于"小红花"在当今教育领域的广泛应用，我也不敢贸然说"小红花"绝对不能应用，既然被如此广泛地应用，可能有其道理。因此，我建议其应用与教育目的密切结合，能够指向期待培养的内在品质。比如，如果想培养学生的集体主义精神，可以针对集体进行激励，这样一个人的努力就是在为集体奉献，而不是为个人私利。

二、规范、激励不能等同于教育

规范与激励是科学管理领域的常用管理方法，其针对的对象主要是人的行为，使人的行为符合预期的要求。对于那些不期待的行为，往往使用惩罚性规范来禁止；对于那些期待的行为，往往使用奖励来激励。这两类管理方法在学生管理中也有广泛的应用，对引导学生产生正确的行为是比较有效的。教育者需要注意的是，学生管理有自己独特的目标，不同于经济管理目标。一般来说，经济管理的目标是效率，只要能够管理人的行为，能够使之进行相应生产，就可以实现经济管理的目标。而教育管理的目标是培养人，人的行为只是教育目标的一小部分。教育最重要的是影响人的情感、思想等，行为只是情感与思想的自然表现。理想的教育结果是，即使在没有规范与激励的情况下，人也能够自觉自愿地产生理想的行为方式。如果通过规范与激励的学生管理方式，使得学生产生了预期的行为，但是，他们的情感、思想等方面却没有改变，那么当奖励与惩罚消失时，相应行为也会消失，这就不是理想的学生管理，没有达到教育目的。

规范与激励在教育领域被广泛应用，甚至在一定程度上替代了教育。比如，学校管理者发现，大学里很多学生上课时使用手机，就规定禁止学生上课使用手机，这是以禁止性管理规定代替了教育。教育是要影响人的情感、思想、认知等，如果没有通过教育提高学生的自我管理能力、学习动机、学习兴趣等，教育就相当于没有发生，而只是发生了管理。行为规范在学生管理中被广泛应用，其优点是效果迅速，可以使学生的行为迅速达到理想的状态。但是，也有其弊端，比如，有些学生上课用手机查找资料，而不是在玩，统一性的规定把好的行为也给屏蔽了。此外，每当有人在课堂上想拿起手机而不敢拿时，都会感觉自己是被监视的、没有自由的人，这种心理作用可能会对人格塑造起消极作用。最理想的情况是，通过教育使学生能够正确使用手机。

不能以制度规定替代教育，学生教育更是如此。使学生有利他奉献之心，乐于参与公益事业，这是学校应该给予学生的教育，但是，有的学校以制度的形式规定学生必须参加公益活动，这就是以制度代替教育，让学生失去了自由感与主动性，这可能只促成了学生的外在行为，却没有形成内在的品格，完全没有达到教育目的。

三、持续进行外在激励的危害

每个人做事的情绪往往有自己内在的周期，即使非常喜欢做一件事，也会有不想做的时候。想做的时候就去做，不想做的时候就不做，劳逸结合才能保持持续的兴趣。持续的外在激励，意味着在一个人想休息的时候，还在被刺激努力，如果不努力就要受到惩罚。缺乏辨别能力的孩子，就可能在缺乏兴趣的情况下疲劳应对，时间久了就会产生倦怠感，从而对所做的事情失去兴趣，甚至产生心理疾病。对于可以自然达到的目标，就不要应用外部激励。对于不能自然达到的目标，应该首先选择正确的教育方法来达到目标，最后才考虑使用管理激励达到目标。

如果学生不能形成习惯或者内驱力，一旦他对外在奖励失去兴趣，或者意识到外在奖励的无意义性，就可能失去价值感，甚至怀疑人生的意义。理想的教育，应该使被教育者每天按照自己喜欢的方式生活，这本身就是一种乐趣，也是一种存在的价值，人生的意义可以慢慢寻找。反之，既不知道人生的意义，也感受不到存在的价值，就可能陷入绝望痛苦的境地。当然，"按照自己的意愿生活"并不是教育者对其听之任之，而是通过教育使其自主自愿地进入一种理想的生活状态。

第三节　学生德育应遵循教育原理

德育是为提高学生道德水平，应遵循教育原理。一般认为"知行合一"是道德教育的一条路径，但是，我们通过对现实的观察发现，"知"并不会直接导致"行"，"情意"是"知"与"行"之间的一个重要桥梁。"知"是一种理性标准，即在理性上知道什么是对的；在知道什么是正确的行为标准以后，如果在践行这种行为标准时能够获得积极的情志体验，就会自觉地去这样做；如果能够经常这样做，就成为一种行为习惯。道德教育应该遵循"知行情意"相统合的教育原理。

一、树立正确的价值观

老师首先要在学生心里树立正确的价值观，这个价值观是全体学生都认可的，每当有什么事情发生时，大家都可以用这个价值观来认识问题，并对自己及他人行为的正当性做出合理判断。这个正确的价值观以"圣贤"的两个特征为基础，但其具体的表达方式并不是固定不变的，根据班级所面临的具体问题，还有地方的风俗习惯，或者老师自己的表达习惯而有所不同。例如，一个表达方式是"做更好的自己"，鼓励学生不断成长。进一步地，可以对"做更好的自己"有一定的诠释，落实到具体行为，主要有两个方面：一是自信、自立、自强，相信自己有无限的潜能，努力发展自己的品格与能力，这是人生的意义，要求乐观自信、努力学习、勤奋刻苦、发展自己的兴趣爱好，自己能做的事情自己做、改正自己的缺点、发扬自己的优点等；二是使世界因自己而变得更美好，这就要求热爱祖国、热爱集体、尊敬老师、团结同学、助人为乐、文明友善、承担对集体的责任、孝顺父母。这两方面的表述既可以对应到"大学之道在明明德，在亲民，在止于至善"，也可以对应到"德才兼备"，还可以对应到"人的自由而全面发展"，其终极目标指向"圣贤"。

在班级建立起大家共同认可的价值观后，每当有些同学的行为偏离了这种价值观的时候，学生自己就能够判断，整个班集体也会有判断。这样就不是老师个人对学生的看法，而是集体的看法，是基于道义的评价。老师不是给予奖惩的审判者，而是学生自我成长的支持者与帮助者。即使在老师和同学看不见的地方，也能对自己行为的合理性有正确的判断。教育者把教育目标明确地传达给学生，并赢得他们的认可，使他们能够自愿、自觉地朝着目标努力，这个目标就成了一种内驱力。如果学生不知道自己发展的目标是什么，而只是盲目地按照大人的要求去做，就失去了主动成长的乐趣，成为被动的服从者，久而久之就可能厌烦，甚至叛逆。

二、确定理性标准

在建立了共同的价值观以后，要建立大家共同认可的良好行为规范，形成判断行为是否合适的理性标准。行为人自己可以据之判断自己的行为，同学之间也可以据之相互判断。如果某个同学违反了良好的行为规范，会受到来自集体的压力。有时候这种来自集体的压力，比老师一个人的批评效果更好。理性标准在具体使用过程中可以有多种形式，比如，行为规范要求、远大的理想、追求的目标、学习的榜样，等等。让学生知道做人的理想标准、自己成长的目标，可以使学生自主地朝着目标的方向前进。

行为规范的确定是在价值观的指导下形成的，但是比价值观要具体，与学生的日常言行密切相关。比如，价值观要求学生自立自强，行为规范上就要求自己能做的事情自己做。按照不同的年龄阶段可能有不同的内容，可以根据学生的年级提出不同的要求，包括但不限于自己吃饭、自己洗澡、整理自己的物品、自己主动完成家庭作业等。除了口头传达正确的行为标准，也可以树立卓越榜样。如果能在班级里树立起榜样，示范效果可能更好。比如，在一个小学三年级的班级里，有一名同学都是自己洗澡，经常自己做饭，班级就将其树立为榜样，其他孩子即使做不到，也有一个学习的目标。

　　学生方方面面的言行，只要与是非相关，都应该有适宜的理性评价标准，这样学生的发展就会有明确的方向。老师在教育的过程中，还需要确定教育范围，是针对个人进行教育，还是针对集体进行教育。如果教育一个学生的行为对全班都有教育意义，就可以借教育这个学生的机会对全班同学进行教育，比如，一个错误行为其他同学也有这个倾向，或者一个正确行为其他同学还没有做到，这个时候就可以告诫或鼓励全班同学。但是，如果其他同学没有这个错误倾向，已经做得很好了，就没有必要教育其他同学了，单独教育这个学生就可以。一个人有病没有必要给所有人吃药，但有时候老师可能想利用班级舆论，给某个学生带来某种压力，这又另当别论。

　　确定理性标准，最好按照事物本身的价值来定。"格物致知"，只有革除了物欲才能有正确的判断。[①] 如果把事物的价值与外在诱惑联系在一起，孩子就可能养成按照外在诱惑判断事物价值的习惯，就不能对事物的真正价值做出准确判断。教育者现在也许能用外在诱惑引导孩子去做正确的事，将来可能会有别有用心的人诱惑其做不正确的事。

三、情感意愿

　　我们知道，理想的情况是学生能够知行合一，但是，知与行并不会自动合一，需要情意这个桥梁。知道这样做不对，并且对这样做产生羞耻感、惭愧感，才可能不去做；知道这样做是对的，并且对这样做产生愉悦感、价值感，才可能去做。在教育的过程中，教育者要引导学生产生正确的情感反应。表扬和批评除了具有深化对做人标准认识的作用，还具有引发情感共鸣的作用。比如，对错误的行为进行批评，相当于在错误行为产生时伴随了消极情绪，就会减少这种行为；对正确的行为进行表扬，相当于在正确行为产生时伴随了积极情绪，就会加强这种行为。表扬与批评是引导正确情感的方式，但是，属于利用外在力量激发正确的情感反应。理想的结果是即使没有外在力量的协助，学生也能有正确的情感反应。在教育过程中，不仅要让学生明

[①] 关于"格物"有多种解释，我们认为其中"格除物欲"的解释能够给认识管理实践带来更多启发，因此本书选择了这种解释。详细论述参见笔者的《中国人文管理学实践》一书。

白正确的行为标准,还要其对行为有适宜的情感意愿。比如,对自己的错误行为,要在理智上知道错了,在情感上产生羞耻感。

情感意愿只是一个统称,可以根据具体情况有千变万化的形式。比如,被好人好事感动、对工整作业的欣赏、对美好未来的向往等。

四、行为习惯

如果学生既知道做人的正确标准,又有情感意愿去做,就会自然发生行为,行为的反复发生就成了习惯。改掉坏习惯的最好办法就是提前养成好习惯。学生管理者不是"救火队员",哪里发生了问题就去哪里解决问题,而是"治未病的医生"。比如,对于同学间的霸凌行为,不是等已经发生了再进行处理,而是在发生之前就最大限度地避免。一方面是正面引导,使学生形成团结同学,帮助同学光荣、欺负同学可耻的价值观;另一方面是反面威慑,老师明确表达对霸凌的厌恶态度,如果发生了一定严惩不贷。再如,青春期学生可能出现叛逆行为,容易与家长产生矛盾,不要等矛盾已经发生了再去调节,而是要在矛盾发生之前,就教会学生如何与家长沟通,甚至可以通过对父母的感恩教育来影响学生对家长的看法。有时候,与其阻止负面行为,不如引导正面行为,人的精力毕竟是有限的,一旦投入做正面的事情上,就没有时间做负面的事情了;一旦投入积极情感中,就少了负面情感。高尚的情操、高远的理想、饱满的热忱、持之以恒的努力等,是最理想的"知行情意"教育。

习惯的养成并不是一朝一夕的,需要一个长期的过程,所以教育者要有一定的耐心。学生难免反复犯错,当其犯错时,对其进行教育的目的是强化其对做人标准的认识、适宜的情志反应,并产生正确的行为。每个人都可能犯错,重要的是知错能改。教育者若看到学生犯错就大发雷霆,或者进行挖苦、讽刺、嘲笑,不仅不符合教育规律,也会伤害学生、伤害自己,且教育效果很有限。如果能保持平和的心态,接受学生本来就可能犯错,然后就可以更理智地根据犯错的原因和情况,按照教育规律对其进行教育,使孩子获得改正的机会。老师发火,使用的是管理上的惩罚法,相当于靠外在力量强迫学生产生某种行为,对规范学生的行为可能有一定效果,但是,这种效果的发挥是缺乏认知基础和情感基础的。一方面在缺乏监督威慑的情况下,学生可能不会自觉自愿做出正确的行为;另一方面也可能遭到学生的抵制,学生会感觉老师在逼迫自己,在有作用力的地方就可能产生反作用力。因为在老师情绪失控、发脾气的时候，孩子产生的是恐惧感，而没有对自己的行为进行道德反思，没有意识到自己的错误所在，也没有对自己的错误行为产生羞愧感。如果老师能够理智地与学生沟通，学生一旦从理性与情感上认识到自己错了，就不会产生抵制行为，如果抵制老师，也是相当于是在抵制自己。需要说明的是，我们不是反对老师对学生严厉，而是反对情绪化教育。事实上，严厉与理性沟通是可以并存的。

学生管理中还有一些偶然事件，比如，不小心碰掉同学的东西造成损坏，这种事情一般不具有行为习惯的意义，老师及时妥善处理就可以了。老师要根据事情的教育意义，迅速做出判断，以决定自己处理事情的投入度。

行为习惯意味着行动，包含了一种行动力，行动之前的行动计划等，具体可能会因行动的差别，有不同的复杂程度。比如，为了达到某个目的，要具备哪些能力、要做到哪些事情等，老师都可以给学生一定的指导。

五、如何与学生沟通

前文介绍了"知行情意"的传统教育原理在学生道德教育及学生管理中的应用。对是非有正确的认识，有适合的情感意愿，从而产生正确的行为方式，并在正确的行为反复出现后形成行为习惯，这是教育者所秉持的理念。但是，在具体教育过程中，还要有与学生的沟通表达方法，使教育理念能在教育实践中快速落实。沟通表达方式不是唯一的，可应用的教育原理也不是唯一的，在这里我们只是举一个例子。实践是检验真理的唯一标准，只要应用起来效果良好，就是可以的。当学生的一种违纪行为发生时，首先要分析其产生的原因。主要分析以下几个问题：首先，是学生不知道正确的行为标准吗？这是理性标准问题；其次，是学生的意愿不够吗？这是情感意愿问题；最后，如果知道行为标准，也愿意去做，是不是习惯不好管不住自己？这是行为习惯问题。理性标准可以表达为"知错"，知道自己做得不对，承认自己的不足；情感意愿可以表达为"愿意改错"，对自己的错误感到惭愧；行为习惯可以表达为"能改"，争取以后不再犯类似错误，在行为上逐渐改进。这就是一个"知错、愿改、能改"的沟通表达体系。

老师应培养学生愿意接受教育的习惯，在这个过程中建立学生对老师的信任关系。有的老师为了树立威信，对学生的惩罚非常严厉，如果学生预期受到严厉的惩罚，感觉自己无法接受，就可能反抗，拒绝老师的教育。比如，老师发现学生上课看手机，如果学生预期老师发现以后会没收手机，就可能会拒绝把手机给老师，与老师争抢手机，这种对抗一旦形成，所有教育都不会有效果。如果老师能给一个相对轻的处罚，比如，"你现在把手机给我，下课我就把手机还给你，如果你不给我，那后果就很严重"。两害相权取其轻，学生就会把手机给老师。等下课后学生想要回手机时，就可能更愿意接受老师的教育，老师就可以借机给学生讲讲道理。老师也可以跟学生讲条件，以后上课不许看手机，如果被发现就一天不给，两天不给，一周不给，天数可以逐渐增加，在这个过程中使学生养成接受老师教育的习惯，并建立对老师的信任。将惩罚措施与学生商量，一方面容易使学生接受，另一方面也培养了学生的主体性，培养学生对自己的行为负责的精神。如果老师想通过一次过激的反应对学生形成威慑，让学生再也不敢上课看手机，并以此起到惩一儆百的作用，让其他同学也不敢在自己课堂上看手机，也可能达到目的。但是从根本上说，这种方式并不是教育逻辑，而是管理逻辑。管理逻辑是达到行为目标就可以了，教育逻辑是包括认知、情感态度、行为等整体。在管理逻辑下，学生的行为符合要求，可是，在学生的心里，可能没有认识到自己行为的问题，只是觉得自己迫于压力不敢那样做。一旦脱离了监督就会故态复萌。用管理逻辑管理的学生，其行为表现依赖于管理者，在一个严厉的老师的课堂上不敢犯错，在不严厉的老师那里就可能敢犯错。教育逻辑教育出来的学生，其行为表现就具有自觉性，一个老师教育出来的学生，在其他老师的课堂上也会表现好。持管理逻辑的各科老师其实是"各自为政"，每个人都是对自己的课堂负责；而持教育逻辑的各科老师是"团队作战"，每一个老师在教育学生的同时也在影响着其他老师的课堂。

老师要让学生明白，老师不是在惩罚你，而是在帮助你成为你自己想成为的样子。老师是与学生站在同一条战线上的，是帮助学生成长的，而不是站在对立立场。

"知行情意"的教育原理在教育领域有多方面的应用。比如，在学生犯错后，很多情况下老师会让其写检讨。检讨怎么写，也可以根据"知行情意"的教育原理来进行。首先是从两个方面讨论自己行为的危害，一是对自我成长方面的危害，二是对他人造成的危害，借此建立对正确行为标准的认知。其次是谈自己应具备的情感感受，比如，对自己的不当行为感觉羞耻，对影响了同学感觉愧疚，等等，以此建立适宜的情感共鸣。最后，是表达自己以后坚决不犯类似错误的决心，如果再犯愿意接受什么样的惩罚。

六、根据道德的教育内容全面培养学生

1. 德育全面培养学生的道德品质

在笔者的《中国传统教育学理论》一书中,我们总结了道德的教育内容,根据中华传统教育思想,智、仁、勇"三达德"是德育最基本的内容,就像三原色能调和出所有颜色,"三达德"能生发出所有其他优良品质。我们分别对这三个方面进行了一定的阐释。教育工作者可以共同努力将其逐渐完善,为学生的德育工作提供参考。

2. 德育回应学生一生的需要

教育要回应学生一生的需要,而不仅仅是教育阶段的需要。比如,很多人在中年以后容易出现"三高",那么从小就应该帮助他们养成一个不容易得"三高"的饮食作息习惯。一些成年人在事业上取得了一定成就以后,可能因为各种诱惑而一失足成千古恨。对于学生德育来说,从小就要教育学生抵制诱惑,而不是用诱惑去激励学生。

第四节 教育对道德的影响及教育回报的道德机制

教育对道德的影响可以得到实证检验的支持吗?教育可以影响收入,教育影响收入的机制一直是研究领域关注的问题。在中国的教育领域一直以"立德树人"为根本任务,特别注重对受教育者的道德培养;很多研究表明个体收入水平与其就业机会密切相关,而中国社会在人才选拔与任用过程中,特别注重德才兼备。那么,教育对收入的影响存在道德机制吗?实证研究发现,教育对道德有显著影响,道德对收入有显著影响,道德在教育影响收入的过程中发挥着中介作用。

一、立德树人的教育培养目标

孔子是中国历史上影响力最大的教育家之一,是儒家的开创者,儒家经典《大学》开篇即说"大学之道,在明明德,在亲民,在止于至善",[①] 儒家经典《论语》中说"子曰:'君子食无求饱,居无求安,敏于事而慎于言,

---

① (战国)孟子,等. 四书五经[M]. 北京:中华书局,2009:47.

就有道而正焉，可谓好学也已．'"，① 这些都体现了传统教育对道德的重视。中华人民共和国成立以后，一直在大力发展教育，取得了普及九年义务教育、大力发展高等教育等成就。在中国的教育领域，一直把"立德树人"作为学生培养的根本任务，在"德智体美劳"的全面发展目标下，"德"一直处于重要地位。"德育处"是很多中小学都设有的机构，"思想品德"是几乎所有教育类型与阶段都包含的课程。可见，在整个中华民族的历史中，从古到今，一直把道德教育作为重要的教育内容。

二、现有理论中教育影响收入的机制

人力资本理论认为，教育、工作经验、人员流动、培训等能够提高劳动者的人力资本，知识、技术、健康等是可以影响产出的因素，是人力资本的要素（Schultz et al.，1961）。有很多研究把人力资本作为经济增长的一种动力（Schultz et al.，1961；Nelson and Phelps，1966；Romer et al.，1986），有研究指出教育是提高人力资本的一种投资（Becker，1964；Palacios-Huerta，2003；Lochner et al.，2011）。由此可以推导出教育影响收入的一种机制，教育能提高个体的人力资本水平，进而提高其产出水平及预期的收入水平。人力资本理论被广泛应用，但是，研究领域关于人力资本具体包含哪些要素，还缺乏全面而明确的界定。Balan 等（2012）的研究发现，人力资本与道德水平显著正相关，人均产出也与道德水平显著正相关，表明道德可能是人力资本的一个要素。这些研究有助于深化对人力资本理论的认识。道德水平一方面可能受教育影响，另一方面可能影响产出与收入，其在人力资本中所发挥的作用还需要研究领域深入探讨。

信号理论认为，劳动力市场的信息是不充分的，教育水平是受教育者向市场发送自身能力的信号，在分离均衡中高能力劳动者的教育水平和工资水平都高于低能力劳动者，使我们可以观察到收入与教育的正向关系（Spence et al.，1973）。Ge 等（2018）的研究指出，较高的教育总收益会使劳动者愿意发送一个较高的教育水平信号。Balan 等（2012）的研究发现，道德水平与能力水平的相关性越高产出越高，说明道德与能力对产出可能具有互补作用。一方面，即使教育本身没有提高道德水平的作用，由于道德与能力对产出的互补作用，高道德水平的劳动者通过高教育水平发送一个高道德水平的信号，

---

① （战国）孟子，等．四书五经［M］．北京：中华书局，2009：5．

对自己可能是有利的;另一方面,教育本身可能确实具有提高道德水平的作用。如果道德水平与教育水平之间具有稳定的联系,而道德也是市场看重的因素,教育水平也存在向市场发送道德信号的可能。

劳动力市场分割理论认为,劳动力市场的流动性是不充分的,在主要劳动力市场与次要劳动力市场之间劳动者很难自由流动,主要劳动力市场具有工资较高、福利较好、工作环境较好、学历技能要求较高等特点,次要劳动力市场具有工资较低、福利较差、工作环境较差、学历技能要求较低等特点,教育有助于个体进入就业条件较好的主要劳动力市场(Reich et al.,1973)。有研究指出,在中国存在着市场分割,而教育是帮助个体进入高收入劳动力市场的重要因素(Fleisher and Wang,2004)。高教育水平的劳动者可能是因为具有较高的知识、技术或能力而进入主要劳动力市场,进而获得较高的工资收入,但是,不能排除高道德水平也可能是影响高教育水平劳动者进入主要劳动力市场的因素之一。

道德在教育影响收入的过程中起到中介作用,这种作用机制与现有的教育影响收入相关理论并不矛盾,而可能是对现有理论的一种深化。现有理论指出了教育能够影响收入,但是没有全面讨论教育使得劳动者具备的哪些特征影响了其收入。比如,人力资本理论中人力资本包含哪些内容,信号理论中信号发送了哪些信息,市场分割理论中帮助高教育劳动者进入主要劳动力市场的是哪些特质。这些研究对深入认识相关理论有推进作用,对教育领域进一步完善人才培养机制具有参考价值。

三、教育对道德水平的影响

本书使用量化研究方法分析教育对道德水平的影响,具体模型设定如下。

$$mor=\lambda_0+\lambda_1 edu+\lambda_2 gen+\lambda_3 huk+\lambda_4^T car+\lambda_5^T org+\lambda_6^T reg+\mu \quad (3-1)$$

其中,λ 为估计系数,μ 为误差项;mor 代表道德水平;edu 代表教育年限,小学取 6,初中取 9,高中取 13,大专取 15,本科取 16,硕士研究生取 19,博士研究生取 22;gen 代表性别,男性取 0,女性取 1;huk 代表户口类型,城市户口取 0,农村户口取 1;car 代表职业类型虚拟变量;org 代表工作单位类型虚拟变量;reg 代表所在省份虚拟变量。本书将分别分析教育对道德水平的影响。

当期数据的估计结果如表 3-1 所示,在第(1)列中,道德水平仅对教育年限进行回归时,教育的估计系数显著为正;在第(2)列与第(3)列中,逐步引入性别与户口两个控制变量后，教育的估计系数仍然显著为正；在第（4）列与第（5）列中，逐步引入职业类型、单位类型及地区的虚拟变量后，教育的估计系数仍然是正的，但是变得不显著。

表 3-1　教育对道德的影响：当期数据

变量	因变量：道德水平				
	（1）	（2）	（3）	（4）	（5）
教育年限	0.030*** [0.010]	0.029*** [0.010]	0.021** [0.010]	0.013 [0.011]	0.011 [0.012]
性别（男=0）		0.042 [0.030]	0.046 [0.029]	0.068** [0.030]	0.062** [0.031]
户口（城市=0）			-0.156*** [0.035]	-0.123*** [0.036]	-0.116*** [0.037]
职业类型	否	否	否	是	是
单位类型	否	否	否	是	是
地区	否	否	否	否	是
样本量	1031	1031	1031	1031	1031
调整的 R^2	0.010	0.011	0.027	0.041	0.042

注：***表示在1%的水平显著，**表示在5%的水平显著，*表示在10%的水平显著。

终身数据的估计结果如表 3-2 所示，在第（1）列中，道德水平仅对教育年限进行回归时，教育的估计系数显著为正；在第（2）列与第（3）列中，逐步引入性别与户口两个控制变量后，教育的估计系数仍然显著为正；在第（4）列与第（5）列中，逐步引入职业类型、单位类型及地区的虚拟变量后，教育的估计系数仍然显著为正。

表 3-2　教育对道德的影响：终身数据

变量	因变量：道德水平				
	（1）	（2）	（3）	（4）	（5）
教育年限	0.056*** [0.012]	0.053*** [0.012]	0.053*** [0.013]	0.052*** [0.014]	0.037** [0.018]
性别（男=0）		0.108* [0.062]	0.108* [0.062]	0.098 [0.066]	0.104 [0.084]
户口（城市=0）			-0.024 [0.104]	-0.025 [0.107]	-0.005 [0.127]

续表

变量	因变量：道德水平				
	(1)	(2)	(3)	(4)	(5)
职业类型	否	否	否	是	是
单位类型	否	否	否	是	是
地区	否	否	否	否	是
样本量	199	199	199	199	199
调整的 R^2	0.041	0.050	0.046	0.050	0.067

注：***表示在1%的水平显著，**表示在5%的水平显著，*表示在10%的水平显著。

综合表3-1和表3-2的估计结果可以认为，教育对道德水平有显著影响，而且这种影响在长期中可能更加明显。在中国传统管理思想中，道德可以作为激励方式，提高工作绩效，如果教育可以影响道德水平，可以在一定程度上说明教育可以作为管理方式。

四、教育影响收入的道德机制

在中国的教育领域，一直把"立德树人"作为学生培养的根本任务。在"德智体美劳"的全面发展目标下，"德"也一直处于重要地位。所以，可以预测，教育对道德水平具有正向促进作用。在中国的人才选拔与任用理念中，一直秉持"德才兼备，以德为先"的理念，可见，道德可能影响个体的工作机会，进而影响其收入。如果教育通过影响道德进而影响收入，道德的这种中介作用，我们称为"教育影响收入的道德机制"。

我们按照温忠麟等（2014）建议的方法，采取分步检验的方式，检验道德是否是教育影响收入的中介变量。

估计模型的核心部分如图3-1所示，λ_1、γ_1、γ_2 三个估计系数都显著，是中介效用存在的充分非必要条件。教育对收入的直接作用为 γ_2，通过道德作为中介的间接作用为 $\lambda_1 \times \gamma_1$，间接作用占总效应的比例为 $\lambda_1 \times \gamma_1 / (\gamma_2 + \lambda_1 \times \gamma_1)$。

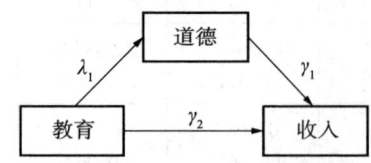

图3-1 教育影响收入的道德机制模型设定

收入的衡量可以使用多种方式，鉴于教育对收入的影响可能会贯穿终身，这里我们参考于洪霞（2013、2014、2015）的研究，使用终身收入的代理变量来衡量收入。相关估计结果如表3-3所示，第（1）列为仅其他控制变量进入回归的估计结果；第（2）列为进一步引入教育年限的估计结果，教育年限的估计系数显著，估计值为0.113，可以认为这是教育对收入的总影响；第（3）列为同时引入教育年限与道德水平的估计结果，教育年限与道德水平的估计系数都显著，教育年限的估计系数为0.104，道德水平的估计系数值为0.253；第（4）列以道德对教育及其他所有控制变量进行回归，可以发现教育的估计系数显著为正，估计值为0.037。综上所述，教育对道德有显著影响，道德对收入有显著影响，教育对收入有显著影响，可以推测道德在教育影响收入的机制中起到了中介作用。如图3-2所示，教育对收入的直接影响约为0.113，以道德水平为中介的间接影响约为0.009（0.037×0.253），在教育对收入的影响中，道德中介约占8.26%。

表3-3 教育影响收入的道德机制

因变量	终身收入对数值			道德
	（1）	（2）	（3）	（4）
道德水平			0.253*** [0.076]	
教育年限		0.113*** [0.030]	0.104*** [0.029]	0.037** [0.018]
性别（男=0）	-0.211** [0.100]	-0.241** [0.100]	-0.268*** [0.099]	0.104 [0.084]
户口（城市=0）	-0.127 [0.135]	-0.051 [0.130]	-0.05 [0.129]	-0.005 [0.127]
职业类型	是	是	是	是
单位类型	是	是	是	是
地区	是	是	是	是
样本量	199	199	199	199
调整的 R^2	0.183	0.251	0.277	0.067

注：***表示在1%的水平显著，**表示在5%的水平显著，*表示在10%的水平显著。

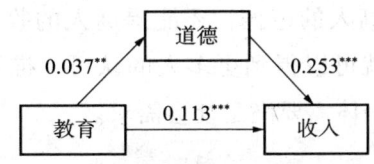

图3-2 教育影响收入的道德机制估计结果

目前，探讨教育对收入影响机制的理论有人力资本理论、信号理论、劳动力市场分割理论等，这里的研究与这些理论之间并不矛盾，可以深化对相关理论的认识。从广义角度来看，道德也可以认为是人力资本的一个方面，可以认为是信号理论所发送信号的部分内容，还可以认为是市场分割理论中导致市场分割的一个因素。但是，道德具有一定的文化特征，而文化特征往往具有一定的地域性、民族性、时代性等，与具有文化普适性的"知识""技术""能力"等人力资本又有所不同，因此，我们建议把道德作为教育影响收入的一个独立的机制进行研究。道德在一定程度上是外生于经济系统的，如何更好地发挥道德对经济系统的作用，需要研究领域进一步深入探讨。

中国传统经典《论语》中说"导之以政，齐之以刑，民免而无耻；导之以德，齐之以礼，有耻且格"，① 充分说明了道德与制度在社会管理中的作用。制度规制个体看得见的行为，当缺乏有效的监督时，难以避免不良行为的产生；而道德不仅可以规范行为，还可以影响内心，能使个体对自己的不良行为产生羞耻感，进而去掉为恶的想法。对行为的约束，在缺乏监督的情况下有人可能就会为了利益铤而走险；而对内心的约束，是个体对自身的监督，相当于无处不在的监督。无论是在社会生活中，还是在组织管理中，道德与制度可谓相互补充、缺一不可。对于制度的完善来说，由于每有一个问题就需要制定相应的制度，所以制度的制定很难是完备的（Grossman et al., 1986; Hart et al., 1990）；但是对于道德的培养来说，一个有道德的人，任何有损他人的事可能都不会做，如果能成功培养有道德的人，可谓是高效率的管理方法。当然，我们并不是否定制度完善的重要性，只是强调在完善制度的同时，不能放松道德建设，而教化是进行道德建设的有效方法。

五、道德教育的重要性得到实证分析支持

道德教育在部分人的心目中，是为了满足社会需要，而不是受教育者自身的需要。孔子说"吾未见好德如好色者也"，即很多人对道德的喜好，都不如对欲求满足的喜好那么强烈。如果教育对收入的影响存在道德机制，那么道德教育就不仅可以提高人的道德，还能提高人的收入，是"义"与"利"的同时满足，道德教育就可以得到更多人的认可。推行道德教育是社会与个体的双赢，而不是牺牲个体需要满足社会需求。

---

① （战国）孟子，等．四书五经 [M]．北京：中华书局，2009：7．

第四章　学生管理与情志教育

在笔者的《中国传统教育学理论》一书里，我们对情志教育的内容、目标与方法等进行了介绍。本章我们主要从学生管理视角来分析，如何在学生管理过程中培养其积极情志，避免消极情志。

第一节　学生情志状态的识别

一、观察了解学生的情志状态

老师要能够及时了解学生的情绪状态，起码要及时发现情绪异常的学生，如果学生产生了不良情绪，一方面要引导其调节情绪，另一方面对引起不良情绪的原因要特别关注。比如，老师通过观察，发现某个学生表现出恐惧、闷闷不乐等情绪，通过了解可能会发现其遭受了同学的欺负。不同年龄阶段的孩子的"正常"情绪状态会有所区别，比如，小孩子会更活跃一些，大孩子会相对稳重一些。老师对学生情绪的判断要考虑其年龄特点。对于小孩子来说，他的经历可能都反映到了情绪里，了解孩子的情绪是了解其经历的抓手。老师了解班级学生的情绪状态，也是了解班级情况的抓手。

学生的不良情绪状态不一定是由学校造成的，也可能有家庭原因。在传统熟人社会里，比如，在一所村小里，老师也是土生土长的本村人，对村里的情况比较了解，如果学生的家庭发生了什么事情，老师都能及时了解，也就比较容易根据学生家里的情况判断其情绪状态。但是，在很多情况下，大城市里的老师熟悉学生家庭的可能性很小，难以根据家庭等补充信息判断孩子的情绪状态。

在现实中曾发生过这样的案例，学生轻生后，老师和家长通过学生的日记才知道学生面临的情绪问题,之前天天在一起都没有发现。可见,观察情志状态并不是一件容易的事,不是所有人的情绪都写在脸上,老师最好能综合多方面的信息渠道来了解情况。

二、了解学生的人际交往情况

同学关系是影响学生情绪状态的重要原因,老师应该了解学生的人际交往情况。知道某个学生与哪些人有矛盾,与哪些人关系比较好,必要时也可以通过关系要好的同学去侧面了解学生的情况。如果有学生早恋分手了,这种情况老师就要多关注,这可能造成涉世未深的孩子情绪崩溃,甚至产生轻生念头。

仅靠老师自己及时去了解每一个学生的情绪,并帮助每一个学生,是比较困难的,一方面老师的精力有限,另一方面老师与学生接触的机会有限,难于及时了解。如果每个学生都有与自己关系比较好的同学,在需要的时候或许能从同学那里得到情感支持。老师可以鼓励学生多去关心不开心的同学。

三、加强与学生的沟通交流

老师可以在课堂上、班会上、课后时间等,与学生多沟通交流。哪怕只是简单问一问学生,有什么开心或者不开心的事,知不知道哪位同学有什么开心或不开心的事。这既是在了解学生的情绪状况,也是在培养学生的情绪识别能力。老师与学生沟通交流,本身也是对学生的一种情感支持。老师要平等对待学生,不要随意表现出对某个学生的轻视、鄙视或敌视,因为老师对某个学生的态度会影响其他同学对他的态度,不被老师喜欢的学生容易成为被欺负的对象。

有些学生会主动与老师交流,自己有什么事情会告诉老师,事情可能会多种多样,重要性也会有差别,老师一定要注意自己的态度。如果学生找老师交流,表明自己的诉求,不管合不合理,老师都要态度和蔼,认真对待,即使不能满足也要解释不能满足的原因,这样学生才会逐渐养成与老师积极沟通的习惯。但是,如果学生这样做的时候,老师表现出一副不耐烦的模样,觉得学生有什么非分之想,从而打击学生的积极性,以后学生就会对老师敬而远之,有什么事情就不愿意再告诉老师了。对待一个学生的态度,会被所有学生感知到,当有其他学生真正需要老师支持的时候,也可能不敢跟老师说。如一些恶劣的霸凌事件,虽已经持续了很长时间,但老师和家长都不知道。当然，有些老师可能也有自己的难处，如果每个学生都来找自己，可能就忙不过来。如果老师忙不过来，可以限定一下交流内容，比如，哪些事一定要告诉老师，哪些事可以不告诉老师。

老师每天有很多工作要做，还面临一些考核压力，而了解学生情绪与学生沟通交流这种"软性"的工作内容，可能不在老师的绩效考核范围，进而很容易被其他工作挤占。学校及上级管理部门一定要明白，老师的时间、精力是有限的，对老师的非教育教学工作要求越多，老师用于教育教学的时间和精力就越少。

第二节　情志教育的教育原理

情志教育也应该遵循规律，"知行情意"也是可以应用的教育原理。"学生能判断自己的情绪好坏及是否合理"这是"知"，"学生有保持良好情绪的愿望"这是"情意"，"学生具有调节情绪的行动能力"这是"行"。抗挫折能力属于"行"的一部分，鉴于其重要性，下文重点介绍。

一、学生能判断自己的情绪好坏及是否合理

儒家经典《中庸》开篇说"天命之谓性，率性之谓道，修道之谓教。……喜怒哀乐之未发，谓之中；发而皆中节，谓之和；中也者，天下之大本也；和也者，天下之达道也。致中和，天地位焉，万物育焉"，[①] 其中的"喜怒哀乐"都属于情志范畴，成年人理想的情绪状态应该是中正平和的。"中"是情绪比较稳定，大喜大怒等过激的情绪反应都是对人有伤害的。"和"是对所面临的情况做出适宜的情绪反应。

对于不同年龄段的学生来说，其正常的情绪状态是有区别的，但是，一些基本的标准还是普遍适用的。比如，《论语》中说"学而时习之，不亦说乎？有朋自远方来，不亦乐乎？人不知而不愠，不亦君子乎？"[②] "悦""乐""不愠"就是良好的情绪状态。除了可以根据一些现有经验对学生进行情志教育，还可以根据学生出现的具体情志状况进行有针对性的情志教育，比如，有学生发脾气，大吵大闹，老师就可以以此为契机，告诉学生这是不良的情

---

① （战国）孟子，等．四书五经［M］．北京：中华书局，2009：53.
② （战国）孟子，等．四书五经［M］．北京：中华书局，2009：5.

绪反应,从而进一步指导学生如何调节情绪,如何解决问题。

可以让学生根据自己的感受判断情绪的好坏。总体来说,自己感觉舒服、愉快就是好情绪,自己感觉不舒服、不愉快就是坏情绪。但是,不管是好情绪还是坏情绪,都有一个是否合理的问题。合理的好情绪一般不需要特别调节,比如,因为助人为乐而感觉开心。合理的情绪反应也不应该过度,过度是不好的,也需要调节。不合理的好情绪及合理或不合理的坏情绪,都应该进行调节。如果因为做了损人利己的事而感到高兴,就是不合理的好情绪。如果看到同学取得了好成绩,自己因嫉妒而不开心,就是不合理的坏情绪。如果因自己的成绩下降而感到不开心,这是合理的坏情绪。这种情况下可以鼓励自己多努力、积极面对。情绪好坏与情绪是否合理,是进行情绪判断的两个重要维度。是否合理主要根据是否符合道德标准来判断。老师可以抓住这两个方面来指导学生识别自己的情绪,并对是否需要调节进行判断。

二、学生有保持良好情绪的愿望

要让学生了解到坏情绪及不合理情绪的危害。如果对做坏事产生了好情绪,就容易使人走上坏的道路。坏情绪可能会让人感觉不舒服,所以要调节。还有一些情况是情绪的发泄,情绪是自身感受的一种表达,一个在心里发怒的人,如果憋在心里不表现出来,伤害更大。这时情绪发泄或许会让自己舒服一些,但是,如果可以化解这些不良情绪,可能比发泄更好。

在明白了不良情绪与不合理情绪的危害的基础上,要引导学生保持良好情绪。例如,有些学生会在与某个同学闹矛盾后乱丢东西,对其他同学进行无差别攻击。首先,要让学生知道生气的危害,树立以后少生气的目标;其次,要引导学生"不迁怒",在与某个同学闹矛盾后,不能用生气的态度对待其他的同学。有的人脾气不好,一辈子都没有改变,也没有改变的意愿,还说"我就这样",这不是一种成长的态度。从医学上说,发怒是特别伤害身体的。

三、学生具有调节情绪的能力

学生面对需要调节的情绪,首先要进行自我调节,在自己无法调节的情况下,就要选择向合适的人求助。学生要有应该向谁求助的判断能力,也要有付诸行动的行动力。

1. 自我调节

不良情绪与不合理情绪产生时,首先要进行自我调节,自我调节是最快捷的方法,向他人求助可能需要寻找机会。比如,我生气了,要思考我生气的原因是什么,我该不该生气,我自己有没有错,我生气的后果是什么,等等。不合理的情绪反应,一般需要进行道德反思。比如,我这是嫉妒了吗?嫉妒同学应该吗?我心目中的光辉榜样会嫉妒同学吗?嫉妒的感受好吗?我可以有其他替代反应吗?如果我为同学感到高兴对自己会更好吗?等等。

2. 向他人求助

要告诉学生,当自己有调节不了的情绪时,应该向老师、家长或同学求助。接收到求助请求的老师或家长,务必要认真面对学生的求助,不能因为从一个成年人的角度看起来无足轻重,就忽略学生的需要。应该从学生的角度来考虑问题,老师眼里的小事,在学生眼里可能是天大的事。老师和家长一定要给予情感支持,哪怕是不合理的情感诉求,也要通过引导学生树立正确认知来解决,而不可以忽略。

有些学生有心事不愿意与老师和家长说,却愿意跟同学朋友说。一方面,要引导学生建立与他人的良好关系,并能够判断是否可以跟同学说,以及判断可以诉说的同学;另一方面,要在同学之间营造友好互助的氛围,使得每个个体都有可以求助的同学。

四、学生具有抗挫折能力

在一所学校的音乐节上,有一个班级要出一个全班合唱的节目,但是,有个别学生唱歌跑调,他们一唱整首歌曲就没法听了。于是老师决定不让这名学生参加。对于这样一件事情,有几位教育工作者进行了讨论。有人认为如果因为他们的参加让其他学生的努力都白费了,对其他学生不公平;有人认为不应该不让这几名学生参加,这样会伤害他们的自尊心,班级能否获奖并不重要,保护学生的自尊心才更重要;有人说可以让他们参加,但是,告诉他们不要唱出声;还有人说,让学生知道自己的缺点,面对自己的缺点也是成长的需要。我想每个人都是从自己的经验出发来看待这件事,大家说得都有一定道理。我觉得参加与否并不重要,学生如何感受才重要。

对于这件事情,我有自己的看法。我从小在音乐与体育运动方面就比较弱,在初中时学校举办运动会,每个班都有一个随着乐曲集体齐步走的入场仪式。为了能走齐,各个班级都要进行一定的训练。我们班训练时,我怎么也走不齐,踩不上节拍,总是与其他人不是一个节奏。上面提到的合唱还可以只对口型不出声,我这个齐步走伪装都伪装不了。后来老师实在没有办法,就不让我参加了。别人训练的时候,我就自己在教室待着,想干嘛干嘛,很自在,并没有感觉自尊心受伤。我当时的学习成绩是年级第一,也算是学校里的名人,但是我能坦然接受自己的不足的,没有要营造自己在他人心中形象的需要,也不怎么在乎别人怎么看自己。但在我的同学之中,尤其是一些学习比较好的女生,几乎没受过老师批评,老师稍微说一句可能就会哭鼻子,像我脸皮这么厚的是很少见的。

类似的事情要如何处理,学生如何反应才是决定哪个方法更好的关键。所以,我们一直强调老师要了解学生,如果脱离了对学生的了解,很多情况下就难以做出合理的判断。一种做法是否合理,要看面对的是什么样的学生,学生会有什么样的反应。很多时候并没有完美的办法,不管如何处理都可能有人要受到"伤害",此时最重要的是学生自己有强大的抗挫折能力,不管遇到什么情况都能够保持稳定、乐观。

第三节 积极社会情感的培养

人是生活在社会之中的,只有对社会形成正确的情感,才能在社会中找到自己的位置。

一、具有重要意义的社会情感的培养

1. 爱国主义情感

学生的爱国主义情感既是国家长远发展的基础,也是学生实现自我情感发展的需要。国家是每个人发展的保障,国家发展好了,个人才能获得合适的发展空间。如今国际交流比较多,大家对国家之间的差异了解也比较多,很多差异都没有好坏的必然标准。有爱国主义情感,就觉得自己的国家好,就能保持内心的平静或自豪,产生积极的情绪;反之,缺乏爱国主义情感,就可能觉得外国的月亮比较圆,结果只会形成不良情绪。一个人热爱祖国,还可能与其他同样热爱祖国的人产生情感共鸣,获得更多的积极感受。

2. 民族认同感

民族认同感，是个体从伟大中华民族精神中获得精神滋养的保障。我有过这样的体会，一旦对某个人产生了认同感，总能从其身上学到一些长处，相反，一旦对某个人没有认同感，就什么也学不到。中华民族有悠久的历史、深厚的文化积淀、利他奉献的民族精神等。你觉得不好，就什么也学不到；你觉得好，就有无穷的宝藏可以挖掘。这种民族认同感是自我情感舒适的保障，也是自我成长发展的保障。中华优秀传统文化对全世界各民族都具有借鉴意义，对生活在中国的中国人具有更特殊的意义。就像交通规则，不管是右路通行还是左路通行，实际上没有差别，但是，在右路通行的国家你偏要左路通行，就有问题了。身为中国人热爱中华文化，就像在右路通行的地区靠右走路似的，自然而安全。

3. 集体主义情感

每个人都生活在特定的集体之中，集体是与个体关系最密切的"社会"，个体需要的很多东西，无论是社会资源还是情感，都需要从这个集体获得。每个人都热爱集体，会使集体更强大，也会为自己创造更好的成长平台、更多的成长机遇。从情绪角度考虑，热爱自己的集体，每天都生活在热爱之中；讨厌自己的集体，每天都生活在无奈之中。热爱集体不只是在为集体考虑，也是让每个热爱集体的人获得更好的情绪。作为家长，要引导学生觉得自己的老师好、觉得自己的同学好，使学生能与自己喜欢的人在一起。当然，热爱集体不等于面对集体的问题不闻不问，而是要妥善解决集体的问题，使集体变得更好。

二、对他人与社会的积极态度

教育要引导学生对他人与社会产生积极态度，这样做一方面是使学生成为对他人、对社会有益的人；另一方面也是在帮助学生保持良好情绪。有些人看谁都不顺眼，最后伤害的只能是自己。看谁都顺眼是一种品格，也是一种能力。诚然社会总会有很多不尽如人意的地方，但是，我们要引导学生多看他人的优点。比如，在与学生交流时，可以问"你欣赏哪个同学""你觉得自己的同学有哪些优点"等，引导学生看积极的方面。

三、转嫁个人情感以培养社会情感

社会情感不会自然产生，也是要有情感依附的，有时候可以把个人的情感与热爱转嫁到对社会的情感上与热爱中。例如，在高中班级中，很多同学都喜欢动漫，在一次班会活动上，老师就找班级里对这方面最有研究的同学，为大家讲了一次具有学术研究性质的课。这个班级的同学都非常开心，这意味着班主任不但没有否定他们的爱好，还在一定程度上表示了认可。老师把同学们自身的热爱与兴趣，在一定程度上转化成了对班级的热爱。很多其他班的同学都非常羡慕这个班级。教育并不是要去迎合学生，教育要有自己的原则，对于该理解的与该否定的要有一定的划分。在不违背原则的情况下，集体如果能够接纳个人的情感与热爱，就会使个人获得归属感，进而更热爱班级与集体。

教育者要理解学生的需要，而不是去否定学生的需要。很多大、中、小学生都喜欢二次元，这对于现在的成年人来说是很难理解的。教育者是反对还是接纳？缺乏理解的反对或接纳都是不对的。孩子们既然喜欢，就有其喜欢的道理，就有其心理需求。教育者要尝试去理解他们为什么喜欢，在满足什么样的心理需求，还可以有哪些方法去满足孩子的这些心理需求。在现实世界中，有的孩子从小就被严密监视和控制，很少有自主决定的空间，而在二次元的世界里，他们可以获得一点自由的空间；他们可以与共同爱好者找到话题，可以结交到朋友；很多人都喜欢，就成为一种时尚；还有一些孩子，现实生活无法给予其足够的精神满足，就只能追求虚拟的东西。在没有更好的替代方案的情况下，尊重可能比反对更好。一方面，我们要接纳孩子；另一方面，我们要努力在真实的世界里，为他们创造更大的生活空间。如果在真实的世界里，他们有更有趣的事情可做，可能就不需要沉迷于虚拟世界了。

四、以多彩的活动保持学生的积极情绪

如果学校能多组织学生乐于参加的活动，如联欢会、运动会等，保持学生的积极情绪，那么这种积极情绪会转化成学生对学校的喜爱，学生学习的劲头可能会更足。这也是一种劳逸结合、寓教于乐的教育方式。

活动的类型与多少，以学生需要为准，学生产生了积极情绪，就是好活动，就是适宜的活动；反之就不是好活动。在某所大学的某个院系，学生忙于参加各种活动，十分疲惫，他们在期末时与学院沟通，能不能少组织点儿活动，大家期末要复习。这样的活动就不是服务学生的，而是学生服务的。组织活动往往是负责组织的部门或个人的工作业绩，为了业绩往往需要学生的配合。为了确保学生能够配合，相关部门还做了很多硬性规定，并与奖惩

联系在一起。学生在参加这些活动时，内心怨声载道。

第四节　特殊学生的关爱

有一些特殊学生，其所面临的情况容易造成不良情绪，对于这些学生，老师应该给予特别关注。老师有很多工作任务，其时间与精力都是有限的，必须在众多工作中有一定取舍。给予有特殊需要的学生以特别的情感关怀，这些工作往往是最具"脆弱性"的，非常容易被其他工作挤占。好的教育管理，应该是让老师把更多时间花在学生身上。因为教育必然是要发生在学生身上，脱离了学生的教育发展不是真的发展。有很多对老师的管理恰恰相反，不是让老师更亲近学生，而是让老师没有时间和精力管理学生。

一、特殊情况学生的关爱

有一些学生因其自身的特殊情况，可能需要特别的情感关怀，比如，流动儿童、留守儿童、后进生、单亲家庭的孩子、家庭条件较差的学生等。流动儿童往往要在新的环境中适应新的生活，要接受全新的学校环境，可能会产生一些特殊的情感需要。在这种情况下，老师可以多给予他们情感上的关怀与帮助，引导其他同学接纳这类同学。留守儿童的父母不在身边，有些情感需要不能得到父母的及时支持，他们也需要老师给予特别的关注，如老师平时可以多与此类学生交流，了解他们遇到的困难。后进生可能会有自卑心理，老师也可以给予特别的关怀。此外，单亲家庭的孩子、家庭条件较差的学生等都可能有一些特殊的情感需要，老师都可以给予其力所能及的关怀。

二、特殊时期学生的关爱

除具有特殊情况的学生外，一般学生也可能会有需要特别情感关怀的特殊时期。比如，父母闹矛盾了、亲人去世了、学习成绩下降了、失恋了，这些时期学生都可能处于比较煎熬的情感状态中，老师的关心可能是一种意义非凡的陪伴，也是重要的教育机会，更是培养师生情感的重要契机。缺乏家庭温暖的孩子，在逢年过节的时候、过生日的时候，可能会产生悲伤情绪，这个时候老师的关心，哪怕只是简单的一句话，对于他们来说可能也是莫大的鼓舞。

第五节　从大学生的情志状态看学生管理

每年开学上课时我都会做一个匿名调查，了解学生有哪些方面的情绪问题，这样课堂上讲的内容就可以更有针对性。调查结果显示，完全没有情志问题的学生非常少，大家在生活中、学习中都会遇到各种各样的烦恼。学生对情绪调节的需求比较大。大家所面临的情绪问题也是多种多样的，但有一些问题是比较普遍的。本书呈现的调查结果不限于我的学生，也综合了我对其他学生的调查与了解。本书简单介绍几个具有代表性的情志问题，并据此思考教育应该如何做。大学生的很多情志问题并不是由大学生活造成的，而是由他们至今为止的整个人生中所形成的思维方式、情志习惯等造成的。从教育角度看，大学生的情志问题是整个教育系统的教育结果。

一、大学生常见的情志问题

物质上的缺乏感。很多学生有物质上的缺乏感，总觉得自己的钱不够花，不能购买自己喜欢的东西。我问那些觉得自己还需要买一件新衣服的学生，是自己的衣服真的不够穿，还是自己有一种不断购买的习惯；是自己真的缺东西，还是自己有填不满的缺失感。很多学生最后发现，自己并不是真的缺乏东西，而是被一种缺失感控制了。还有的学生并不是在根据自己的需要进行自主选择，而是受潮流和他人影响。

担心焦虑感。很多学生有持续的焦虑感，总是莫名担心自己在各种考试与评比中竞争不过其他同学。想到未来也感到焦虑，担心自己毕业以后找不到工作。

不能获得他人认可的痛苦。有些学生很努力地学习，想获得他人的认可，但是，总是获得不了自己期待的认可。有的学生说，自己在尽全力完成老师布置的任务，但是，老师从来没给予过肯定。有的学生说，父母总是对自己不满。有一名学生在完成一门课的分组作业时，遇到了一个不认可自己的队友，这个队友给了他较低的评价，让他耿耿于怀，产生了很多不良情绪，以至于需要找老师进行心理疏导。

人际关系困扰。有的学生父母关系不好，影响了自己的心情；有的学生在恋爱关系中有一些苦恼；有一些学生与室友关系不好；还有些学生缺乏可以真心交流的朋友。

气愤与不满。有很多自己感觉不合理的事情,却无能为力。有时候被要求做一些事,自己觉得没有意义和价值,却不得不去做。虽然按照要求做了,但是心里充满了气愤和不满。

无法实现理想中的自我。有些学生期待学习成绩好、绩点高,能拿到各类奖学金,能获得各类奖项,能被保送读研究生,等等。但是现实中的自己,虽然很努力,结果却总是不尽如人意。

二、大学生的情志状态对教育的启示

学生的情绪状态可能是由其所面临的具体问题造成的,也可能有系统性原因。不管是否存在系统性原因,系统性存在的学生情志问题,教育领域都可以考虑采取一些系统性的解决办法。首先,我们要对大学生的情志状态有一个基本判断,明确需要解决的主要问题是什么。上文是基于个人的小规模调查,虽然调查范围和调查对象都存在一定的局限性,不一定有代表性,但是,仍然可以为我们提供一些参考。

造成大学生不良情绪的原因,总体来说是对外在事物的渴求没有得到满足。渴求物质上的丰富、渴求他人的认可、渴求他人的关怀、渴求他人的尊重、渴求美好的未来、渴求一个成功的自我等,都是在追求外在的东西。而外在追求要么具有竞争性,努力了也不一定得到;要么不能由自己决定,要取决于他人的态度,这种渴求都是难以得到满足的。从个人情绪调节角度来说,我们应提倡学生少关注外在,多关注内在。

从教育角度来看,在教育内容方面,我们要引导学生多关注内在可控因素,少关注外在不可控因素;从教育制度设计角度来看,我们要引导学生形成关注内在可控因素的意识。如果很多教育制度都是具有竞争性的,都是在刺激学生为了获得外在的奖励而竞争,那么学生就会形成竞争性的思维习惯和行为习惯,这必然会影响他们的情绪状态。竞争过程中的焦虑感、竞争失败的挫折感,都是难以避免的。学生从低年级开始,就在接受"小红花"的教育模式,就被鼓励为一个外在的奖励而努力、而相互竞争,在心理上形成了自己拥有的还不够,要不断为奖励而竞争的思维方式。这种思维方式又决定了他们的情志状态与行为模式。

管理者应该对大学生的生存状态进行了解,这样学生管理才能有的放矢。竞争性的学生管理模式,从效率角度来考虑,少数人获奖却可以激励所有人努力。如果学生缺乏上进心，需要激励与鞭策，就可以加强竞争性奖励。但是，从情绪管理角度来看，少数人的成功却制造了很多人的焦虑。在有些学校，学生并不缺乏上进心，但是过度的激励竞争让一部分学生处于焦虑状态。从学生管理角度来看，我们要权衡两者之间的利弊。对奖励强度、范围、频率都要有一定的综合考虑。并不是奖励强度越大、越频繁越好。就算竞争性再强，每个学生一天也只有 24 小时，激励到极限能发挥出的能力也是有限的。

很多年轻学生还没有达到自如选择的水平，只会自发地觉得所有奖励都应该争取。一个研究生班级里，同学们为了一个没有奖金的优秀实习生称号，进行了"你死我活"的竞争，把人性的恶体现得淋漓尽致，严重破坏了同学关系与班级团结。无论对学生来说，还是对教育者来说，这都是得不偿失的。我在给大学生讲课时总是强调，等你毕业后就会发现，在大学里获得的所有荣誉称号都没有意义，但是，你所结交的同学却可能为你提供一辈子的情感支持，甚至有些同学可以为你以后的事业助力。在当今社会，人与人之间的关系变得越来越疏远，很多人甚至成了情感的孤岛。能与同学保持良好关系，对解决社会问题也是有意义的。

大学生本该处于最有创新积极性的青春年华，却花费了很多时间与精力去消化自己的不良情绪。把造成他们不良情绪的问题解决掉，可以让他们发挥更大的创造力，也会提高学习效率。很多情绪问题的产生，并不是教育能够解决的，其中还涉及家庭问题、社会问题。但与教育相关的、教育能够发挥作用的方面，我们可以在教育领域里寻求一定的解决方案。我相信相关研究是有必要的，了解学生的情志问题，帮助其达到良好的情绪状态，这无论对学生的发展，还是对社会的发展都是非常必要的。

第五章 学生管理与才能教育

学生管理也是培养学生才能的渠道，管理不仅可以通过为学生提供支持来促进学生才能发展，让学生参与到管理中去，也是培养学生多种能力的机会。要让学生参与管理，使学生成为主动的自我管理者，而不是被动的被管理者。主动地去做自己想做的事，与被动地做他人要求的事，具有完全不同的意义。同样是付出努力，前者是奖励，后者是惩罚。

第一节 学生的自我管理

自主权是自主性的前提，只有有自主权的人才可能有自主性。无论老师还是家长，都不能陪孩子一辈子，我们希望孩子在离开老师和家长的视线以后，仍然能够自主地做正确的事。如果我们想要培养孩子的自主性与主动性，就要给予其自主权，从来没有过自主权的人，是培养不出自主性的，没有自主权的人总是习惯于等待别人的命令。

很多孩子在成长过程中会有叛逆期，为什么会有叛逆期？有作用力，才会有反作用力，叛逆作为一种力量，不会自发产生，是因为有人想让他们做违背他们意愿的事，所以才有了叛逆。如果不是一味地强制孩子服从，而是尊重他们的个人意见，也就无所谓叛逆。强制要求却得不到服从，就成了叛逆。不是所有孩子都有叛逆期，这也启发我们思考影响叛逆期的教育因素。人们可以给折枝花卉摆出任意想要的造型，但是，有生命力的真花，要按照自己的意愿成长，是无法被百分之百设计的。教育者要给孩子自主尝试的机会，尊重孩子自主探索学习的过程，包容孩子在这个过程中可能犯的错误，这才能逐渐培养起孩子的自主性。

一、不随便剥夺学生的自主权

有一个高中女生，因为无法适应学校的环境，准备转学。转入学校负责接待该生的教师问女生想了解学校的哪些情况，女生问老师，能不能自由上厕所，能不能留长头发，着装有什么要求。老师被问得惊呆了，因为这个高中女生在了解一所学校时，没有问老师、同学怎么样，没有问校风校纪，而只是问了关于自然人的基本权利问题。不管一项规定是否合理，只要学校说这样有助于学生安心学习，就仿佛有了生杀予夺的权力。现在有些学校除了学习，学生很少有自己的自由空间，而学校与老师关乎学生的规定可能是非常丰富且随心所欲的，不会考虑对学生的长远与深层影响，只会考虑是否方便自己的工作，是否有利于提高学校的学习成绩。我们的讨论重点不在于规定本身是否合理，而是制定规定的过程是比较随意的，是老师根据自己的管理方便拍脑袋决定的。

学校有很多五花八门的规定，每一项规定都有其道理，背后至少有一个支持这样规定的故事或原因。难道上厕所都不能自由吗？确实有学校对上厕所的时间有规定。比如，有的学校规定学生进入厕所的时间不能超过8分钟。规定的起因是学校发现，很多学生会在厕所逗留、疯闹。但是这项规定导致一个便秘的男生在学校始终无法顺利排便，每次他蹲下刚有便意，8分钟就到了。对于这种情况，学校应该首先从教育角度进行反思，而不是从管理角度进行"一刀切"。学生为什么要在厕所逗留、疯闹，是不是他们有什么心理需求没有被满足？是不是他们没有其他更合适的游戏空间？此外，如果学校觉得必须对学生在厕所逗留进行管理的话，可以对喜欢在厕所逗留的学生进行个别教育。学校给所有学生上厕所的时间做强制规定，相当于个别人有病，给所有人吃药。如果学校为了方便起见，也可以对所有学生进行口头教育，并提出要求，但是，不应做强制规定，限制学生上厕所的自由。

有些管理者只有一种思维方式，有问题就出规定解决。这些规定看起来都是有理有据的，但是，这样的规定多起来，在学生的心目中会形成一种思维方式，做任何事首先想到的是被允许吗？连自己作为自然人的最基本权利都缺乏的人，能有勇气去创新吗？我们要培养创新人才，创新人才首先要有自信、自由、自主的思维，这些从小就被各种"禁止"束缚着的孩子，能形成创新思维吗？

二、培养学生的主动性

我们期待培养出具有自我成长主动性的学生，但怎样才能有主动性呢？首先要有自主权，其次要尊重他们自身的本性。如果教育者总是期待孩子遵从自己的指令，孩子就只能做一个牵线木偶，是不会有主动性的。

一位母亲，每天早晨都很崩溃，因为早晨时间紧，她希望上幼儿园的孩子能够动作快点。可孩子就是磨磨蹭蹭，看看这儿，摸摸那儿，就是不能按照大人的期待，动作麻利地去上学。其实，那是孩子感知世界的方式，他们能看到大人看不到的乐趣，他们能感知到大人感知不到的东西。大人用自己的方式把这些都扼杀掉，把孩子变成与自己一样的人——按照任务要求与时间表完成既定工作。对于孩子来说，什么才是正常？孩子的正常与大人的正常是有差异的。社会规则对人的要求与人本身的自然要求是有差异的。当两者发生矛盾时，大人倾向于用社会规则行事，而孩子是按照自然规则行事，这时大人就觉得孩子有问题、不听话。但是，事实可能恰好相反，是大人不正常，大人违背人性。要尊重孩子的本性，才能培养出孩子的主动性，他们按照自己的方式探索这个世界的时候，如果总是用外在的强力喝令停止，久而久之孩子就失去了主动性。对于想按时把孩子送到学校的家长来说，可以督促孩子快一点儿，但是，不要否定他们的探索欲。当然，不同年龄阶的孩子，情况也是不一样的，如果是到了该有自控能力的高年级，上学磨磨蹭蹭确实是问题。

第二节　全面发展与学习成绩

在教育实践中，学生、老师、家长等所有主体都非常看重学习成绩，有些人甚至只看成绩，不看其他，只注重提高成绩，其他都可以忽略。如果把成绩比喻成果实，这个果实的丰硕是需要根、茎、叶为其提供营养的。全面发展是根、茎、叶、果都长得好，而只看成绩是根、茎、叶生病了也不管，只希望果实能长好，这是不现实的。

一、能力在不同事务之间具有通用性

孩子的能力在不同事务之间是相通的，如果在生活上培养了其自理能力，

其在学习上也会形成自理能力。比如，安排好自己做作业的时间、期末复习的时间、提高弱势学科的时间等。一个在其他事务上能够井井有条的孩子，在学习上也更可能有条不紊。

有些父母觉得只要孩子好好学习就可以了，其他事务自己都可以代劳，殊不知父母代劳得太多会束缚孩子的成长与发展，对孩子学习成绩的提高是不利的。孩子在学习处理其他事务时，也是在锻炼学习能力。

二、以全面发展来带动学习成绩提高

只要教育考核机制不改变，重视成绩的现象就不会改变。重视考试成绩无可厚非，重要的是如何追求成绩。是通过全面发展让成绩成为学生全面发展的自然结果，还是只重视成绩，而忽略其他方面的发展？我们根据中华传统思想提出培养"圣贤"的教育终极目标，而"德才兼备"可以认为是其过程性目标，要使学生在德、才两个方面不断得到提高。如果只以学习成绩来评价人才培养的效果，就太片面了。很多能力是难以靠提高学习成绩培养的，而学生管理领域可以提供很多培养学生能力的机会。

如果一名学生情绪良好，自我管理能力强，与他人关系和谐，这样的学生成绩不会太差。学习成绩差的学生往往是因为自我管理能力较差、意志力较差、心理负担重、情绪差等，很少是因为不够聪明。还有一些学生是厌倦学习，不爱学习，而"厌倦"也是一种情志。"学而不厌"对学习来说是非常重要的，厌倦是破坏力很大的情绪。

第三节 服务他人与自我成长

学生管理不只是学校进行管理、老师进行管理，学生自己才是最重要的管理主体。这种学生管理也不是学生与学生之间相互管理，而是具有主动性的学生进行的自我管理。在学生管理过程中，应该多给学生创造成长的机会，服务他人是自我成长的机会。

在学校里，老师不可能时时一对一关注到每一名学生，学生管理离不开学生的参与。参与学生管理的过程，也是一个服务同学的过程。服务他人本身也是一种道德教育，一个人的道德品质都会通过言行体现出来，能够服务他人是一种有道德的表现。在这个过程中可以锻炼学生的做事能力，提高其交际能力，也会使他们获得成就感和快乐。

一、服务他人可以锻炼做事能力

参与学生管理的同学所做的事，很多都具有服务同学的性质，比如，小组长收作业、卫生委员检查卫生等，都是在为班级、为同学服务。服务他人也是一个锻炼机会，一方面可以锻炼做具体事务的能力，另一方面也可以提高做事的责任心。承担一定工作以后，自己要想着去做，并想着如何做好，出现了意外情况要想解决办法等，这些锻炼都可以使人在做任何事情时更游刃有余。

二、服务他人可以提高交际能力

服务他人就要与他人交往，在这个过程中可以锻炼自己的语言表达能力、沟通能力、交际能力、矛盾解决能力等。在与他人交流的过程中，还可以通过对他人语言、情态、动作等进行观察，锻炼对他人状态的识别能力。有些不善于交际的学生，可能找不到与同学沟通的机会，如果能有个岗位角色，要完成一定的工作任务，他们就可能获得一个自然的交往机会。

三、服务他人可以给自己带来快乐

如果能做好相应工作，学生就会有成就感，如果得到老师和同学的认可，这种成就感会增强。能够掌握一定"权力"，按照自己的意愿去要求别人，有些人也会有成就感。有些孩子本身就有帮助他人、奉献集体的愿望，服务他人也会给自己带来快乐。从人性本善的角度来看，帮助他人本身就是一种快乐。

第四节 学生管理与人际交往能力培养

参与学生管理实践，也是培养学生人际交往能力的重要机会。我们知道人际交往能力对于学生的发展是非常重要的，一方面有助于其在学校里保持良好的同伴关系与师生关系，另一方面也影响其一生之中与他人交往的情况。

一、学生管理应该给学生创造交往的机会

在学生管理实践中，可以多给学生创造与人交往的机会。有些学生比较

害羞，不善于主动与人交往，需要学校为其创造机会多进行引导。比如，一起参加某个活动、一起完成某项任务，这些都是交往机会。有的学校还组织跨年级的交流活动，低年级学生获得了向高年级学生学习的机会，高年级学生通过帮助低年级学生也获得了锻炼自己的机会，取得了良好的教育效果。

二、学生管理应该给学生创造扮演不同角色的机会

在学生中，也有领导者与被领导者的角色。很多学生一直处于被领导者的位置，从来没有形成领导者的视野与心态。还有个别学生，习惯了做领导者，不理解被领导者的心态，这样的人从长远来看，也很难做好领导者。"所恶于上，毋以使下；所恶于下，毋以事上；所恶于前，毋以先后；所恶于后，毋以从前；所恶于右，毋以交于左；所恶于左，毋以交于右。此之谓絜矩之道。"在尊重意愿的前提下，应该尽力丰富每一名学生承担不同角色的机会，使学生获得充分的锻炼。

三、培养学生识别他人情绪和心理的能力

孩子喜欢疯闹，但疯闹如果超过了合适的界限，就可能引起矛盾。在矛盾发生前，大家的情绪都是会发生变化的，如果能够正确识别对方的情绪，就能够有正确的预判。人与人交往，并不是所有事情都会明确表达出来，感知他人的心理与想法，非常重要。在学生管理过程中，可以注重培养学生对他人情绪和心理识别的能力。

四、培养学生解决人际矛盾的能力

人与人相处，难免会有矛盾，即使是家庭成员之间也经常发生矛盾，对于尚未成熟的中小学生来说，他们在相处中更是难免有矛盾。发生矛盾之时，正是锻炼学生解决人际矛盾的机会。学生可以尝试自己解决，也可以找老师解决，还可以向家长述说，反思产生矛盾的原因，为避免矛盾积累经验。在学生管理过程中，可以侧重培养学生的矛盾解决能力。

第五节　发扬优点比纠正缺点更有效

学生管理是一项系统工作，对于每一个学生来说都非常重要，但是，在

现实的学生管理工作中，占用教育者大部分时间、精力的往往是少数"问题学生"。班级里2个不遵守纪律的学生，占用班主任的管理精力可能比40个遵守纪律的学生还要多；学校里20个不遵守纪律的学生，占用政教主任的管理精力可能比上千个遵守纪律的学生还要多。

在学生管理中，部分老师面临着难以解决的困难，比如，有些学生不尊重老师，自己上课不听讲，还说话捣乱影响其他同学，老师怎么说也不听，家长也不管、不配合。从纠正缺点的角度来看，很多问题真的难以解决。《礼记》中说"大学之法，禁于未发之谓豫……发然后禁，则扞格而不胜"[①]。很多学生管理问题的解决，最好是在问题出现之前，问题出现以后再解决就困难重重。

一、以多元化标准给予学生积极评价

单一化的成绩评价标准会在学生之中制造很多"成绩"失败者，会使学生产生失败感，这种失败感会限制学生的发展。人内心的所有不良感受都会影响一个人能力的发挥。我学书法时，刚开始学篆书，由于控笔能力比较差，笔画比较多的字就很难写进既定的格子里。在写一首诗时，有一个字笔画特别多，所以每次快写到这个字时，我都会紧张，怕自己写不好。第一次写作品，整首诗写好后，我发现这个复杂字的前一个字我漏写了，以为这是一次偶然。后面再写，结果连续三次漏写了同一个字。每次要写到那个字时我就紧张，一紧张就会出错。刚开始学书法，要练习落款，有一篇字帖临写了一周才临完了一遍，该落款了，落款没有字帖可以照着写，我就想用繁体字落款，结果在落款里，我把"帖"字写成了"贴"。我分析了这个心理过程，因为担心把繁体写成了简体，我就在心里想要写那个繁体。结果就是，越担心犯什么错误，越会犯什么错误，如果没有这种担心心理，我是不可能犯这么明显的错误的。我这种情况是自己心理的担心造成的，不涉及外部评价。如果大家对一名学生的评价较低，学生对自己的评价也较低，会极大地限制学生能力的发挥。作为教育者，我们要做的是推倒压在学生身上的大山，而很多教育者恰恰在做相反的事，在往受教育者身上压大山。教育者觉得受教育者不够好，受教育者自己也觉得自己不够好，这是限制人发展的重要原因。

有一些学生很上进，学习也很努力，但是，无论多么努力，学习成绩都

---

① （战国）孟子，等. 四书五经 [M]. 北京：中华书局，2009：379.

提不上去。有人因此怀疑自己的能力，甚至还有人因此抑郁，觉得自己的人生没有意义。我们应该用多元化的评价标准找到孩子身上的长处，使其少在自己不擅长的方面纠结。教育领域应该开创能够树立人的自信、支撑人自由发展的多元评价标准。

二、从学生的长处出发培养其自我成长的积极性

有些学生学习成绩不好，也不爱学习，更没有学好的信心。这样的学生可能有某方面的特长，鼓励其发展自己的特长，也许可以带动其弱势方面的提高。不必非得盯着其不擅长的方面，使其失去学习的信心。我对音乐一窍不通，音准、节奏完全不行，也不会唱歌。后来，我听说古琴谱只有琴弦的位置和动作，不要求节拍，我一下来了劲头，报了古琴班。结果我上课的时候，老师一直强调我的节拍不对，老师一说我节拍不对，我就很紧张、很想改进，我本来就是一个找不到节拍的人，这样一上课就把全部精力都放在节拍上，越紧张越找不到节拍。报的10次课，我只上了5次。多年以后，我又把古琴拿出来，试着弹奏起来。我找了一首简单的曲目，跟着网上的视频课学习，记下谱子之后我录了一遍给朋友听，朋友问我是怎么解决节拍问题的，觉得我的节拍把握得很好。我告诉她，没有刻意解决，只要自己平心静气，呼吸会有一个自然的节奏，跟着呼吸的节奏就可以了。我后来想，如果当初不是盯着自己不擅长的节拍看，先把自己能学会的学会了，也许节拍问题也可以迎刃而解。

有些所谓的差生，有意跟老师"对着干"是有原因的。他们由于学习成绩不好，在当前的评价体系与评价标准里，往往是被忽略的。每个人都渴望被认可、被关注，一旦通过正常的途径获得不了自己想要的东西，就会去寻找其他途径。比如，通过欺负其他同学，获得一种在武力方面的成就感；通过顶撞老师获得存在感与被关注感。打架斗殴大家都知道是错误的，但是，为什么有些同学会不知悔改？其实也是一样的原因。我们能不能从孩子的特点出发，找出他们的长处，给予鼓励与关注，帮助其发展，让其觉得自己是有长处的，也是可以被关注、被认可的，而不是感觉自己是被忽略的失败者。这样不仅能减少一些给大家添麻烦的差生，还可能为国家多培养一些人才。好的教育应该帮助所有学生找到自己的价值感。

学习本身不痛苦，强加了不适当要求的学习才痛苦。每个人都有自己学习的兴奋点与节奏，但是，在学校教育中，因为种种条件限制，我们不得不

实行统一的教育，根据大部分学生的平均水平选择特定内容进行教学，这使得不擅长学习这些内容且跟不上这个学习节奏的学生成为差生。为了保证学校生活正常进行，我们对学生有一定的纪律要求，这使得不适应这些纪律的学生成了问题学生。我们应该首先对教育系统与学生的匹配关系有一定的认识，有时候是我们的教育系统不适合某些学生，而不是这些学生本身不够优秀。

第六章 班级管理

一般的组织往往具有明确的组织目标，大家围绕组织目标展开工作。每个人虽然也都有个体目标，但是，个体目标一般都要以组织目标为指向。然而，在班级这个与学生成长密切相关的组织里，如果不经过建设，就可能没有明确的组织目标，而班级的每个学生可能都有自我成长的目标。作为一个组织，如果每个人只考虑个体利益，而不考虑整体利益，就可能出现难以解决的管理问题。基于这个原因，班级管理的水平可以千差万别，可以是组织学生的松散联结，也可能成为促进学生发展的共同体。两者对于学生成长的意义是完全不同的，前者好比是暂时落脚的旅馆，后者好比是永远的心灵家园。

班级管理不是应付突发事件，而是向着一个理想的目标推进，每一个突发事件都是向着这个理想目标推进的助力和机会。仅把班级当作学生一起上课、一起学习的地方，极大地窄化了班级的价值。

第一节 班级民主管理

班级民主管理有其必要性，是国家管理、社会发展及中华传统人性观等对人才培养提出的要求。班级民主管理有其对象、范畴与原则，对学生成长有重要的促进作用。

一、班级民主管理的必要性

班级民主管理是国家民主管理对接班人培养的要求，是"人皆可以为圣贤"的人性观的内在要求，是社会发展对人才的要求。

1. 国家民主管理对接班人培养的要求

《中华人民共和国宪法》规定：中华人民共和国的一切权力属于人民。人民行使国家权力的机关是全国人民代表大会和地方各级人民代表大会。人民依照法律规定，通过各种途径和形式，管理国家事务，管理经济和文化事业，管理社会事务。中华人民共和国的国家机构实行民主集中制的原则。全国人民代表大会和地方各级人民代表大会都由民主选举产生，对人民负责，受人民监督。国家行政机关、监察机关、审判机关、检察机关都由人民代表大会产生，对它负责，受它监督。中华人民共和国全国人民代表大会是最高国家权力机关。

无论是社会管理者，还是普通公民，只有从小培养参与民主管理的意识和能力，将来走上社会之后才能更好地参与社会生活，才能更好地履行好自己的职责。班级民主管理是学生们学习锻炼的机会。

2. "人皆可以为圣贤"的人性观的内在要求

"人皆可以为圣贤"的人性观，相信人的善性与无限潜能，也蕴含了人人平等思想。具有善性的人，在参与民主管理时，会考虑集体利益与他人利益，具有参与民主管理的基础。具有无限潜能的人，具有参与民主管理的能力，也会在参与过程中发展自身的能力。有"人人平等"的人性观，就要给每个学生平等参与决策、参与管理的权力。

3. 社会发展对人才的要求

在这个飞速发展的社会，需要人有探索精神，不断学习。在当今时代，对社会发展具有重要意义的科技领域，需要人的创新精神推动。探索精神与创新精神的培养，需要人有一定的自主权与自主性。班级管理给学生民主参与管理的自主权，是培养学生自主性的途径。

4. 民主管理对班级管理本身具有特殊意义

民主管理可以提高学生对班级的责任心，自己管理的事务，会有一种自己负责的感觉。如果学生参与了规则的制定，自然就会有遵守规则的承诺。一些不容易被大家接受的规定，比如，违纪的惩罚性规定，如果是老师自己制定的，学生就可能有抵触情绪；如果是班级全体同学通过民主规则制定的，接受度会更高，受惩罚时，即使不那么愉快，也抱怨不到老师身上。

二、班级民主管理的对象、范畴与原则

班级民主管理的对象，不仅有学生，还有老师，其管理范畴涉及班级管理的所有事务。班级民主管理应遵循教育规律。

1. 班级民主管理的对象包括学生和老师

班级民主管理，不是仅管理学生，也要管理老师。老师一方面要尊重民主管理的决定，另一方面也要受集体规则约束。比如，班级规则可以规定，老师不能进行情绪化管理，如果老师对学生发脾气，事后要向学生道歉。

老师是实施班级民主管理的关键，只有老师遵守民主管理的规则，学生才能真正获得民主管理的权力，才能主动参与到民主管理中。意见一致时民主管理说了算，意见不一致时老师说了算，这背后还是老师掌握着权力。一旦学生意识到了这一点，就会明白自己实际是没有权力的，就会失去参与民主管理的积极性。

老师要尊重学生，在一些与学生切身相关的事务上要征求学生的意见，让学生具有主人翁的责任感。如果与学生相关的事，教育者根据自己的看法随意制定规则，就无法实现民主管理，比如，上课能不能喝水、上学能不能带零食等。班级是大家共同的，而不是老师的。

2. 班级民主管理范畴涉及班级管理的所有事务

班级民主管理的范畴涉及班级管理的所有事务，包括日常管理、班规制定、班级活动策划与实施等。当学生们参与了班规制定，就是认可了班规制定的内容，也是做出了遵守班规的承诺。从这个意义上说，哪怕老师制定的班规与班级同学民主参与制定的班规是一模一样的，其意义也是完全不同的。学生自己制定的班规有自主性在其中，是学生对自己的自我要求，就乐于去做；老师制定的班规有压迫性在其中，就会有反抗。从这个意义上说，民主管理也可以发挥教育作用。

班会、运动会、联欢会等班级活动，可以由学生参与策划，所有活动都是为了教育学生，而学生比老师更了解自己，他们知道什么东西学生更喜欢，怎样才更能触动学生的心灵，可以达到更好的教育效果。有学生参与，也可减轻教师工作负担，当然，这只是一种可能，指导学生进行策划，可能比教师自己策划更辛苦。

民主管理也涉及效率问题，在具体管理过程中，可以综合考虑时效性、教育意义、管理意义等多方面的因素，通过民主决策进行一定的权力划分。比如，哪些事情由老师决定，哪些事情由班级干部决定，哪些事情必须全员参与决定等。虽然看起来个别事务是由某个个体或群体决定的，但是，其权力是由整个班级民主授权的。

3. 班级民主管理应遵循教育规律

班级民主管理也要遵循一定原则，比如，要遵守国家法律、法规等具有更高效力的规定。此外，班级民主管理也要遵循教育规律，要对学生的发展起到积极作用。比如，如果集体决定做一件不道德的事，是不应该被允许的，这个时候老师应该一票否决。总之，班级民主管理是为学生的成长发展服务的，如果做不到这一点，就不是好的管理。

三、班级民主管理对学生成长的促进作用

班级民主管理可以为学生创造成长机会，提升班级管理水平，为学生创造更好的成长环境；帮助学生成为自主发展的主体。

1. 为学生创造成长机会

参与民主管理，能够锻炼学生多方面的能力。如果不参与民主管理，而只是被动地接受他人的指示，学生就成了牵线木偶，不会主动去思考，也不会主动去行动，发挥不了学生的主动性、能动性和积极性，不能充分挖掘学生的潜能。班级民主管理为学生的成长创造了机会，使学生多方面的能力都得到了发展。

2. 提升班级管理水平创造更好的成长环境

班级民主管理有利于发挥老师和全体同学共同的智慧，一起建设一个更美好的班级。如果仅是由老师来进行管理，一方面，老师的时间和精力是有限的，难以时时刻刻把方方面面都照顾到；另一方面，老师一个人的智慧也是有限的，对学生需求的理解也不像学生自己那样深刻。班级民主管理发挥了全体师生的主动性、能动性和积极性，可以创造一个更好的班级环境，促进学生更好地成长。

班级管理不是老师个人的事，违反班级的管理规定不仅是在冒犯老师，也是对全班同学的冒犯，老师不再是势单力孤的个体。在同学中形成凝聚力，形成集体主义的共识，这是最有效、最简约的管理方式。

3. 帮助学生成为自主发展的主体

理想的教育是使受教育者成为自主发展的人，树立适宜的发展目标，发挥自身的主动性、能动性与积极性，向着目标前进。如果想让学生成为自主发展的主体，就要给他们相应的权利和机会，有了自主权的学生才能有自主

性，给学生自主决策的机会他们才能主动去思考、去行动。班级民主管理可以培养学生的自主意识，锻炼他们的自主发展能力。

四、班级日常管理与班级活动

班会是最基本的班级活动，是班级文化建设的一个重要抓手。

1. 班级日常管理民主化

班级日常管理应该民主化，让所有学生都能够参与，每个人都能贡献自己的智慧，每个人都能获得集体主义精神的培育，每个人都能够锻炼自己的能力，使班级日常管理成为学生成长发展的重要机会。

2. 班会与班级活动管理民主化

班会与班级活动是学生管理的重要抓手，其主题的选择要有目的性，并听取学生意见，其组织应该让学生多参与。在学生成长的特定时期，可能面临特定的问题，比如，叛逆期的孩子容易与家长发生矛盾，班会与班级活动的主题可以选择教孩子如何与家长沟通、如何与家长建立良好关系等。面临升学考试的孩子，可能有较大的学习压力，也可能面临人生选择的迷茫，班会与班级活动的主题就可以针对这些情况来选择。班会与班级活动的内容和形式可以是多样的，老师的选择不一定最符合学生的期待，而学生们自己的选择可能最符合他们的心意，可以达到更好的教育效果。

第二节　班级是学生成长的社会空间

我小时候在农村长大，每天在村子里到处玩，有很多小伙伴，大家一起玩是很自然的事。我想象不到城市里长大的独生子女对交朋友的渴望与恐惧，想不到交朋友还需要学习和筹划。当我第一次听说有教小朋友交朋友的辅导班时，感到非常惊讶。我认为，小时候自己成长的社会空间是整个村庄，学校相对来说处于次要的地位，只是每天去待一会儿的地方。在现代社会，尤其是在城市里，很多孩子都已经失去了社区里的成长空间。随着家庭子女数的下降，亲戚的数量也在下降，亲戚之间在地理空间上变得更远，在情感上也可能相对疏远。邻里和亲戚可以为孩子营造的社会化发展空间在压缩，学校和班级作为社会化成长空间的重要性被加强。

一、人际交往与同伴关系

班级和学校是学生学习与人交往的空间。在进入学校之前，孩子的交往大多在父母的视野之内，交往的小伙伴父母认识，甚至还可能与他们的父母很熟悉。进入学校以后，学生开始了独立交友的生涯，会交往父母也不认识的朋友。孩子需要自己选择朋友、自己处理与朋友的关系、自己处理与朋友的矛盾等。

孩子在到一定年龄以后，同伴关系对他们影响很大。他们可能不愿意听父母的话，不愿意听老师的话，但是，同伴对自己的看法却是他们很重视的。如果一个孩子在学校里能够结交到道德品质好、性格乐观、能力强的朋友，对其自身会有非常大的影响。老师和家长要指导孩子如何选择朋友，如何与朋友相处，也要教孩子做什么样的朋友。老师和家长要意识到，有时候可以通过同伴来影响孩子。

在同一个班级里，大家接触相对容易，如果孩子能在班级里选择一个自己的同学作为自己某方面的榜样，对其成长可能会有很大帮助。"三人行必有我师"，每个孩子擅长的方面不一样，如果大家能够相互学习，就会共同进步。

二、集体生活与集体主义精神培养

在进入学校前，孩子面对的人际关系主要是基于血缘的亲情关系，或者基于情感的朋友关系。在进入学校后，将面临一种新型的人际关系，基于同一个集体的同学关系。学生可以学习在集体中如何与人相处，集体如何做决定，学习处理个人与集体的关系，培养集体主义精神。

当今社会相较于传统社会来说，家庭的社会空间已经有很大压缩，学校对于孩子的成长来说，需要承担的社会功能更大。不能只把学校当作一个孩子读书学习的地方，还要把学校当成孩子进行社会化的重要场所，学校应该给孩子提供更多的交往机会。随着人工智能的发展，学校承担的知识教育功能将大大下降，但是，学校承担的社会化教育功能可能会上升，学校应该为学生创造更大的社会交往空间。

第三节 班级文化

怎么才能让一个人热爱集体？根据中国传统"知行情意"的教育理念，个体要从集体中获得积极感受，才能对集体产生积极情感，然后才能产生自觉地热爱集体的行为。如果集体给个体带来的是温暖、光荣等正向情感，个体自然会产生对集体的热爱之情。反之，如果集体给个体带来的是屈辱感、委屈感等负面情感，不但不能培养个体的集体感，还会让人对集体产生厌恶。班级文化要发挥教育作用，也应采用教育原理，培养人对他人、对集体的积极情感。

一、如何建设班级文化

在教育实践中，有些班级是根据经济管理领域中的企业文化理论在建设班级文化，虽然也有一定的借鉴意义，但是其教育意义不够突出。不如直接用教育原理进行班级文化建设，可以从个人教育与管理过渡到班级教育与管理，老师和学生都不需要重新学习"组织文化"相关知识，且能够同时达到管理目的与教育目的。

我们介绍过"知行情意"的教育原理，如果运用到班级上，即大家有共同的价值观、共同的目标、共鸣的情感、相互认可的行动，这些融为一体，就成了班级文化。班级文化塑造着大家自觉的思维与行动。可以运用教育原理进行班级文化建设，在个体与班级教育中，按照"知行情意"的原理，不断强化正确的价值观，引导学生树立合适的目标，激发其情感与愿望，并采取适宜的行动。这是总的原理，在具体实践中可以采取多种具体形式。

对于学生符合班级文化的行为及时给予肯定，就是在建设班级文化。比如，有一个高中班级，几个爱踢足球的同学组成了一个球队，在一场足球比赛中，他们团结合作、努力拼搏，取得了胜利，全班同学都很兴奋。班主任得知这一情况后，马上对几名同学进行了表扬，让他们站到讲台上，全班同学为他们鼓掌，充满了荣誉感。虽然只是几名同学踢足球，但是，他们所表现出的拼搏精神，为集体争得荣誉的精神，可能激励每一个人，可能激发每一个学生的集体荣誉感。班主任及时对大家的精神给予了肯定，这里包含了价值观教育与情感教育等。踢足球本来是同学们的私人行为，班主任在事前并不知道，但是，事后的因势利导起到了良好的教育作用。踢足球的同学本来是热爱足球、热爱球队，班主任给予的表扬与肯定，相当于与大家形成了情感的共识与共鸣，也会把同学们对这件事的情感转移到对班级和班主任的情感上。有时候学生会自发地参与一些活动，很多班主任都是置身事外，或者根本就不知道。如果能了解学生的情况，在适宜的时候，哪怕只是口头的简单鼓励，也可能产生积极效果。如果能够正式地给予肯定，学生可能受到很大鼓舞，这也可以拉近老师与学生的距离。只有师生关系好了，班级管理才能效果好。

用教育原理来建设班级文化，更接近"生长"出来的文化，而用企业管理理论来建设班级文化，更接近"嫁接"。有些班级用企业管理原理建设班级文化，首先要生成一套班级文化标识，比如，价值观、愿景、目标、班训等。很多情况下，这些标识是脱离班级实际情况的，在具体的实践中，成为一种摆设。在民主管理的班级，班级文化建设也需要同学们的民主参与。这既可以使班级文化符合学生的成长需要，又是锻炼学生能力的机会。

二、使班级成为师生共同的成长空间与情感归宿

不仅学生需要在班级中成长，老师也需要在班级中成长，如果失去了学生与班级，老师就失去了成长空间。很多优秀班主任，在介绍自己的工作事迹时，都离不开自己所带的班级。班级管理工作也需要因事制宜，优秀班主任要根据自己班级的具体情况来进行教育与管理。在班级管理的过程中，老师要与学生一起探索、一起成长。

班级文化塑造的过程，也是在塑造和谐的师生关系及团结互助的同学关系。一旦大家有了共同的价值观、共同的目标、共鸣的情感、相互认可的行动，自然就会产生一种情感上的亲和感。这种情感投射到班级上，就会使班级成为师生的情感归宿。

三、班级中的自我激励效应与马群效应

良好的班级文化，应该具有自我激励效应和马群效应。自我激励效应是指组织成员自发做对组织有益的事，甚至超出了组织的要求。在班级中，自我激励效应意味着每个学生不仅自发地对自己提出成长要求，还自发地为班级利益着想，尽自己的能力做对班级有益的事。比如，班级一般不会要求学生把自己家里养的花带到班级，但是，有些为班级着想的同学，可能会自发

地把家里的花卉献给班级。马群效应是指受组织其他成员的感染或激发而做更好的自己的情况。如果班级同学之间竞争关系较多，一个人的成功就成为对他人的打击，可能给他人带来挫败感，或者遭到他人嫉妒。如果班级同学之间是合作共赢、和谐友好的关系，一个人的成功就成为对他人的鼓励和榜样示范，可以激发其他人见贤思齐。

第四节　班干部的选拔与培养

对于班级管理来说，班干部的选拔与培养是非常重要的，既关系到班级能否管理好，也关系到学生能力的培养。

一般的管理，基本有一个外在的目标，比如，追求利润最大化，追求某项事务的达成等，但是，学生管理的目标是学生本身的成长发展。一般的管理，在被管理者完成一定的工作之后，都要给予一定的经济回报，但是，学生管理不存在给学生经济回报的情况。这两个特点决定了学生管理受到的外部约束比较小，不用考虑任务本身的特征，不用考虑成本约束，只要能够达到培养学生品格的目的就可以。因此，在学生培养过程中，可以考虑"因人设岗"，比如，为了培养某个学生的责任心，可以专门"没事找事"地给其布置点儿服务大家的任务，帮助其成长。这里描述的是最理想的状态，在现实中，很多学校和老师实施的学生管理，都不自觉地在追求"提高成绩"这个外在目标，所有事务都是以此为核心展开的。在教育实践中，有很多优秀班主任、优秀教师，他们对教育学生都有丰富有效的经验，但是，这些经验大部分都是自觉不自觉地围绕提高学生成绩展开的，没有充分发挥学生管理的育人功能。这些经验本身都是有价值的，只是可能还不够，不能让学生管理超越外在的成绩目标，不能完全服务于学生的自由全面发展。如何通过学生管理育人，教育研究与实践领域都需要更多地探索。

一、班干部的品质

中华传统管理思想讲究"内圣外王"，中国社会对干部的选拔讲究"德才兼备""举贤任能"，在班干部选拔过程中，既要看能力，也要重视道德品质。道德培养是学生培养的重要目标，班干部对其他同学会起到一个示范作用，这就要求班干部有较高的道德品质。班干部的品质与一般领导者具有相似之处，比如，班干部承担班级管理工作，需要有责任心；班干部完成工作，需要同学们的支持与认可，需要有一定的交际能力及人脉等。

二、班干部的选拔与培养

在民主管理的班级，班干部也应该由民主选举产生。民主选举有多种形式，可以选举某个人，也可以选举某个团队；可以是自愿竞选，也可以是他人提名，这里就不做具体介绍。我想重点提一件事情，关于竞选者演讲的内容。

我的一个朋友自身修养很好，为人谦虚。她在单位是个小领导，有一次代表部门汇报自己负责的工作，她说自己全程脸上都火辣辣的。一起汇报的其他几个部门代表，都夸夸其谈，有的没有的，做的没做的，说得天花乱坠。大家都在一个单位，每个部门做了什么大家都很清楚。她感觉自己部门与其他部门的工作情况相当，如果自己像其他代表那么夸张，感觉不好意思，但是，如果不这样汇报，又担心埋没了部门的工作成果，辜负了大家的努力。中国传统文化讲究谦虚，不鼓励自吹自擂。一个适合做班干部的人，如果同时也是比较谦虚，不喜欢自夸的人，可能会对竞选的自夸部分打怵。如果竞选中让竞选者夸自己有多好，不太符合我们的传统文化。但是，竞选中又不能不说自己好，这部分内容，可以以摆事实为主，少进行脱离事实的自我评价。

在中国传统管理思想中，人才的选拔提倡根据其实际表现，讲究"赛马"，而不是"相马"。在论语中，有这样的论述："仲弓为季氏宰，问政，子曰：'先有司，赦小过，举贤才。'"我们提倡先为人才安排一定的职务，观察其工作完成得怎么样，再根据其才能为其安排更高或者更适宜的职务。任用人才时，一定是对其有一定了解，使人岗匹配。班干部即使是民主选举的，在选举之前也可以安排一些工作，使大家可以了解其实际工作能力。班干部在上任之后，也需要继续培养，老师也要给予其足够的授权与支持。老师是班干部的"后台"，只有老师给予足够的支持，班干部才能放开手脚。

三、班干部的任职制度

班级管理最好能给所有人锻炼的机会。在教育实践中，有的班级实行"值日班长"，有的班级班干部岗位由同学轮流担任，还有的班级是把所有学生分成几组，轮流组建班委会。"班干部"是一个广义的代称，也不一定局限于班委会，任何形式的委任，都可以成为锻炼的机会。可以是照顾一盆花，可以是擦桌子，即便如此简单，也可以培养孩子的责任心，并展示班级对其的信任与认可。我读小学时，班里有十多盆花，老师分配给几名同学负责照顾，每个同学负责三四盆，我是其中一个。我负责照顾的几盆花有一段时间同时开花了，美丽又茂盛，同学们都夸我花养得好，花都是有花期的，过一段时间我负责照顾的花花期过了，花落了，枝叶也枯瘦了，而其他同学负责照顾的花进入开花期显得很好，同学们就夸其他同学养得好，说我养得不好。就这么一件小事，说明人除了要有责任心，也要学会承担荣辱。花开花落都是自然现象，非我力所能及，同学的赞扬与批评其实都与我关系不大，我从中白赚了成长机会。

给全班所有同学参与管理的机会，一方面是对学生才能的锻炼，另一方面也是给所有人平等的机会，涉及教育公平。从微观心理来看，一个从来没做过管理工作的所谓"差生"，在他的思维方式里，可能永远只有一种"对立"思维，所有人都是要管我、压迫我，我要做的就是反抗。一旦做过管理者，就可能从新的视角以新的思维来看待班级管理。某学校里有一位普通老师，有才华、有能力，但是，他在工作上的表现是能躲就躲，学校有什么事情她能避则避。后来，她被选拔为副校长，她的态度马上就变了，什么事情都勇于担当、尽职尽责。不在其位不谋其政，所处的位置不同，思维方式就会有所不同。

如果是从完成工作任务的视角来看，用最合适的人长期管理某项事务，可能效率更高。但是，从人才培养角度来看，每个人都需要锻炼和成长的机会，轮流任职的人才培养模式效果更好。

第五节　集体主义的错误运用——集体惩罚

有些老师，某个学生犯了错，就惩罚全体同学。比如，一名同学跑步没跑好，全班同学一起重跑；部分同学上课不遵守纪律，全班同学一起罚站。这样做可能是企图利用全班同学对犯错同学的不满而对后者造成压力，迫使其改变自己的行为。这种做法会造成一些不良后果：一是破坏公平；二是破坏同学关系和师生关系；三是不利于集体主义精神的建立。

一、破坏公平

一个人犯错，去惩罚所有人，这或许确实能对犯错的同学造成压力，但让没有犯错的同学与犯错的同学一起受罚，这是不公平的。例如，宿舍里个别学生在熄灯后说话，全宿舍人都要罚站。对没说话准备睡觉的同学来说，学校没有给自己提供安静的休息环境，自己还要被罚站，难免在心里产生对老师、对学校的怨恨。这种消极情绪，无论是对学生自己，还是对老师、对学校都是不利的。

二、破坏同学关系与师生关系

一个人犯错，却惩罚所有人，也容易引起学生之间的矛盾。如果有同学因为对犯错的同学不满，而发生报复或欺凌行为，问题就更严重了。除非在集体中已经达成了共识，大家愿意相互监督、相互帮助，一个人犯错，大家愿意一起承担后果，否则强迫其他同学与犯错的同学一起受罚，不是适宜的教育方法。即使在行为上达到了管理目的，但在孩子心里是无法达到教育目的的。无辜受罚的同学不仅会对犯错的同学感到不满，也会对老师感到不满，难以建立良好的师生关系。老师本来只面临与个别同学的关系风险，却被扩大成了与全体同学的关系风险，对于老师来说，这也绝不是明智的选择。更何况有些同学可能并不觉得自己的同学犯了什么难以原谅的错误，只会觉得老师不讲道理。

三、不利于集体主义精神的建立

在班级里，我们要培养孩子的集体主义精神，一般来说，班级越团结管理起来越容易。只有一个人在集体中感觉开心、光荣时，才可能培养起其热爱集体的感情，如果一个人在集体中感受到的是屈辱，就不可能热爱集体，这种教育方式与教育目标背道而驰。

第七章　学生管理工具开发与积累

中国传统教育思想讲究因材施教，要根据学生的具体情况进行教育，但是，这并不妨碍一些教育规律是具有普适性的。通过学生管理工具的开发，我们可以把前人的教育经验总结起来，根据所面对的具体教育情境有选择地进行使用。就像吃饭，人们可以直接用手吃，也可以选择用筷子、勺子、刀叉吃。

第一节　学生管理工具的价值

学生管理工具是根据教育理论开发并在管理中方便使用的工具。

一、学生管理工具是教师全面完成工作的抓手

学生管理工作涉及的内容比较多，需要关注很多琐碎的细节。老师每天要完成的工作任务非常多，除了学生管理工作，还要备课、上课、批改作业、参加教研活动、开会等，有时候可能还要承担一些计划外的临时工作。由于老师的时间和精力都是有限的，如果只凭头脑记忆需要做的学生管理工作，可能一些细微工作容易被忽视。如果能有简单明了、一目了然的管理工具，就可以减轻教育的记忆负担。管理工具可以全面呈现老师需要做的学生管理工作，可以起到提醒作用。对于有经验的老教师来说，可能已经不需要借助工具了，但是，对于新教师来说，管理工具能帮助其迅速了解要完成哪些工作。

二、学生管理工具是对优秀教育经验的积累

管理工具的开发要融合教育规律及前人的有效经验，相当于是对优秀经

验进行积累。这些教育规律及教育经验，老师不一定亲自学习过，但是，只要使用了相应的管理工具，就相当于将之运用到了自己的工作之中。管理工具的开发与完善过程，也相当于是优秀经验的积累过程。在具体的使用过程中，老师可以根据自己的工作实际对工具进行适当的修改，总之是要满足自己的工作需要。

三、利于优秀经验的传递与扩散

管理工具从教育理论与教育实践中来，如果由每个教师自己去总结教育理论与教育实践，一方面可能需要投入较多的时间和精力，另一方面并不是每个老师都能有总结能力。管理工具开发出来以后要具有易操作性，能让每个教师都可以直接应用。管理工具也要具有可传递性，可以在不同的群体之间扩散。

第二节 以教育理论为基础开发学生管理工具

管理工具的开发要以教育理论与教育实践为基础。

一、根据教育内容开发学生管理工具

根据传统文化中对道德的教育内容的认识，学生的道德发展情况可以从"智仁勇"三个方面来考察，这三个方面还可以继续细分，可参考表7-1所示。

表7-1 学生道德考察工具

总维度	子维度	学生情况描述	改进策略
智	了解行为规范		
	有自知之明		
	……		
仁	尊敬老师		
	团结同学		
	……		
勇	勤奋刻苦		
	见义勇为		
	……		

学生的情绪状态是教育者应该了解的情况，可以使用学生情绪状态观察工具辅助，可参考表 7-2 所示。

表 7-2 学生情绪状态观察表

学生姓名	课上情绪	课间情绪	……	异常情况说明
张××	A 良好；B 一般；C 较差	A 良好；B 一般；C 较差		
王××	A 良好；B 一般；C 较差	A 良好；B 一般；C 较差		
……				

二、根据教育原理开发学生管理工具

根据中华传统教育思想，有"知行情意"统合的教育思想。当要对学生的某个方面进行教育时，可以从以下几个方面入手，去寻找教育的切入点，可参考表 7-3 所示。

表 7-3 学生教育考察内容

姓名：_____ 考察内容：_____

教育环节	学生情况描述	改进策略
理性标准（认知情况）		
情感意愿（情感情况）		
行为习惯（行为情况）		

考察内容是指具体考察学生哪方面的情况，比如，集体主义精神、课堂纪律情况、与同学相处情况等。这个工具可以根据学生的具体情况灵活使用，比如，从来没有课堂纪律问题的同学，就不需要使用这个工具了。

在分析学生有哪些情志问题需要改进时，我们提出了两个维度：一是情绪的好坏，二是情绪是否合理。我们可以据此设计出管理工具，可参考表 7-4。

表 7-4 学生情志问题管理工具

姓名：_____ 情况描述：_____

	好情绪	坏情绪
合理	无须改进，可以加强	现状描述与改进方案
不合理	现状描述与改进方案	现状描述与改进方案

情况描述是对学生针对什么情况产生了什么情绪的介绍，可能是某一次

的情况。比如，面对同学的疯闹生气了，面对优秀的同学嫉妒了等。现状描述是对学生该方面整体情况的描述，不局限于某一次。比如，学生是不是长期以来就爱生气，其他一些情境中也爱生气等。改进方案就是帮助学生改进情绪的措施。在不同情况下，对工具的需要程度不同，老师可以根据需要选择。

第三节　学生发展情况研判工具的开发与应用

任何因材施教的教育都要以对学生现状的判断为基础，老师可以根据不同的教育目的，设计一些学生发展情况研判工具，对学生的发展情况进行了解与判断，以便开展后续的教育活动。

一、以时间为线索观察学生如何花费时间

学生每天的生活以学习为主，但是，人不是机械，机械可以按照自身的功能持续做同样的事，人是有思想、有情感的，有生活活动多样化的需要。学生如何花费自己的时间，在这些时间段里，学生处于怎样的状态，这对于他们的成长发展是十分重要的。

可以观察或调研学生每天如何花费时间，判断花费相应时间所做的事情对其各方面发展有怎样的影响，并根据影响判断所做事情的适宜性，也可以综合所有事情，看对学生成长的影响，可参考表 7-5 所示。

表 7-5　学生时间花费及影响观察工具

项目	心理（明德）	人际性（亲民）	情感	能力	身体健康	潜在影响
做家务	积极心理	服务他人	快乐、愉悦	生活、生存能力	锻炼身体	无
玩电子游戏	光明正大或者偷偷摸摸	团结合作或者自私自利	快乐、内疚、后悔	玩游戏的水平	伤害眼睛、颈椎等	沉溺于游戏有可能耽误学习
学习课业知识	光明正大	无（如果是小组学习，根据情况填写）	快乐或者压抑	提升知识水平与学习成绩	伤害眼睛、颈椎等	无
与家人一起休闲	积极心理	增强亲子关系	快乐（或冲突）	与家人的相处能力	根据休闲内容判断	无
……						

看孩子如何花时间,还要了解这是不是他们自己的意愿,他们期待如何度过自己的时间。做同样一件事,每个孩子的感受是不一样的。比如,做家务劳动,有的孩子可能感觉有趣,有的孩子可能觉得累。要引导孩子对正确的事形成积极的情感反应,对错误的事形成消极的情感反应。

需要注意的是,这类表格是教育者用来辅助判断的,以便有针对性地帮助受教育者,不是用来"监督"学生的,学生应该有自主权与自主性。

二、以不同学生为线索了解其感受

对于同样的教育,不同学生的反应和效果是有差别的,这种情况下,我们可以以一定的维度,对学生群体进行划分,分别分析不同学生的情况。具体可以采用观察、访谈、问卷调查等方法。比如,对于某个主题的班会课,不同学生的反应是有所不同的,可参考表7-6所示。

表7-6 不同学生对教育的反应

学生类别	理解程度	兴趣	精力投入	改进措施	其他
优等生					
中等生					
后进生					

三、以教育目的为线索观察发展水平

有时候,我们也可以以某个教育目的为线索,分析学生的发展情况,可参考表7-7所示。

表7-7 教育目的与学生发展情况

教育目的	认知情况	情感情况	行为情况	改进措施
爱国主义情怀				
自主学习习惯				
卫生习惯				
……				

第四节　根据教育理论把学生管理标准化与流程化

学生管理工作特别繁杂，包括学习、纪律、卫生等各个方面，除学生管理外，老师还有很多其他工作要做，如教学、教研、科研等。很多老师对学生管理没有系统性规划，往往是出现什么问题就解决什么问题。这就导致老师一方面可能会应接不暇，另一方面也很难全面完善地管理。

学生管理的标准化与流程化是根据教育目标与教育原理等，把一些学生管理工作提前设计好处理方案与步骤，当特定情况出现时，就以事先的计划为基础进行处理。这种标准化与流程化，不是固定不变的，而只是提前有一个大概的计划，还要根据具体情况做灵活处理。这样做的意义在于，对于很多问题的处理有一个事先准备好的方案，当出现相应情况时，老师也可以参考既定方案处理，不必现场考虑怎么办，既可以提高工作质量，又可以帮助教师稳定情绪。

一、学生管理标准化与流程化的意义

1. 提高学生的心理安全感

如果学生犯错后，老师的处罚方式都是随机的，学生不知道自己会被如何对待，心理会没有安全感。有的老师可能会挖苦、讽刺学生，学生也可能进行一定的反抗，甚至伤害老师。对于一些学生经常出现的习惯性错误，老师可以提前设计好处理方案，如果发生相应情况就按照提前设计好的方案执行。比如，有一个逐步加强的层级性的惩罚制度，会让学生心里有一个大概的预期，就会减少恐惧感。这样老师能够给学生带来心理上的安全感，学生想到老师会感觉可信赖，而不是恐惧、害怕。

2. 提升教师的工作效率与质量

老师的日常学生管理工作，如果没有预设方案，每一次都当成意外情况处理的话，虽然具有灵活性，但实际上也提高了管理成本，心理成本也比较高。如果能够有一个预设的方案，就可以快速处理一些常见问题，提高工作效率和质量。

3. 保持教师的稳定情绪，保护学生

意外事件容易导致不良情绪，未处理的事情也容易给人造成压力，导致

不良情绪。而教师一旦产生了不良情绪，就可能不自觉地发泄到学生身上，造成对学生的伤害。如果对很多常规性的学生管理事件，准备了现成的处理方案，老师可以快速处理，就不容易引发不良情绪。当然，对于一些所谓的学生"犯错"，如果老师能够不看成是"犯错"，而看成是学生成长过程中的必然历程，可能更有助于其保持良好情绪。

二、标准化与流程化的权力在教师

学生管理如何标准化与流程化，应该由教师来决定。每个老师都有自己的风格，有自己管理学生的方式。面对不同的学生，老师也需要"因材施教"，对不同学生管理的标准化与流程化可能是有一定差异的。如果由学校等其他主体来统一规定，教师就失去了灵活处理的可能，也就剥夺了教师的自主权。

第八章 教师的人文管理

目前，教育领域主要应用西方经济管理思想进行教师管理，这种管理思想与教师的工作性质有很多不相符之处。中华传统文化中的人文管理思想，可以很好地契合教师管理的需要。本章我们从管理哲学的基本问题角度，对教师人文管理的部分基本问题进行讨论。

第一节 教师人性观

从管理哲学角度来看，人性观是管理的出发点。西方管理学的代表性人性观是经济人假设，不符合教育领域对教师的需要和期待。中华传统人性观是"人皆可以为圣贤"，更契合教育领域的管理需要。

一、经济人假设不适用于教师管理

经济人假设认为人是在为自己的利益工作，可以通过外部利益对个体进行激励。在教育领域，一方面，教育需要教师的奉献精神，不是仅靠外部激励规制行为就可以的；另一方面，教育组织不直接创造经济价值，不可能有充分的物质激励。

教师工作需要对学生有爱心，有奉献精神。如果只是把教师当成经济人，按照对待经济人的态度与方式来对待教师，对培养好教师是有害而无益的。如果组织以对待经济人的方式来进行教师管理，做不做有爱心、有奉献精神的教师就成为教师个人的选择，管理起不到引导与培养作用。

教师的工作，很多人称为"良心活"，工作过程难于监督，工作结果难于计量，因此难于按照教师的付出或绩效给予回报。我们需要老师对学生投入得越多越好，但是，老师投入的增加，却不可能提供随之增加的回报。老师能够获得的经济回报是有限的,而对老师投入的需求是无限的。如果按照经济人假设,用有限的经济回报支撑无限的投入,这是难以做到的。

教师的能力是来自外在的要求与培训,还是来自自我修养与成长;是用各种要求填满教师的所有时间,还是给他们成长的时间与空间?这涉及不同的管理方式。如果老师没有得到尊重,仅仅是被当成劳动工具,按照投入产出比来进行工作,就不能充分发挥教师应有的作用。在现实中,可以看到很多呕心沥血的老师,这不是物质激励发挥的作用,而是教师自己的奉献精神。物质激励所能发挥的作用是有限的,但是,精神激励所发挥的作用是无限的。很多的付出不一定需要物质回报,精神上的回报也很重要。

二、"人皆可以为圣贤"与教师人性观

中华传统文化中有"人皆可以为圣贤"的人性观,这种人性观相信人具有善性和无限的潜能。具体到教师身上,体现为以下两个方面:一是教师具有教育好学生的责任心,这对应着善性;二是教师具有自我发展的动力和能力,这对应着无限潜能。

1. 相信教师具有教育好学生的责任心

很多教师是具有教育理想的,是有教书育人情怀的。有很多制度把教师当成没有责任心的人来监督,这实际上对培养师德高尚的教师是不利的。

现在教育领域里,有些单位比较流行工作留痕制度。比如,高校老师指导学生写毕业论文,有些学校就要求有相关记录,什么时间指导了哪些内容。这个记录不管是由学生来记载,还是由老师来记载,肯定是增加了工作负担,但工作负担增加的成本与其收益比较起来,需要进行一定的利弊权衡。如果不解决老师的责任心问题,外在的监督是难以发挥作用的。留痕工作本身是有成本的,也向教师表明他们是不被信任的。不被信任的人是很难产生主动性的,只会被动地按照要求完成必须完成的本职工作。因为不被信任就意味着做得越多犯错误的可能性越大,最明智的选择是尽量少做。如果一项工作有记录就意味着完成了,大家就可能以填写记录代替实际工作。而像指导论文这样的工作,是必须通过外审、答辩、抽检等多个环节考验的,按道理说,这些是比"指导记录"更强的监督,再附加一个弱监督,对师生的论文指导与写作过程不会有实质影响。

相信员工而给员工授权,可能会被不诚信的人滥用。但是,毕竟滥用的

人是有限的，如果因为个别人可能存在的不诚信行为而监督所有人，就相当于个别人有病给所有人吃药。一方面浪费了药品，另一方面给没病的人吃药是会有副作用的。本来大家可以按照工作本身的需要完成工作，有了监督表格以后，可能使大家觉得只要填写了上级要求的表格就算完成工作了。

2. 相信教师具有自我发展的动力和能力

还有一些管理方式，把教师的时间填充得满满当当，使教师根本没有时间自我发展，不能根据自己的需要安排学习，也没有更多时间与学生相处，这样既不利于教师自身的发展，也不利于学生培养。有一位校长抱怨说自己单位的年青老师没有责任心，没有成长意愿，导致自己的工作很被动。每个人都有追求自身价值的本能，更何况是刚刚进入职场的年轻人呢！校长直接把教师看成不思进取的人，而没有考虑是否是自己的管理方式不当。每个人都有成长意愿，因为成长本身就是一种快乐。重要的是，管理者不要扼杀教师的成长意愿，要尊重教师的成长意愿，而不是把自己的意愿强加给教师。

三、管理是"利"与"弊"的权衡

教师也面临生存需要，同样也需要物质激励，在具体的管理实践中，可以是"经济人"与"圣贤"两种人性观的融合。针对教师的生存需要与利益要求，可以采取一些针对"经济人"的管理方式，而针对教师的教育理想与教育情怀，可以采用一些针对"圣贤"的管理方式，理想的结果是"君子贤其贤而亲其亲，小人乐其乐而利其利"，大家能够各取所需。

这种综合性的管理方式，很多时候就是对"利"与"弊"的权衡。很多制度不是根据整体情况制定的，而是根据个别后进者制定的，这成为对所有人的束缚，是捡了芝麻丢了西瓜。

第二节 教师管理的目标

效率是西方管理学的目标，所有管理都围绕着提高效率和收益展开。西方的管理方式也很少考虑员工的其他需求，仅考虑经济需求和经济激励。本节将讨论西方效率目标的局限性，并讨论中国传统管理思想的管理目标及教师的管理目标。

一、效率目标不适用于教师管理

西方管理学基本都是以效率为目标，尤其是在经济组织中，往往是以经济效益为目标。在教育组织中，也存在经费开支和效率问题。但是，对于学校来说，其主要社会责任是培养人才，虽然也存在人才培养效率问题，但是其效率难以用经济数据来衡量。具体到教师管理，就更难以用经济效率来衡量。教师的工作效率难以测量，而且衡量工作效率也不是教师工作的主要目标。

二、整体思维下的教师管理目标

教师管理要服务教育目标，而教育目标要服务社会目标。教师管理目标的确定要具有整体思维，从社会整体目标出发。

1. 整合社会目标

教师工作应承担起社会功能性目标，为社会培养人才。进行社会服务的人本身也是社会的一部分，自身也是社会功能性目标所指向的群体，因此，教师自身也要发展。功能性目标是为人服务的，最终都要指向具体的人，而不是指向抽象的概念。教师作为具体的人，作为一个重要的职业群体，其工作目标理应整合进社会目标。教师应该在自身工作中实现成长，并获得职业幸福感，这就是对社会目标的实现。每个人的成长与幸福应该在自身的工作生活中实现。教师的工作目标，应该包含教师自身的成长与幸福。

2. 教师本身也是目标

很多关于教育管理目标的认识，都仅仅指向了学生培养，认为教师是为学生发展服务的，教师成了培养学生的"工具"，而忽略了教师的主体性。社会的目标是要让全体成员过上幸福美满的生活，教师作为社会群体的一部分，理应被考虑在内，在职业内部实现幸福美满。如果教师自己不开心，也很难培养出开心的学生。

学生的终极培养目标是成为"圣贤"，这样一个终极目标的实现或者追求是终其一生的，并不是单纯在学校教育中完成的。教师作为社会成员的一部分，今天的教师，是昨天学校里培养的未来"圣贤"的延续。教师因职业特点，其自身的发展对整个社会的发展具有特殊的意义，教师要培养"圣贤"，自身也要向"圣贤"不断靠近。

三、以培养"圣贤"为目标的教师管理

根据前面的分析,教师管理的目标要服务教育目标,培养学生成为"圣贤";教师管理的目标也要服务社会目标,教师作为社会成员的一部分,其自身的成长与幸福也应该在工作中实现。"圣贤"教育并不是在学校里完成的,而是需要每个人终其一生的努力,教师也处于向"圣贤"靠近的过程。"圣贤"要具有善性,具有自由而全面发展的能力。综上所述,我们把教师管理的目标总结为两点:一是引领学生向"圣贤"方向发展;二是教师自己向"圣贤"方向发展。

第三节 教师管理的范畴

从中国传统的整体观思维来看,教师管理涉及的范围广泛,这种广泛的管理范畴,应该是学校从促进教师发展角度为教师提供的相关服务,而不是对教师的限制与束缚。

一、整体观下的教师管理范畴

在西方管理学的情境下,个体与组织之间主要是经济关系,个体以自身的劳动为组织创造价值,组织给予员工应有的回报,经济关系以外的事务,不在组织的管理范畴之内。比如,员工的兴趣爱好、家庭关系等,都与组织无关。但是,中国人具有集体主义观念,一个人往往不仅想从单位中获得收入,还希望得到情感支持。所以中国的管理范畴,应该是区别于西方的。中国讲究整体思维,组织的管理范畴自然也应该从整体观出发。凡是符合法律与道德规范,能够促进教师工作改进与个人幸福的事务,都可以成为管理的范畴,包括师德师风、职业能力、情志状态、健康情况、同事关系等。

二、师德师风

无论是从教师职业的特殊性、教育的终极目标来看,还是从中华传统管理思想角度来看,师德师风都是教师管理的重要范畴。

从教师职业的特殊性角度来看,一方面良好的师德是教师做好各项工作的基础,另一方面教师自身的德行也会在学生之中起到示范作用。师德可以

包含多方面的内容，比如，仁爱之心、责任心、教育智慧等。

从教育的终极目标角度来看，教育的终极目标是培养"圣贤"，这需要受教育者终其一生的努力，在个体走上工作岗位之后，仍然需要继续提升自身的道德水平。教师虽然是教育系统里的"教育者"，但是也是成为"圣贤"的"继续受教育者"或者"自我修养者"。师德的提高也意味着教师自身的发展，教师也要不断地向"圣贤"靠近。

从管理思想角度来看，西方的管理实践不太注重对个体的道德影响，个体道德是在管理实践之外实现的，管理实践只注重效率。但是，在中国的传统管理思想里，本身就包含着提升道德的伦理价值。中国作为无神论社会，社会的伦理道德是在管理机制、风俗文化中形成的。中国的传统管理思想，以"人"为目标，凡是"人"所需要的，都在管理范畴之内。而伦理性与道德性是人的重要特征，是人的发展不可或缺的方面。

三、教师的职业能力与人生目标

教师的职业能力是影响其工作效果的重要因素。因此，职业能力一定在教师管理范畴之内。教师的职业能力包括教学能力、学生管理能力、学习能力、家校沟通能力等。

从事一份工作，获得一份工资，这涉及生存问题。而作为个体，不只面对生存问题，更重要的是整体的生活。工作作为生活的一部分，应该放入教师的整个生活与人生中去考虑。根据中国的整体思维，我们应该探讨工作目标与人生目标的有机结合，很多教师都是带着人生理想在工作的，如果在管理上不能有机整合教师的人生目标，而只是把工作作为满足教师经济需要的手段，会发现仅通过经济手段进行激励达不到激励效果。对于教师职业能力的培养，不是要把教师培养成学校需要的样子，而是要帮助教师成为他们自己理想中的样子。教师自己理想中的样子，可能比学校要求的样子更好。

四、教师的情志与人生幸福

教师的情志状态，既影响其工作绩效，也影响其对学生的态度。心理不健康、职业倦怠等与情志密切相关的因素，是影响教师工作状态的重要因素。社会发展要实现每一个人的幸福快乐，如果教师能够拥有良好情绪，这本身就是社会目标在教育领域中、在教师身上的体现。一个情绪良好的个体会有更高的工作积极性与创造性，这是教师做好本职工作的重要保障。有职业幸福感的老师会更出色地完成自己的工作。

管理的范畴不应该只是与工作任务完成密切相关的"知"与"行",还应该包含"情"与"意"。"情意"是"知"与"行"的桥梁,一个职业能力强的老师,只有乐于从事自己的工作,才能有良好的工作效果。情意相关的状态好也是人本身的需要。"情意"也是组织实施差异化战略的重要维度。"知"与"行"往往具有客观性,同一个老师在不同学校做同样的工作,差异性是不大的。但是,情感上的差异在不同组织之间可以很大。一旦一个人对组织有情感,就会减少流动,并愿意包容组织的不足。组织不仅要满足员工的物质需要,还应满足其精神需要与情感需要。

1. 教师的情感与情绪

怎样对待学生的道理每个教师都懂,但是,还是有一些特殊情况,如教师产生了过激的行为,这是由于情绪失控导致的。失控的暴躁情绪、焦虑压抑的不良情绪等,会降低教师的工作积极性、主动性与创造性。人只有在情绪良好时才可能主动进行创造。所有的不良情绪都要花费时间和精力去处理。一个情绪低落、焦虑压抑的人,怎么可能去主动完成额外的创造性工作呢?一个处于这种情绪状态的老师,怎么可能有心情与精力去观察学生,进而发现学生的情感需要并及时给予满足呢?

教师管理中,要特别注意教师的情志状态,有些领导者总是无所顾忌地损害普通老师的利益,伤害老师的情感,这不仅会直接影响老师,还会间接影响学生。

2. 教师的心理健康

因工作需要,教师的责任心比较重,工作压力也比较大,长期处于高负荷工作状态,容易引起心理问题。学校应该关注教师的心理健康问题。现实中往往是当老师出现心理健康问题,正是需要组织关怀的时候,有些学校为了避免麻烦,却要求老师离职。这使学校失去了自我完善的机会,老师的心理问题可能与工作环境相关,学校应该借机反思自己的管理情况。

3. 教师职业倦怠

职业倦怠不只是在教育领域存在,在很多领域都存在。解决职业倦怠是一项综合性的工作,应该激发教师工作的内在动力。如果是自主地做自己想做的事,这本身就是一种快乐,是不会觉得倦怠的,只有做自己不想做的事,才可能产生倦怠。

4. 以积极情志预防消极情志

针对教育情志的管理工作，不应该在教师出现消极情绪以后才开始，而是应该努力为教师创造积极情志，以此来预防与避免消极情志的产生。比如，给老师足够的尊重、给老师适当的自主权、关注同事间关系等。

五、教师的身体健康

一所学校对老师进行了调查，希望了解老师需要得到学校什么支持。调查结果收上来以后，发现很多老师都反映，由于工作压力大，身体普遍不好，希望学校能为大家组织一些养生讲座，或者配备一些健身器材。学校领导层对于是否应该对老师进行养生培训展开了激烈讨论，有人认为身体健康是老师个人的事，学校不应该管，学校仅应该培训与工作密切相关的内容。在短期雇佣制下，一方面，老师的身体状况可能不是在学校工作造成的；另一方面，学校也可以淘汰掉身体不好的老师。但是，在长期雇佣制下，一方面，一些老师的身体疾病与职业关系很大，学校是有一定责任的；另一方面，老师的身体状况对工作有长期影响，有些老师由于身体不好而长期请假，耽误了很多工作。如果以分析思维来看，老师身心健康是个人的事，如果从整体思维来看，老师的健康就不只是个人的事。最后这个学校决定满足老师的要求，请专家针对老师的职业病讲了一次养生课，并准备了健身器材供老师锻炼身体。这种做法引起了较好的反响，提高了大家的工作积极性。可见，把老师的健康情况纳入学校管理范围是有益的。

1. 教师的常见职业病

教师因其工作性质，容易产生一些与职业相关的疾病。比如，长期讲课说话，很多老师患上了咽炎；长期站立讲课，有些老师患上了静脉炎、颈椎病等。这些疾病给教师个人带来痛苦，也会在一定程度上影响其工作状态。在教育实践领域，有很多老师带病工作，这种精神虽然可嘉，但是，懂得保养爱惜自己、积极健康的老师，才能教育出同样的学生，这才是更理想的情况。

2. 学校对教师健康的关爱

很多学校都会定期给老师体检，这是教师健康的基本保障。还有学校会给老师准备一些锻炼身体的器材，给老师准备放松精神的空间，这些措施，不仅会让老师的健康有保障，也会提高教师对学校的认同感，起到激励作用。

六、教师的同事关系

从中国的管理实践来说，员工不仅期待从组织中获得专业方面的成长和劳动报酬，还期待能够获得生活上的关心、同事间的友谊等。从文化差异及组织实践来看，中国人比西方人更注重工作场所中良好的人际关系。人际关系处理好了，工作任务的完成就有了保障。由此看来，促进同事间的和谐关系，要包含在管理范畴之内。

第四节 教师管理的取向

教师管理的取向涉及在多重目标发生冲突时如何进行取舍。

一、教师管理中的多重目标

在教师管理过程中，可能存在多重目标，多重目标之间有时候可能会有冲突，那就存在如何抉择的问题。如何抉择涉及管理取向。比如，在教师管理中，效率取向与伦理取向之间可能会表现出一定的冲突。效率取向是追求工作效率，伦理取向是追求人的道德成长。例如，是激励教师不顾及其他同事的利益，谋求个人发展策略，还是鼓励教师在保持人格的基础上进行自我发展。不同的管理取向会塑造不同的人格，形成不同的组织文化。

二、伦理取向与效率取向的比较

在学校工作中，如果片面地追求效率，压缩教师的道德成长空间，使教师为了个人利益而进行竞争，可能是得不偿失的。过度竞争会破坏同事关系，使有效的合作难以发生。教师的道德水平及教师之间的交往方式，会对学生起到示范作用。

效率取向的管理，一般是鼓励教师为提高自身的绩效而积极竞争，而伦理取向的管理可能比较看重教师之间的关系和谐。效率取向的管理，不一定效率高，伦理取向的管理也不一定效率低。两者各有利弊，应该综合考虑。以提高学生学习成绩为例，对于学校来说，最优的结果是学生的总成绩得到提高。学生的时间是有限的，最优的时间分配方式是把时间投入最容易提高分数的科目中。但是，如果学校过分鼓励效率竞争，导致某个科目的老师只考虑自己所教科目的成绩,而不考虑其他科目,就可能不顾最优投入方案,而揪着学生学习自己所教的科目。

第五节　教师管理的评价标准

教师管理工作做得怎么样,其评价标准要看教育目标的实现情况,教育的目标是培养"圣贤",教师工作的目标是引领学生向"圣贤"方向发展和教师自己向"圣贤"方向靠近。在中华传统管理思想中,以人才的获得与培养为目标,管理水平的评价标准是"心悦诚服,各尽其才"。学校教师管理水平的评价标准,我们将综合以上因素。管理目标是确定管理标准的前提,"圣贤"目标是难以被测量的,就只能对过程进行评价。教师工作本身也非常复杂,对其完成情况进行评价也很困难。所有事务都要由人来完成,我们以教师的状态来评价教师管理的水平。

一、教师自身向着"圣贤"的终极目标发展

"修己安人""以身示范"是非常重要的教育方式,如果教师要培养"圣贤",自身的示范是非常重要的,"圣贤"作为一个高远的目标不是每个人都能实现的,但是,每个人都可以向着这个目标前进。教育管理不仅要帮助学生向着"圣贤"的目标发展,也要帮助老师向着这个目标发展,并通过老师的示范作用促进学生发展。

1. 教师有为教育事业奉献的精神品格

"圣贤"的特征之一是善性,在教师工作中体现为教师有为教育事业奉献的精神、对国家民族有责任感、对学生及其家庭有责任心、能为学校发展贡献力量等。

2. 教师充分发挥了自身的能力

"圣贤"的特征之一是具有卓越的能力,在教师工作中体现为教师具有卓越的职业能力,并得到了充分的发挥。各尽其才本身也是充分发展的一种表现。教师要自觉自愿、尽心尽力地做好自己的工作。

3. 教师能够情绪良好、心悦诚服地去工作

教师不仅能够卓越地完成自己的工作,充分发挥自身的才能,而且乐于

这样做，也就是说教师能够"心悦诚服"地去工作。"心悦诚服"既体现了教师自身具有良好的情志状态，也体现了其对管理者的认可。

二、教师有培养学生成为"圣贤"的目标、意愿与能力

教师不仅自己在向着"圣贤"的目标前进，还能够带领学生向着"圣贤"的目标前进。教师具有培养学生成为"圣贤"的意愿与能力，并付诸行动，能竭尽所能地去培养学生，并从中获得快乐。

需要指出的是，上面提到的是评价教师管理水平的标准，而不是评价教师的标准。前者指向的是教师的上级领导者或所服务的学校，而后者指向的是教师。有一位校长痛斥自己学校的老师没有组织认同感，学校组织什么活动都不愿意参加。老师有没有组织认同感，需要管理者凭借自己的管理水平去争取，而不是凭借自己的权力去要求。一所学校里，个别老师的工作情况可能受其个体因素影响，但是，所有老师的整体情况肯定是受学校的管理水平影响。

第九章 德政、和谐与教师管理

西方经济学与管理学的基本人性假设是经济人假设，人会愿意为获得物质利益而工作。在中国传统文化中，对人性的认识是"人皆可以为圣贤"，"圣贤"至少具有善性与能力卓越两个特征，而且会应用自己的能力去做有益于他人的事，为了区别于西方管理学的经济人假设，我们将之称为"道德人"，道德人的重要特点就是"利他奉献"。这意味着要把人当成"好人"来管理，而不是当成"坏人"来管理。因此，要有与之相匹配的管理方式。

本章介绍中华传统管理思想中德政的管理方法、和谐的管理意义和作用，以及教化的管理方法，并讨论其对教师管理的启示。

第一节 德政的双重内涵与教师管理

前面我们已经论述了德政有双重内涵：一是管理者自身的道德高尚；二是被管理者的道德成长，管理者要为被管理者提供足够的道德成长空间。德政是管理者与被管理者道德人格的共同实现与成长。

一、德政的双重内涵及其管理效果

1. 德政的双重内涵

假设老师上课迟到了，如果学校没有惩罚性制度，很多老师感到的是愧疚，想到的是对不起学生，下次要早一点儿；如果有惩罚性制度，如算教学事故，三年内不许评职称等，教师感到的是恐惧，想到的是如何避免惩罚，很难产生对学生的惭愧感。在没有惩罚性制度的情况下，老师进行的是道德反思，发自内心地觉得自己错了，下次一定改正错误；在有惩罚性制度的情况下，老师被对惩罚的恐惧控制了，一直在考虑如何避免惩罚，完全没有进行道德反思。

德政的管理思想，不倾向于用精细化的制度约束人，而倾向于用简约的制度给执行者更大的授权，使其可以根据具体情况做出最优决策。

2. 德政的管理效果

《论语》中有这样的论述："季康子问政于孔子曰：'如杀无道以就有道，何如？'孔子对曰：'子为政，焉用杀？子欲善而民善矣。君子之德风，小人之德草，草上之风必偃。'"[①] 君子之德影响下属，就像风吹过小草一样，肯定是有效果的。《孟子》中有这样的论述："孔子曰：'德之流行，速于置邮而传命。'"[②] 在古代"置邮传命"是最快的传递方式，由快马昼夜不停地接力传递。而德之流行比最快的传递方式还要快，说明德政的效果是明显的。

德政有效且效果明显的原因：一是人之本性使然，如果按照儒家的观点，人性本善，那么，符合本性的东西自然就会发生效果，就像种子有了阳光、雨露等适宜的条件就要发芽一样；二是德政是人心所向，德政因符合了人内心的需要，可以迅速产生效果。

二、德政的双重内涵对教师管理的启示

"政"与"刑"的管理方式既可能影响道德行为，也可能影响工作效率。有些人可能为避免惩罚而说谎，有些人可能因为被惩罚而影响工作态度，有些人可能因为担心被惩罚而产生焦虑情绪。一项惩罚性制度，即使对于不违反规定的人也会造成影响，增加他们的焦虑情绪，降低工作质量。可见，制度并不是越严格越好，合理的制度设计应该是有边界的。

德育是学生教育的重要内容，教师自身的道德水平是学生德育的基本保障。如果想要教师提高道德水平，就需要给教师足够的道德成长空间。作为一个老师，上课不迟到是基本道德，是基本要求。如果个别老师长期做不到，领导需要对这些个别人进行教育，而不是给所有人戴上枷锁。如果个别老师偶尔做不到，可能有特殊原因，也不需要一个长期的枷锁限制所有人。减少不必要的制度，不仅会给人以自由感，还会提高人的主动性。

在教师管理中，要给教师较大的授权与自主性。不仅要相信人才的品格和动机，还要相信人才的能力，相信人才有超越自己的能力，在特定情境下

---

① （战国）孟子，等. 四书五经 [M]. 北京：中华书局，2009：28.
② （战国）孟子，等. 四书五经 [M]. 北京：中华书局，2009：71.

坚信人才有超越自己的决策优势。《孙子兵法》中有"将在外君命有所不受"的说法，领导的指令并不一定是最优的，需要把权力交给最了解情况的人，交给最优决策者。

第二节　和谐的管理作用

通过前文的分析，我们可以看到，中国传统管理思想，并不主张用精细化的制度来进行管理，那么，在不同的情境下，如何保证事务的具体负责人能按照组织的意愿行事呢？这就涉及儒家管理的另一个思想——"和"。

一、"礼之用，和为贵"——"和"的管理作用

1. "和"与制度的关系

中国传统管理思想讲究"以和为贵"。从管理学角度来看，以和为贵指组织成员的利益一致性，"和"的程度越高，个体之间的利益一致性越高，利益一致性越高，个体越会为组织整体利益、他人利益着想，越不需要监督，越不需要制定详细的规定。举一个极端的例子，在家庭里基本没有成文的规章制度，因为一般来说，家庭成员的利益是一致的，每个人都会为整个家庭着想，每个人也都会为他人着想，不需要用制度来规定和监控。在中国的传统文化中，德政管理思想倾向于用简约的制度来管理，是与"以和为贵"相互配合、相互支持的。在利益一致的情况下，一旦使用简约的制度给执行者更多授权，考虑组织利益的执行者就可以根据自己的判断，在具体情境下做出对组织最有利的选择。

"和"的实现可以通过情感，也可以通过提高利益一致性的制度安排。中国历史上取得辉煌成就的晋商山西票号，就利用一系列制度安排，使得伙计、掌柜、财东的利益实现一致化，并有效避免个体只顾自身利益而损害组织利益的投机行为。现代社会的员工持股制度也具有类似的作用。

2. "礼之用，和为贵"——作为资源分配方式的"礼"

"礼"也可以作为一种资源分配的方式。例如，大家一起吃饭，位置安排上是有一定讲究的，是为礼。如一般正对门口的位置是贵宾席，在现实中，大家都遵从这样的礼法，把适宜的座位分配给适宜的人。关于职称怎么评，虽然有明确的制度，但是，往往也有一些不成文的惯例，这些都可以理解为

"礼"。

"礼"虽然也是一种规则,但是不具有强制性,是可以在具体情境下协商的。在"和"与"礼"的共同作用下,中国文化倾向于在具体情境中具体协商最优决策。

3. 和无寡

《论语》中有这样的论述:"有国有家者,不患寡而患不均,不患贫而患不安。盖均无贫,和无寡,安无倾。夫如是,故远人不服,则修文德以来之。既来之,则安之。"[①] "和"可以认为是人际和谐与目标一致,在人际和谐与目标一致的情况下,对分配结果的容忍性才会更高。如果目标不一致,就会更容易产生对分配公平性的质疑。资源分配的公平性问题是管理学、经济学中要解决的重要问题。合理的资源分配应该满足激励性、公平性等特征。公平性是人的主观感受,很难实现绝对的公平,在既定的分配方式下,如果人际和谐、利益一致,相对会使人感觉更公平。

4. 和谐也具有激励作用

西方的文化特征讲究个人主义和分析思维,这种文化导致其管理思想中,比较强调竞争,通过个体之间的竞争实现经济效率。中国的组织相对来说更注重和谐,追求人与人之间的和睦相处。和谐也具有激励作用,《孙子兵法》中说"令民与上同意也,故可以与之死,可以与之生,而不畏危",[②] 说明了和谐的重要性。关系和谐才能相互为对方考虑,协助对方更好地完成工作;关系和谐才会分享自己的有效经验,希望对方能够更好地完成工作;关系和谐才可能心情愉快,更有助于高效完成工作。

二、教师目标具有一致性

同一所学校的老师,其工作都是为了服务国家的教育目标、学校的教育目标,终极目标都是一致的。所有老师都期待为国家教育事业作贡献,都期待学生能够获得更好的发展,学校能够获得更好的发展。如果没有其他竞争性制度安排,目标一致的老师们,是具有和谐相处共同努力的基础的。如果大家能够团结一心、精诚合作去追求教育目标的实现,与每个人只考虑个人利益、只考虑如何评职称等,两者的效果可能是完全不同的。

---

① (战国)孟子,等.四书五经[M].北京:中华书局,2009:36.
② (春秋)孙武,曹操,杨丙安,等.十一家注孙子校理[M].北京:中华书局,2016:4.

第三节 教师的教化管理

西方的科学管理理论与实践往往是以规定与奖惩的方法引导人的行为。中国的人文管理理论与实践实行德政的管理方式，引导人行为的方法是教化。如何实现被管理者的道德成长、实现组织内部关系和谐、实现在简约的制度安排下自觉为组织利益着想，这就需要发挥教化的作用。教化管理使用的是教育原理，不是以规定与奖惩的方式影响人的行为，而是通过讲道理使人明事理，影响人的情感态度，进而影响人的行为。

一、管理的教化理论

1. 作为管理方法的教化

在中国的传统管理思想中，在某些语境下，直接把管理称为"教"，比如，《孟子》中说："仁言，不如仁声之入人深也。善政，不如善教之得民也。善政民畏之，善教民爱之；善政得民财，善教得民心。"① 孟子明确提出了管理的两重内涵——"政"与"教"，并且认为"教"胜于"政"。在《大学》里，有这样的论述："所谓治国必先齐其家者，其家不可教而能教人者，无之。故君子不出家而成教于国。"② "《诗》云：'桃之夭夭，其叶蓁蓁。之子于归，宜其家人。'宜其家人，而后可以教国人。"③ 《礼记·学记》中说："古之王者建国君民，教学为先。"④ "能为师然后能为长，能为长然后能为君。故师也者，所以学为君也。是故择师不可不慎也。"⑤ 在《孙子兵法》中也说："令素行以教其民，则民服；令不素行以教其民，则民不服。令素行者，与众相得也。"⑥ 可见，在中国传统管理思想中，教化与管理的内容高度相似，甚至直接把管理称作"教化"。管理即教育，教育即管理。管理者不是制度的制定者与执行者，而是大家的引导者。从中华传统文化来看，管理中有明确的教育内涵。

---

① （战国）孟子，等．四书五经 [M]．北京：中华书局，2009：112.
② （战国）孟子，等．四书五经 [M]．北京：中华书局，2009：48.
③ （战国）孟子，等．四书五经 [M]．北京：中华书局，2009：48.
④ （战国）孟子，等．四书五经 [M]．北京：中华书局，2009：379.
⑤ （战国）孟子，等．四书五经 [M]．北京：中华书局，2009：380.
⑥ （春秋）孙武，曹操，杨丙安，等．十一家注孙子校理 [M]．北京：中华书局，2016：258.

"德"与"礼"是教化的重要内容。"导之以政,齐之以刑,民免而无耻;导之以德,齐之以礼,有耻且格。"① 如果以"政"与"刑"来教导民众,民众只能做到在行为上"止恶",无法影响民众的内心,如果做了坏事没有被发现,不会有羞耻心,只会心存侥幸;而以"德"与"礼"来教导民众,民众会有羞耻心,不仅没有恶行,连恶心也不会有,没有恶心就不可能行恶事。"教"既是管理他人的方法,也是自我管理的方法,比如,"自诚明谓之性。自明诚谓之教""天命之谓性,率性之谓道,修道之谓教"。

2. 修己安人与教化管理

管理的过程从本质上是改变被管理者的态度和行为,制度规定是影响行为的方法,教育也是一种影响人行为的方法,而教育的最佳方式是行为示范,"行胜于言"。

儒家主张施行德政,那么如何实施德政呢?"修己安人"是重要方式,如果管理者能够有效管理好自己,在职务上恪守自己的职责,那么,他所管理的人也能够开展好自己的工作。有效的管理是在一个共同的目标下各司其职,而不是管理者对被管理者的规制与指挥。

发生管理问题时,很多领导者的第一反应是如何管理员工,如何设计制度,但是很多管理问题并不是由员工造成的,还有一些即使与员工有关,其根源也在管理者身上。这里为管理者提供了一个新的审视问题、解决问题的视角,就是从审视自我开始,首先解决自己存在的问题,再考虑去解决被管理者的问题。

二、教化管理对教师管理的重要性

1. 教化管理的应用

教化管理使用的是教育原理,不是以规定与奖惩的方式影响人的行为,而是通过讲道理使人明事理,影响人的情感态度,进而影响人的行为。以解决教师上课迟到问题到为例,科学管理的解决方法是惩罚,越不期待出现的行为,惩罚就越严厉。人文管理的解决方法是教化,首先,通过思想动员等方式让大家认识到按时上课的重要性,对上课迟到产生羞耻心,使大家能够自己提出按时上课的要求;其次,在迟到行为发生后,了解迟到原因,根据

---

① (战国)孟子,等. 四书五经 [M]. 北京:中华书局,2009:7.

具体原因决定具体处理方法。

例如,一位校长早晨在教学楼里巡视,看到一位面容憔悴的老师匆匆赶来。经询问,原来是老师的孩子昨晚高烧不退,老师本来想今天早晨请假不来上课了,但担心第一节课学校不容易安排其他老师代课,就想着先赶到学校把自己的课上了,再请假回去带孩子去医院。校长觉得这位老师非常有责任心,深受感动。在老师上课时,校长联系了自己在医院工作的朋友,为老师孩子的治疗做好了安排。以前这位老师对校长有点儿意见,不太支持其工作,经过这件事以后,开始支持校长工作。其实,即使没有惩罚性规定,绝大部分老师都是很重视按时上课的,如果确实迟到了,可能也有其不得已的理由。如果老师本来就是由于不愉快的原因迟到了,学校不但不帮助其走出不愉快情绪,还以惩罚的方式雪上加霜,那情绪不良的老师就很难做好工作。如果老师的迟到并没有特别的理由,确实就是因为不重视,这种情况下校长可以找老师谈心,通过讲道理使其认识到按时上课的重要性;或讲一些优秀教师克服困难按时上课的事迹,实现情感共鸣;也可以引导教师树立更高远的职业发展目标,对自己提出更高要求的老师自然不会上课迟到等。如果个别老师偶尔的迟到行为,可以通过教化解决,就没有必要出台束缚所有人的惩罚性制度。

如果教师上课迟到是学校里的普遍现象,有很多老师经常迟到,或许学校要考虑出制度,可以是正面的全勤奖,也可以是负面的惩罚性制度。"履霜坚冰至",一叶知秋,每一个局部都是整体的全息反映,在迟到这件事上表现如此糟糕的学校,可能整个管理都是有问题的。

教化管理也可以运用榜样教育的方法,应用一些优秀教师的感人事迹感召老师,中国教育领域有很多这样的榜样事迹,比如张桂梅校长的事迹。榜样事迹不一定局限在教育领域,其他领域很多事迹,也都可以成为教育资源。

2. 教化管理是教师实现超越性成长的助力

我们期待教师能够在道德水平上不断提升,能够在能力上不断提高,就需要给予一定的支持。能力的提升有时候还可以通过培训、经验分享等方式实现,但是,道德提升必须内化成人的情感。教化管理为教师的道德成长提供了机会和空间。

教师的道德水平,有时候超出了法律与规则可以要求的界限,这种情况下,只有教化才能发挥作用。有一次我去一所学校参观,一位青年教师讲了自己学校的一件往事。20世纪90年代末，共建方要为学校捐建一座教学楼，但是，由于投入的资金有限，学校只能建4层，不能按照规划建5层，如果当时不建，以后也再没有可能建了。学校的老校长，特别有魄力，号召全校教师捐资修建教学楼。于是，学校的老师大约每人捐出一两年工资，一夜之间为学校捐了一层教学楼。这位青年教师为大家讲这个故事时，是满怀深情的，可见这个故事给了他很大激励，让他充满了自豪感，也激发了他自己为学校努力工作的热情。这个故事我相信会在这所学校里一直口口相传，激励着所有老师为学校奉献。老校长号召教师们捐款，是"修己安人"，需要自己的品行在老师中获得认可才会有这样的影响力，而老教师的所作所为也感染、激励了新教师，这两个过程都是教化管理的过程。

3. 教化管理是对教师进行学生管理的示范

我们期待老师在学生管理中，也能多采取教化管理的方式，助力学生的长远发展。很多老师其实都是在用自己被对待的方式对待学生。如果学校对待老师的方式很粗暴，老师对待学生的方式也会很粗暴，可能并不是老师有意想这样做，而是形成了这样的认知习惯，以为这是正常的、合理的。

试想，一个学校与教师相关的事务，从来不问教师的意见，总是领导说了算，教师只能听从领导的决定，被这样对待的老师，在班级管理中会想到要去听取学生的意见吗？有些修养比较高的人，可能会做到把自己缺少的给别人，但是，大部分人可能只是按照自己的思维习惯去做事，觉得由有权力者去决定是合理的。

第四节　不合理的激励会破坏教师的目标一致性

德政、和谐与教化管理之间是相互支撑的，具有某种匹配性。在这种管理方式中，教师之间的目标一致性是很重要的。如果目标一致、同心同德，很多问题都好解决；如果目标不一致、离心离德，就难以应用这种管理方式。一些不合理的激励制度会破坏教师目标的一致性，需要谨慎使用。

一、针对教师个人过度激励的危害性

如果针对个人绩效过度激励，就可能使得个体只考虑自己的利益，而忽视其他人的利益及整体利益。举例来说，对于学生来说，同样的时间，如果

投入学习语文比学习英语能够提高更多的成绩，他的最优选择就应该是把时间投入学习语文。但是，如果针对教师个人绩效的激励过强，学生的语文成绩提高对英语老师来说没有任何好处，英语老师只会考虑如何提高学生的英语成绩。而英语老师如果是比较强势的老师，就可能给学生留很多作业，如果学生完不成就可能受到严厉的批评，学生出于对被批评的恐惧，就可能花更多时间学习英语。学生的总成绩取决于各科成绩的加总，而要提高总成绩就需要在各科目之间合理分配时间，如果对教师个人绩效过度激励，每个老师只想着提高自己学科的成绩，合理的时间分配方案就难以自然产生。

二、马群效应与教师激励

马群效应是指受组织其他成员的感染或激发而产生的从众或联众现象。只有在目标一致的情况下，才可能出现马群效应，一个人的努力会给所有人带来回报，一个人的努力会激励所有人努力。一个人的努力可能给他人带来惩罚，就不会产生马群效应。

同一所学校的两位老师，是非常亲密的朋友，但是，他们就是不在工作上进行合作，不交流工作经验。究其原因，是学校的激励制度违反了马群效应，竞争性的奖惩规则，使其他人的成功成为自己的威胁。一旦形成这样的激励模式，同事之间就不可能全力以赴地相互支持。在一个组织中，如果没有一个共同的目标能够把所有人都凝聚起来，每个人想的都是个人的利益，就很难形成合作意识。在学校里，大家的最终目标都是促进社会教育事业的发展，在这样的组织中，只要激励机制设计合理，就有形成合作的基础，有产生马群效应的可能。

第五节 教师队伍建设

教师队伍建设对学校的发展有决定性作用。从中国传统教育与管理思想出发，教师的选拔与培养都应该秉持"德才兼备"的人才观，教师队伍应该有团结、和谐、互助、奋进的精神面貌。

一、"德才兼备"的人才观

中国的人才选拔讲究"德才兼备"，在德与才之间更偏重德，只要有

"德","才"是可以培养的,但如果"德"不够,有再多的"才"也无法发挥正向作用,甚至能力越强,破坏力越大。中国的人才观特别注重"德",这可能与中国的人性观有一定关系,在中国人眼里人有无限潜能,只要人品好,能力都是可以培养的。

前面我们已经介绍过,中国的管理相对于西方来说,不倾向于使用精细化的制度,而是在利益一致的基础上,使用简约的制度,给执行者更大的授权。在这种情况下,个体的道德水平对组织的影响会更大。如果用精细化的制度进行管理,个体只是执行制度的"螺丝钉",没有按自己意志决策的空间,对道德的要求可能就没有那么高。所以,中国人才观对"德"的重视,是与中国的管理思想一脉相承的。

学校在选拔教师时,一定要考虑其道德水平。每所学校都有自己的文化,在人才选拔阶段,要考虑文化的一致性与互补性。在人才培养中,也要道德与才能两手抓,不可偏废。

二、团结、和谐、互助、奋进的精神面貌

有些学校的管理制度,教师之间的竞争性过强,难以促进和谐同事关系的形成。团结、和谐、互助、奋进的同事关系,是教育里比较理想的同事关系。对于普通教师来说,所有的工作业绩都需要投入时间和精力去实现,而每个人的时间和精力都是有限的,高强度的竞争,其发挥的效果也是有限的。

第十章 教师的道德激励

前面我们介绍了中华传统管理思想中"人皆可以为圣贤"的人性观,德政与教化的管理方式,也要有与之相匹配的激励方法,即道德激励、情感激励等。本章我们主要介绍道德激励,道德包括经济回报与情绪回报,道德快乐使得道德激励成为可能。选择教师职业的人,往往是有自身的道德追求的,这是实施道德激励的基础。师德培养应该遵循教育规律,符合教育原理。

第一节 从经济回报与情绪回报看道德激励的可行性

一、道德水平越高,收入水平越高

1. 中华传统文化思想里道德与收入的关系

儒家经典《中庸》中提出了"德必配位"的思想,《管子》中提到"德厚而位卑者,谓之过;德薄而位尊者,谓之失。宁过于君子,而毋失于小人。过于君子,其为怨浅;失于小人,其为祸深",论述了任用人才看重道德的原因。中国历史上第一本重要的人才选拔著作《人物志》,使用"兼德""兼才"等来形容人才。①司马光《资治通鉴·周纪一》中说:"夫聪察强毅之谓才,正直中和之谓德。才者,德之资也;德者,才之帅也。……是故才德全尽谓之圣人,才德兼亡谓之愚人,德胜才谓之君子,才胜德谓之小人。凡取人之术,苟不得圣人、君子而与之,与其得小人,不若得愚人。何则?君子挟才以为善,小人挟才以为恶。挟才以为善者,善无不至矣;挟才以为恶者,恶亦无不至矣。"说明了道德之于人才的重要性。中华人民共和国成立以后,

---

① (三国魏)刘邵. 人物志译注 [M]. 王晓毅,译注. 北京:中华书局,2019:33.

党和国家在人才选拔上也经常强调"德才兼备，以德为先"。可见，从古至今，"德才兼备，以德为先"一直是中国人才选拔的重要标准。获得一份什么样的工作，是影响个体经济收益的重要因素（李实等，2003），但是道德在劳动力市场上如何影响个体的经济收益，却很少有翔实的理论分析与量化研究。

2. 道德与收入关系的实证检验

量化分析的研究结果表明，道德水平对工资水平具有正向影响，做一个道德人也是理性的。[①] 如果道德可以给人带来更高的收入，道德就可以给人带来双重的快乐，一是道德本身带来的直接影响，二是道德借由收入提高带来的间接影响。个体提升自身的道德水平是有经济回报的。

二、道德水平越高，情绪状态越好

1. 道德与情志关系的传统认识

《论语》中说"知者不惑，仁者不忧，勇者不惧"[②] "知者乐水，仁者乐山；知者动，仁者静；知者乐，仁者寿"[③] "君子不忧不惧"[④] "不仁者不可以久处约，不可以长处乐"[⑤] "苟志于仁矣，无恶也"[⑥]，可见，在儒家的理念中，良好的道德可以形成良好的情志，用现代语言来说，就是道德水平高更容易获得快乐的感受。

2. 道德与情志关系的实证检验

量化分析的研究结果表明，道德水平越高的人，情绪状态越好。既证明了道德与情志之间的关系，也说明个体提高自身道德水平是有情绪回报的。

第二节 从道德快乐看教师道德激励的可行性

物质可以满足人的欲求，给人带来快乐，所以可以使用物质激励来影响人。道德也可以给人带来快乐，所以也可以应用道德激励来影响人。道德快

---

① 参见笔者的《中国人文管理学理论》一书。
② （战国）孟子，等. 四书五经［M］. 北京：中华书局，2009：22.
③ （战国）孟子，等. 四书五经［M］. 北京：中华书局，2009：16.
④ （战国）孟子，等. 四书五经［M］. 北京：中华书局，2009：27.
⑤ （战国）孟子，等. 四书五经［M］. 北京：中华书局，2009：11.
⑥ （战国）孟子，等. 四书五经［M］. 北京：中华书局，2009：11.

乐有不同于欲求快乐的特点，使道德激励具有独特的优势。

一、道德快乐与道德激励理论

在管理学上，一般认为满足人的需求可以给人带来激励，但是，现有的激励理论，较少涉及满足人的道德需要。欲求满足可以给人带来愉悦感，可以成为激励要素，道德也可以给人带来愉悦感，也应该作为激励要素。

中华传统教育理论认为道德教育是最根本的情志教育。儒家认为"仁者不忧"，一个道德高尚的人，会有一套思维模式与行为模式，这种思维模式和行为模式具有对情志的积极调节作用，甚至可以认为，人格修养是"内核"，情志状态是"表现"。道德具有稳定性，一旦一个人形成了某种道德品质，就会长期地影响一个人的情志状态。当你去同情别人的痛苦时，体会自己痛苦的时间就被占用了。关注自己的苦是真痛苦，而关注别人的苦是慈悲，在这个过程中就实现了情志的转化，以慈悲代替了痛苦。即使对他人的痛苦感同身受，那也不是痛苦本身，而是同情、是慈悲。

我们需要考虑一个问题，道德是不是人的一种需要？从社会上很多人在从事公益工作、有很多人愿意助人为乐的角度来看，道德起码是一部分人的需要。既然人类有这种需要，只要合理使用，道德理应作为激励因素。

二、道德快乐与欲求快乐的比较分析

道德需求满足可以给人带来愉悦感，欲求需求满足也可以给人带来愉悦感，两者之间有时候是矛盾的，比如，一份物质财富是满足自己的欲求，还是用于帮助他人来满足自己的道德需要。本部分我们先对道德快乐与欲求快乐进行一个简单的比较。

易感知性。一般来说，欲求快乐可能比道德快乐更容易感知，吃了东西马上可以感觉到。而通过帮助别人所获得的快乐，有时候可能不如吃饱了那样容易感知。

持续性。一般来说，道德快乐可能比欲求快乐更具持续性。很多欲求在满足停止以后就不能够再以正在发生时的方式感知。相对来说，道德快乐更容易在回忆中重新构建。

无餍足性。一般来说，欲求快乐的无餍足性比道德快乐高。如背包，从功能角度来说，任何材质和品牌的背包都可以满足装东西的需求，但是，背包的价格千差万别。人的内心里有填不满的需求，使得欲求有无餍足性。

饱和性。一般来说，欲求快乐比道德快乐更容易饱和。如吃饭，即使有再多的钱，饭量是有限的。然而，对于道德快乐的追求是没有饱和性的。

可转化性。在儒家的观点里，道德快乐可以转化为欲求快乐。反过来，欲求快乐难以转化为道德快乐。即使欲求需求不能被很好地满足，但是，只要有足够的道德修养，也可以获得快乐。比如："贤哉，回也！一箪食，一瓢饮，在陋巷，人不堪其忧，回也不改其乐。贤哉，回也！"①

通过上述分析可以看到，道德快乐相对于欲求快乐在某些方面是有其优势的，在管理激励中应该综合应用两方面的激励方法。如果只看到欲求激励的作用，而忽视了道德激励，相当于放弃了重要的激励机会。

三、以道德快乐引领欲求快乐

欲求快乐的满足，并不一定对人有实质的好处，甚至可能是有损害的。当两者存在矛盾时，儒家主张追求道德快乐，而不是欲求快乐。② 当道德快乐与欲求快乐发生矛盾时，人们为什么不去享受触手可及的欲求快乐，而是要压抑这种快乐去追求道德快乐呢？因为道德所带来的快乐是一种持续的状态，而欲求所带来的快乐是暂时的。如果这种欲求是违背人的本性的，甚至可能给人的快乐带来反作用，使人脱离本性，离快乐更远。脱离了道德引领的欲求快乐，并不能给人带来真正的快乐，"'乐者，乐也。'君子乐得其道，小人乐得其欲。以道制欲，则乐而不乱；以欲忘道，则惑而不乐"③。可见，放纵欲望不是快乐，违背人道德本性的放纵并不通向快乐。

四、儒家的义利观及其管理意义

道德快乐与欲求快乐，在儒家思想里，关系到义利观。道德近似于"义"，欲求近似于"利"。《论语》中说："不义而富且贵，于我如浮云。"④ "富与贵，是人之所欲也，不以其道而得之，不处也。贫与贱，是人之所恶也，不以其道而得之，不去也。"⑤ "志士仁人，无求生以害仁，有杀

---

① （战国）孟子，等. 四书五经 [M]. 北京：中华书局，2009：15.
② 詹世友. 先秦儒家道德教化的不同范型之分析 [J]. 哲学研究，2008 (2).
③ （战国）孟子，等. 四书五经 [M]. 北京：中华书局，2009：384.
④ （战国）孟子，等. 四书五经 [M]. 北京：中华书局，2009：17.
⑤ （战国）孟子，等. 四书五经 [M]. 北京：中华书局，2009：11.

身以成仁。"①《大学》中说:"国不以利为利,以义为利也。"《孟子》中说:"生,亦我所欲也;义,亦我所欲也。二者不可得兼,舍生而取义者也。"②"为人臣者怀利以事其君,为人子者怀利以事其父,为人弟者怀利以事其兄。是君臣、父子、兄弟终去仁义,怀利以相接;然而不亡者,未之有也……为人臣者怀仁义以事其君,为人子者怀仁义以事其父,为人弟者怀仁义以事其兄,是君臣、父子、兄弟去利,怀仁义以相接也。然而不王者,未之有也。"③

从这些论述来看,儒家主张"义"大于"利",如果管理上不注重激发人的道义,而只是以利益来激励人,会导致大家为了争利而工作。资源是有限的,而争利的心是无餍足的。在一所学校里,没有实行绩效工资之前,教师之间相互帮忙代课是比较常见的事,大家的关系也比较融洽。在实施了绩效工资之后,有两位教师却因为代课起了争执。有一次,一位老师家里有突发事情,需要马上回家,就请同事帮忙代一节课。代课老师的课刚上到一半,有事的老师急忙处理好家里的事情返回了学校,上了后半堂课。按照学校的制度,每上一节课有一节课的绩效工资,事后两位老师就为绩效工资应该给谁争得不可开交。正如儒家所说"放于利而行,多怨"。

利的特点是具有排他性,一样东西给了甲就不能再给乙,就导致容易产生利益争夺;但义是没有排他性的,甲成为一个讲道义的人并不会妨碍乙成为一个讲道义的人,甲做有道义的事并不会妨碍乙做有道义的事,不同的人之间还可能相互赞赏、相互促进。在上述例子中,如果不讲利,只讲义,有助于形成相互帮助的氛围,在工作中的代课问题就都可以迎刃而解。但是,如果不讲义,只讲利,一个老师代课没有拿到钱,其他老师都记在了心里,觉得代课是一件没有利益的事。若这位代课老师拿到了绩效工资,以后老师们可能也要在内心里盘算着拿代课绩效,工作的动机就不一样了。形成思维习惯后,没有利益的事情就都不想干了,而在组织里可能有很多非常规工作,是没有明确的利益回报的,找人做这样的工作就会越来越难。

儒家主张"重义轻利",但并不是完全放弃"利",而是以合理的方式获得"利","君子爱财取之有道",只要符合道义,不反对获得"利",反对的

---

① (战国)孟子,等.四书五经[M].北京:中华书局,2009:34.
② (战国)孟子,等.四书五经[M].北京:中华书局,2009:105.
③ (战国)孟子,等.四书五经[M].北京:中华书局,2009:108.

是见利忘义。

第三节 教师的理想追求与道德激励

在中华传统文化里，教师是"传道授业解惑"的人，本身就应该具有较高的道德品质，中国社会有尊师重教的传统，教师也会对自己有较高的道德要求。尽管教师队伍中有一些不尽如人意的情况，但是，整体来说教师队伍是有责任心的，能够尽力为学生的未来和国家的教育事业担负起责任。整体来说，教师本身就具有较高的道德品质，管理应该顺势而为，帮助教师进一步提高道德品质。道德激励不是道德绑架，而是要按照教师自发自愿的原则，给予支持与理解。

一、对国家教育事业的责任感

中国人普遍具有爱国主义情感，有为国家繁荣昌盛作贡献的责任感。1999年，我正在读高中，当得知我国驻南斯拉夫大使馆被炸的消息时，我们全班同学都哭了，大家正面临着高考报考选专业的问题，每个人都在想国家需要什么，最后大家报考的专业五花八门，但是，我相信每个人都下了决心，将来要在自己的工作岗位上为祖国作贡献，要让祖国更加繁荣昌盛。爱国主义情感，看似很高远，实则根植于生活的点滴之中，所有情感都要以某种方式去表达，当一个人在心里产生爱国主义情感时，也意味着他要在自己的实际行动中，做自己认为对祖国有利的事。对我来说，我的选择对于国家来说可能是无足轻重的，但是，我的每一个相关选择都要考虑国家和人民的需要。后来，我们班有几位同学当了老师，我相信大家为祖国作贡献的心一直都在，因为当了老师的人，会把自己的力量贡献到祖国的教育事业中。这是我和同学的故事，我相信每个中国人都有自己的爱国情感与故事。我在北京师范大学从事教师工作，有机会接触很多将来想当教师的学生，以及很多正在从事教师工作的人，大家也都普遍具有对祖国教育事业的责任感。

有些管理者以为爱国主义情感太高远，进入不了个人具体的工作中，其实不是的。所有大成就的取得，最后都要落实到具体人的具体工作上，中国在国际上遭遇了科技封锁之后，很多科技领域都迅速实现了突破，有很多科技人员背负着为国为民的使命感在加班加点工作。这就是爱国主义精神在激励着每一个群体中的人。教育管理者应该明白，对老师的激励不是只靠评职称、评奖及绩效工资，老师对教育事业的责任感、对国家民族的责任感、对自己工作单位的责任感等，都可以成为激励要素。

二、对优秀教师的情感共鸣

中国有很多为教育事业呕心沥血的教师，这些教师也可以通过情感共鸣激励其他教师。云南丽江的张桂梅校长，为了大山里的孩子能获得良好的教育机会，奉献了自己的全部，她的光辉事迹激励了无数教师。

不是只有像张桂梅校长这样的典型才能激励教师，每所学校可能都有自己的感人故事，把这些故事整理出来，广而告之，就可以成为对教师的激励。像我前面提到的老教师捐一两年工资为学校建教学楼的事迹，就在激励着学校的青年教师。

三、对孩子未来的责任感

一个好教师，可能会改变一个学生的一生。很多教师是带着对学生一生负责的心态在教书育人。从前中国经济困难时，有很多教师用自己的工资资助学生，希望他们能够完成学业。为孩子的一生负责的责任感，也在激励着很多教师努力工作。

四、对自我人生的价值感

很多教师都是带着教书育人的理想走向工作岗位的，教书育人是其人生价值所在。能够帮助学生获得良好的发展，教师会获得一种成就感，这种成就感不是外在激励可以实现的。尊重教师的理想，帮助他们成为理想中的自己，也会成为对教师的激励。

第四节 师德培养

教师的师德对教育有着特殊的意义，师德培养是教师管理的重要工作。教师群体的整体师德水平还是很高的，所以，师德高尚在大家看来是寻常，但是，师德失范的危害性却非常大。

一、法制教育不能等同于师德培训

一些师德培训主要是介绍师德败坏者如何被惩罚，以警戒作为师德培养的重点内容。如果不正当行为是普遍存在的，或许可以使用以警戒为主的培训内容，但是，如果不正当行为并不普遍，最好是以正面的榜样引领为主，让大家树立更高远的目标，而不是遵纪守法就可以。我相信大部分教师都是师德尚可的。师德败坏者有，但仅是少数。在这种情况下，如果师德培训是以少数负面例子警戒教师，相当于是法制教育，反而可能拉低教师对自我要求的标准。

二、德政与教化管理是培育师德的方法

通过课堂讲授的方式进行师德培训，有时候是"头上安头"，效果不一定好。而德政与教化管理，可以融入学校的日常工作中，是自然而持久的师德培训。德政是领导者以身示范，修己安人，并给教师充分的道德成长空间。教化管理是以教化的方式影响人的认知、情感、态度等，是对人的根本性与整体性进行影响。中国传统文化讲究"隐恶而扬善"，警告禁止恶的东西，可能是扬汤止沸，而宣扬善的东西，才是釜底抽薪。

三、师德培训应符合教育规律

师德培训也要符合教育规律，比如，要符合"导之以德，齐之以礼""知行情意"统合的教育原理等。师德培养应注意以下几个方面：一是教师树立了什么样的道德标准；二是教师是否会产生情感共鸣；三是教师会采取什么样的行动。

第十一章 教师的情感激励

西方经济学与管理学的重要假设是理性人,但是,人不只有理性的一面,也有感性的一面。情感关怀可以影响人的思想、行动等,既然可以对人产生影响,那么,情感关怀就可以成为激励方法。

人的情志状态其实是影响工作状态非常重要的因素。前文介绍过,"情意"是"知"与"行"的桥梁,教师的行为也是要以情意为基础的。情志是一种生产要素,一个情绪不好的人,不仅自己的工作难以很好完成,还可能给周边的同事带来负面影响。一个人在积极情绪中所拥有的创造力是在消极情绪中所不能比拟的。此外,情志也关系到个体的生活品质与幸福感。

第一节 情感激励的特点与效果

情感激励具有有效性、外溢性、多元主体性、持续性、双向性、经济性、自我激励性等特点,在特定情境下,情感激励可以达到良好的效果。

一、情感激励的特点

有作用力就一定有反作用力,一个人的内心一旦产生某种情感就像发生了一个作用力,这时就会有一个反作用力来回应。积极的情感必然有积极的回应,消极的情感必然有消极的回应。这种回应的必然性,使得情感激励成为可能。

情感激励的有效性。情感关怀是从人的情感需要出发,以满足人的情感需要达到激励目的。每个人都会有一定的情感需要,当组织能够满足这种情感需要时,就相当于为员工提供了有价值的回报,必然会产生激励效果。

情感激励的外溢性。当组织关心一位员工时,其影响不仅会发生在这个被关心的员工身上,还可能影响其他人。其他人会相信自己在同样的情境下也会得到同样的关心。组织对个别员工的关心可能激励所有员工。

情感激励的多元主体性。在组织文化比较好的情况下,同事之间也会相互关心。这种同事之间的相互关心,也会有一部分指向对组织的好感。所以,同事之间的私人关系好,也可能有对组织的产出作用。物质激励只能由组织提供,但是组织的每一个人都可能是情感激励的主体。

情感激励的持续性。对于物质激励来说,当激励消失后,其激励作用也会很快消失,但是情感激励却可能以回忆的方式,重新被唤起,发挥持续的激励作用。

情感激励的双向性。付出情感,付出者本身可能并没有"损失",在付出的过程中,也可能获得情感回报。物质激励一般是"零和博弈",有人得到就有人失去,而情感激励可能是"双赢"。

情感激励的经济性。情感激励是付出爱心。从经济角度来看,这种付出可以是无偿的。当然,有时候为了表达关怀,也要付出一定的经济成本,但很多情感的付出是不需要经济成本的,所以,情感关怀作为激励方法,具有低成本的经济性。

情感激励的自我激励性。情感激励作为一种"软"激励,不能对人提出明确的硬性要求,而是要靠接受情感关怀者自己去决定。其发挥作用至少需要两个环节:一是情感关怀使员工产生积极的情感体验;二是员工的积极情感体验转化为工作行动。这两个环节是靠员工自己完成的,具有自我激励性。

二、情感激励的效果

张桂梅校长在做普通老师时,就特别关心学生,学生家长及当地百姓也特别认可张老师。在得知张老师生病需要住院做手术后,有的家长上山采草药给张老师,有社会人士为了省下车费捐给张老师治病,自己走20里路回家⋯⋯张老师当时就下决心,要报答当地百姓的恩情,这大概也是激励张老师无私奉献的一个动因。在这个案例里,情感激励就发生在老师、学生、家长与社会人士之间。有时候其他主体之间的情感激励,可能由于脱离了利益关系,有比管理者所给予的情感关怀更好的激励效果。

我曾看到有些老师有强烈的工作意愿,也有足够的才华,可就是做不出成绩。我开始觉得很奇怪,后来发现问题出在情绪上。有些人的情绪状态是很脆弱的,压力会让他们感觉非常焦虑,难以安心工作。如果领导对这样的人采取施压的方式强硬管理，他们就完全无法进入工作状态；如果能改变领导方式，以安慰鼓励的方式温柔管理，让他们安心地发挥出自己的才智，效果会完全不同。

管理与教育都是非常需要对人性与人心有细微把握的，可能是在一瞬间感知到对方的期待、恐惧等，并在感知到的同时给予同情、安慰。管理的主要对象是人，而人是有情感的，情志状态是影响工作状态的重要因素。很多管理忽略了对人的基本关怀。

三、情感激励的要点

1. 成为自己人

有一位校长，一次正好撞见一位老师说自己坏话，这位老师认为校长会打击报复自己，从此就处处与校长作对。其实，校长对于老师说自己坏话的事并没往心里去，有一次看到老师有困难，主动帮助了这位老师。老师特别感动，因为校长不但没有怨恨自己，还主动帮助自己。从此，这位老师就开始处处维护校长。很多时候，人并不是理性的，而是感性的。这位老师之前处处与校长作对，到后来处处维护校长，都是出于感性，而不是理性。人往往有这样的特点：一旦在感情上觉得谁是自己人，就可能处处维护对方；一旦在情感上觉得谁是自己的"敌人"，就可能处处诋毁。作为领导者，是要赢得拥护，而不是接受拥护。对于那些暂时并不拥护自己的人，也要有宽广的心胸去面对。人都是可以改变的，领导者赢得下属的拥护，相对于下属赢得领导的赏识要容易得多。

2. 出于真诚

虽然情感关怀可以作为激励工具，但是只有真诚才能发挥作用。唯有真诚才能打动人心，才能经受考验。如果学校不能真诚地对待老师，也不会得到老师的真诚支持。如果感情不是真的，激励的效果也不会是真的。

3. 与物质激励相辅相成

情感激励与物质激励是相辅相成的，如果在物质上亏欠了员工，员工自然会产生不满心理，这种不满心理是多少情感关怀也难以弥补的。如果组织在物质上没有亏欠员工，又能给予适当的情感关怀，就可能如虎添翼。

四、情感激励与道德激励的关系

"格物、致知、诚意、正心、修身、齐家、治国、平天下"八条目是修身过程，也是道德成长过程，蕴含了道德激励需要遵循的规律。其中的"诚意、正心"与情绪密切相关，可以认为情感激励是道德激励的组成部分，可以独立发挥激励作用。在进行情感激励的同时，如果还能进行道德引领，可能会发挥更好的激励效果。以共同崇尚的"道义"凝聚起来的情感，才具有稳定性。

第二节 使学校成为教师的情感归宿

在中国社会，很多教师都是终身从事教师事业，还有很多教师是终身都在一所学校任教。如果学校能够成为教师的情感归宿，既可以提高教师个人的幸福感，也会提高其工作积极性与主动性。

一、使师生情感成为教师的工作激励

有一位小学班主任，她说自己每天的工作特别忙，学校有很多让她觉得不可理喻的要求，有时候让她感觉心力交瘁，真是不想干了。但是，一看到自己班里天真可爱的孩子们，那么热烈、真诚地喜爱自己，就觉得再苦再累也值得。老师与学生是有情感互动的，学生喜欢老师，老师也喜欢学生，他们在一起的时光是美好的，这种对学生的喜爱可以成为对教师的激励。学校不应该激励教师去为名和利工作，而是要保持他们对教育、对孩子的自然热爱，为他们实现人生理想提供平台。

有一位班主任，在学生临近重要考试时突然昏迷，班级学生不希望学校安排其他班主任，就集体商议进行自我管理，学生能够自觉遵守纪律、自觉奋发学习，并自发排班去照顾老师。老师恢复健康后，以极大的奉献精神对待自己职业生涯中的所有学生。有人问他为什么这么拼命工作，他说是学生给自己的情义在鞭策着自己。那些来自学生真心的情义，是对老师最好的激励。

学校应该想办法促进师生建立良好的关系。有些学校的制度对师生关系有破坏性，比如，学生犯了错直接扣老师工资；有的学校只把班级评分作为参考，并直接作为评价教师绩效的依据。学校可以考虑设计一定的"减免额"，只要班级扣分不超过一定的标准，就不影响教师的绩效评价。这都有利于保持良好的师生关系。要让老师体会到与学生相处的快乐，乐于关心学生，

与学生在一起是一种享受,而不是委曲求全。

二、同事间的情感

对于一些规模比较大的学校,不是每个老师都有机会经常接触领导,但是每个老师都有经常接触的同事。同事关系良好有助于创造良好的情绪,良好的情绪对做好工作是有帮助的;反之,同事关系不好,大家在一起感觉不愉快,就会对工作造成负面影响。我作为一名普通老师,接触的主要是身边和自己一样的普通老师,我被自己的同事感动过很多次,我因为喜欢自己的同事,而喜欢自己的单位。我在学院也承担一些服务性工作,自己职责范围内的工作事无大小,我都是尽心尽力去做。这些建立在对同事和单位认可的基础上。有些单位,通过制造同事间的矛盾以达到竞争增效的目的,是得不偿失的。

教师之间的和谐也会对学生起到示范作用。学生的生活空间是相对狭小的,能够接触到的事物有限,当坐在自己的座位上,看到自己不同学科的教师在愉快地交流,也可能在内心里生发出愉悦感,这也会对学生之间的交往起到示范作用。

三、教师对学校的情感

有时候教师的情感不一定指向具体的人,而是指向组织,是对组织使命的认同。我作为北京师范大学的一名教师,虽然是非常普通的教师,每当想到历史上有那么多值得尊敬的人曾在这里为教育理想而奋斗,我内心都会生发起一种责任感,更加坚定我努力做自己认为有意义的工作的决心。这不只是我个人的情感,有很多同事都有这种情感共鸣。大家私下讨论说,学校真正的发展,并不在项目经费与成果发表的数字里,而是在能真正增加社会福祉的思想里。我有几个对中国传统文化非常感兴趣的同事,大家都是无名小卒,却期待能够建立起以中华传统文化为特色的"京师学派"。虽然我不能保证自己做得有多好,但是,我在为此努力,这不是名利可以诱惑与动摇的。

第三节 教师的职业动机

很多人选择教师职业,是具有职业情感与动机的。教师不只是在为组织工作，也是在为自己心目中的人生理想工作。

一、教师的职业动机是其自然激励

每个人都有其人格特征与自然偏好，这可以认为是自然动机。在自然动机影响下会有自发行为，这就是自然激励。有的人职业选择就是基于人格特征与自然偏好。很多选择做教师的人，本身就有对教育事业的热爱，有教书育人的情怀。对于这样的人，即使没有任何外在激励，他们也会有自发的利他行为，这就是自然激励。组织与管理者如果能够顺应员工的自然动机，对其给予鼓励与提升，就可以达到事半功倍的激励效果；如果完全破坏掉其自然动机，重新提供一个新的动机，就可能事倍功半。

在一所学校里，常规工作老师们完成得都很好，有一位有爱心的老师，发现孩子们对性别的认识有一些误区，主动提出想对孩子进行性教育，得到了学校的支持，她的工作反响特别好，后来其他老师也自发参与，甚至有些家长及社区里的医生也参与进来。在这个过程中，参与者都是出于帮助孩子的爱心，他们付出了爱心，收获了孩子的成长。对于个体来说，做的事情有价值、有意义，做这件事本身就是奖励；组织给予肯定、支持，提供了平台，在可能的情况下给予一定的外在奖励。重要的是学校为老师营造了一种氛围，让老师有这个热情做有意义的事。

学校不是激励教师为名、为利努力工作，而是要保持他们对教育、对孩子的自然热爱，为他们实现人生理想提供平台。不是用名利消磨、替换他们对教育、对孩子的热爱，对工作的热情，而是要想办法解决职业倦怠问题。"万物并育而不相害，道并行而不相悖，小德川流，大德敦化。"能让那些好老师做好自己的本职工作，还能让在自己本职工作的基础上愿意付出更多的老师，也得到支持，这就是好的管理制度。老师的热爱与激情不是时间消磨掉的，是不合理的管理制度消磨掉的。

二、激励偏差可能导致良好自然动机被替代

很多教师的自然动机就是教书育人，在管理上，也要注意使教师的动机保持在培养好学生、培养社会主义的建设者与接班人上，而不是评职称、发论文、拿绩效奖金。有人可能会觉得，评职称、讲公开课、发论文、拿绩效奖金等与学生培养得好是等价的，所以，考核前者就是在促进后者的实现。这些间接目标确实对促进直接目标的实现能发挥一定作用，但事实上对间接

目标的追求,可能与培养学生没有直接关系。间接指向的替代目标,总归是没有直接目标来得准确,还可能产生一些负面作用。在一所中学里,在没实行绩效工资之前,各科老师都抢着上自习课,都希望能够帮助学生提高自己所教学科的成绩,有时候班主任也会根据自己班学生的成绩请某科老师上自习课,被邀请的老师也都会欣然应允。在实行了绩效工资后,自习课就不再有老师上了,大家觉得没有绩效工资的课何必要上,班主任也不好意思再请老师来上课了。当然,这种结果并不是说绩效工资本身不好,但是,我们可以从这个案例中看到,激励偏差导致自然动机被替代所产生的后果。

在没有任何外在激励的情况下,一个自主选择了教师职业的老师,他的自然动机一般来说就是对学生好、培养学生。外在激励一旦多起来,教育的动机也就更多样化了,除了培养学生,还增加了评职称的动机、获得更高绩效工资的动机等。一旦相应的制度开始执行就要越来越细化,所有工作都要有制度规定并有相应激励才有人做。一旦组织提出对某些工作任务的奖励,教师工作任务就具有了差异化的特性。这项工作有绩效工资,那项工作没有绩效工资;这项工作有利可图,那项工作无利可图。没有绩效奖励的工作就没有人愿意做了。然而,对于一个组织的整体运转来说,每一项工作都是需要有人做的。为了便于管理,就要在绩效考核方案上不断地增加条目。

管理者一定要注意保护人的自然动机,不要过度使用"有为"的激励,使人偏离自己本有的对组织、对社会有益的动机。

三、引领人的动机

动机与行为一样重要,甚至比行为更重要。因为行为可见、可监督、可培养,但是动机却具有隐蔽性,不容易被察觉。在人才选拔及使用过程中,不能只看行为,不看动机。尤其是一些难以从外部监督的工作,其动机更重要。

靠物质激励的方式激励员工,如果员工本身也是为了利益而工作,那么只要有其他单位提供更好的待遇,员工就很可能跳槽。很多高校高薪引进的人才,可能没过多久就被其他高校以更高的薪资给挖走了。有些中小学倾尽全力培养的特级教师、骨干教师,拿到称号后马上跳槽到了待遇更好的学校。因为物质本身是缺乏差异性的,其他单位给钱与本单位给钱是同质的。如果学校能为老师提供良好的文化氛围、和谐的人际关系、充分的情感关怀、实现人生理想的平台等,并引导其向这些具有差异化性质的因素倾斜,就更可能留住老师。

第四节 学校应重视教师的情绪

情绪是重要的生产要素，学校应该重视教师的情绪，尽力少做破坏教师情绪的事，并为有需求的教师提供自我情绪管理支持。

一、教师的情绪会影响工作状态

在一些学生管理案例里，有教师自己失去理智，发泄自己的不良情绪的情形。有些不良情绪可能是由学生引起的，还有些不良情绪可能是教师在整个工作过程中积累的。这些无法宣泄的不良情绪压抑已久，学生的不良行为可能只不过是"压倒骆驼的最后一根稻草"，使老师暴躁地宣泄出来。对于这种情况，从严处理的管理制度发挥作用的空间很小。事后老师自己可能会后悔，但是，后悔也于事无补。教师唯有保持良好的情绪，才是解决之道。

学校不能仅以事务为核心，认为只要各项事务完成了，就是工作做好了，而是要关注教师的情感与心理，这才是学校长远发展的关键因素和核心因素。学校不仅要注意教师的负面情绪，还要努力为教师创造积极情绪。很多时候，工作能否完成好，不取决于工作能力强不强，而是工作热情够不够。

二、一个教师的情绪可能会影响很多教师

学校对一个教师的态度，可能影响其他教师的工作积极性。在一个案例中，一位教育学生的青年教师，被家长无理投诉，校长为了息事宁人，就要求老师向家长和学生道歉，老师觉得自己没有错，不应该道歉，就坚持不道歉。校长示意老师如果不道歉，就要辞职，最后这位老师选择了辞职。老师的很多同事都为她抱不平，觉得她没有错，刚刚考取了编制不容易，不应该辞职。这位青年教师觉得，如果这样做一辈子老师，并不是自己想要的生活，她不想为了混口饭吃而委曲求全地生活，凭借自己的能力，还可以有其他选择。这位校长的做法，不仅伤害了这位青年教师，导致了人才流失，也伤害了全校很多老师的感情，打击了大家教育学生的积极性。

三、互联网时代教师情绪的蔓延性

情绪是具有蔓延性的，在互联网与自媒体时代，这种蔓延性发挥作用的

范围越发广泛。在前面提到的案例里，不在这所学校工作的老师，听到了这样的事情，工作热情、职业认同感都会受到消极影响。在这个互联网时代，我们不能孤立地看待那些影响教师情绪的事件，因为这些事件的影响范围可能是超出想象的。一个老师被不公平对待，不仅会影响他周围了解这个情况的老师，还可能通过互联网的传播影响更大范围内的其他老师。所有负面情绪又需要时间和精力去消化，会极大地影响工作积极性。尤其是类似的事情多了以后，可能对整个教师群体造成消极影响。

第十二章 无为而治与教育管理

在前面的章节中,我们主要是从儒家文化思想看教育管理,本章我们将从道家文化思想看教育管理,道家管理思想有独有的特色和管理价值。本章主要根据《道德经》的相关内容,来分析道家无为而治的管理思想对教育管理的启示。

第一节 无为而治的管理思想

按照道家的辩证思想,"有为"的管理难免会带来不良影响,为了避免这种不良影响,道家提出了无为而治的管理思想。在《道德经》中,这一管理思想的各要素之间是相互支撑的,构成了管理思想体系。下面我们来分析各个管理要素。本章的部分内容在《中国人文管理学实践》一书中有更详细的论述。

一、无为而治管理思想体系

道家的管理思想以无为而治为特色。"无为而治""其民自治""功成身退""以柔克刚""不知有之"这几个方面是相互支撑的。道家有"有无相生"的辩证思想,在这样的思维方式里,管理是一把"双刃剑",所有管理行为在产生积极意义的同时也会带来消极影响。为了消弭这种消极影响,最好的方式是"无为而治"。"无为"不是"不为",而是把作为的权力授予"最优行动人"(被管理者),从而实现"其民自治"。"无为而治""其民自治"是管理方式,是通过给予员工充分的授权,充分发挥员工的聪明才智、充分利用员工所掌握的信息、充分激发员工工作的积极性。如果想在作为阶段或者生产阶段实现"无为而治"与"其民自治",那么在分配阶段,管理者就需要"功成身退"。"功成身退"是分配方案,是让被管理者享受其创造的成果。"功成身退"是指在成绩与荣誉面前、在奖励与工资面前,充分肯定劳动者的付出,不抢人之功。在引导被管理者的方式上,要采取"以柔克刚"的方式,进行平等的沟通对话,而不能强制要求,否则会打击被管理者的主动性与积极性。在以上几点都能满足的情况下,就可能达到"不知有之"的管理境界,被管理者虽然在按照管理者的意愿行事,但却感觉这是出于自己的意愿,而不是管理者的要求,"太上不知有之"可以认为是衡量管理的标准。只有"无为而治""其民自治""功成身退""以柔克刚"等几个方面都满足,才能达到"不知有之"的管理境界。可见,道家管理思想有一套自己的完整体系,体系内部的各要素之间是相互支撑的,具有互补性。

二、无为而治的管理价值

在很多管理者心里,依然有根深蒂固的思想,即鼓励做的事就奖励,禁止做的事就惩罚,把管理简化为制定奖惩制度。这好比木匠给了学徒一个锤子,教他如何钉钉子,在这个学徒眼里,所有东西都仿佛是一个钉子,认为只要用锤子砸就能解决所有问题。殊不知管理远非这些,如果不能看到人的复杂性、人的情感与心理、人的精神需要,管理就永远难做好。下面我们就无为而治的管理内涵进行简单讨论。无为而治的管理内涵对管理者克服"制度依赖症"会有所启发。

消弭反作用力。每一个作用力都会有一个反作用力。当管理者去指挥被管理者时,作用力与反作用力之间是抵制关系,会化解彼此的力量。无为而治可以化解这种抵制作用,表面上只有下属的一个作用力,暗中有上级的一个作用力,两者之间不存在抵触作用,形成了完美的合力。当两者必须正面对峙的时候,道家采取了"以柔克刚"的方式,管理者不是以自己的权力去指挥下属,而是以退为进,把下属的诉求和福祉放到前面,提高下属的主人翁意识和能动性。

减少机会成本。管理者往往只看到一项工作要求及其相应的工作成果,而忽略了为达到这些工作成果须付出的成本代价。这项工作所占用的时间,也许挤占了做更有意义的事的时间。比如,前文提到过,对教师的具体工作要求增加时,首先挤占的可能就是教师与学生的情感交流时间,教师与学生的情感交流无法考核、无法评价,但对于学生的成长来说却非常重要。无为而治的过程中,下属可以根据自己所了解的情况,对时间精力做最优的安排,最重要的事情可能被投入最多的时间。

充分授权。无为而治是一种授权。授权有助于激发员工的工作积极性与创造性。如果员工有权力去决定自己的工作，那么他们就有积极性去思考如何更好地做好工作。

克服制度的局限性。制度总是不完善的，可能在一定范围内达到效果，但可能也限制了最优结果的产生。制度规定往往具有僵化性，很难让人根据具体情况做出最优选择，制度越多可创造的空间越小。

三、实现无为而治的必要条件

无为而治在管理领域有重要的价值，但做到无为而治需要满足以下几个必要条件。

个人目标与组织目标一致。怎样让员工为单位工作像为自己工作一样呢？利益的一致性、情感的认同性、思想的统一性都是比较重要的因素。在管理中，统一思想非常重要，一旦实现了思想统一，每个人的想法都与领导者的想法一致，每个人就会像领导者那样去决策、去行动，即使没有监督，下属也会按照组织的利益去工作。怎样使个体目标与组织目标一致，这需要在整个管理过程中进行把握。人才选拔、组织文化、同事关系、管理方式等都有影响。组织要尊重员工个人的目标，适当为员工个人目标的实现提供一定的支持。在很多情况下，个人的成长与组织发展具有利益一致性。目标一致，一方面是员工的目标与组织的目标相一致，另一方面也包含在适宜的情况下，组织能够有意识地去成全员工，满足员工非组织相关的目标。表面上看，组织似乎是吃亏了，在做没有回报的付出。实际上一旦员工形成了对组织的认同感，就会更努力工作，更乐于做对组织有利的事。从这个意义上说，"功成身退"的分配方案，让员工享受到自己的劳动成果，是个人目标与组织目标保持一致的基本保障。

第二节 适度的管理强度

无为而治是需要条件的，现实中想做到彻底的无为而治有很大难度，不同组织可以根据自身的情况，选择适宜的管理强度和适度的管理措施，为一定程度的无为而治创造空间。管理中经常使用激励方法以提高下属的工作积极性,那么,激励强度是不是越高越好呢?我们以教育领域的论文发表激励来阐释过度激励的危害。惩罚是不是越严越好?我们以考勤制度来说明惩罚并不是越严越好。

一、激励过度的危害

激励过度可能导致资源投入的错配,使资源主要投入有回报的工作中。比如,在高校管理中,对教师的考核中科研成果的比重非常大,因为科研成果容易计算,很多学校评职称、发绩效奖励的关键影响因素都是科研成果。教学成果因不太好计算,就成了一个基本因素,只要满足一定的教学工作量就可以。科研成果的考核,质量也难以测量,于是就成了对论文篇数的考核。这就容易让人忽略教学工作和研究成果的质量,只看重数量。对科研成果的过度激励,还可能让本来应用到其他领域可以产生更大效益的资源都集中到过度激励的领域。为了获得成果,人们可能不愿意承担大的风险,而只是从事容易获得可见成果的工作。如果考核的周期比较短,人们就只能做短期内容易出成果的研究。有些创新性的重要研究,因出成果的周期可能比较长,而被放弃。研究者可能把更多的时间和精力投入短期目标,而忽略了长期目标。

对非重要因素的激励会挤占重要工作的时间。有了激励以后,大家就都在做有回报的事。有回报的事不一定有意义,有意义的事不一定有回报。这样造成的后果可能是,奖励给了做了没有意义事情的人,而有意义的事情却没有人去做。

激励过度会导致目标替代,目标替代一旦完成,就会代替原有的实质目标。比如,对于高校科研来说,发表论文本身肯定不是终极目标,终极目标应该是以创新推动社会进步。然而,创新水平和创新程度是难以测量的,进而难以评估,所以评价者就应用了替代方案,即将论文发表情况作为科研贡献的衡量标准。这样的制度一旦形成,"发表论文"的目标就替代了"以创新推动社会进步"的目标,即使对社会毫无价值的研究,只要能发表论文,就会有人去做;即使对社会很有价值的研究,只要不容易发论文,就少有人愿意做。

如表12-1所示,假如政策初衷是让人做有社会价值的研究,替代目标是能否发表成果,在目标替代的情境下,会产生两种逆向执行的情况:一种是政策初衷上鼓励做的事,但是由于不容易出成果,不能够得到很好的执行。

另一种是政策初衷上不鼓励做的事,由于容易出成果,所以被过度执行。在以近似目标替代终极目标时,应该对执行不足与执行过度两种情况进行适当的补救。在政策执行力度强的情况下,两种"执行充分"的理想情境的效果比较好,两种非理想情境的危害也随之增强。在政策执行力度较弱的情况下,两种理想情境的效果比较一般,两种非理想情境的危害也比较小。政策制定应该是在两者之间实现一定的平衡。从对现实的观察来看,大部分领导者善于运用强激励,而不善于利用弱激励,强激励与弱激励都是重要的管理工具,应该权衡运用。

表 12-1 目标替代情况下的政策执行效果

	容易取得成果	不容易取得成果
有社会价值	(鼓励,执行充分)	(鼓励,执行不足)
无社会价值	(不鼓励,执行过度)	(不鼓励,执行充分)

在政策制定与执行过程中,应该把握的要点:一是在制定考核目标时,尽量选择终极目标,如果终极目标难以考核,尽量选择与终极目标最接近,或者最能指向终极目标的替代目标。二是明确所考核的内容是终极目标还是近似目标,如果是近似目标,会产生哪些执行不足或执行过度的情况,针对两种情况分别制定补救措施。补救措施可以从两个方面考虑:①完善政策,对于执行不足的情况,制定适当的鼓励措施;对于执行过度的情况,制定适当的限制措施。②确定适宜的考核周期,考核周期越短,正向执行的效果越好,但是负面执行的危害也越大;考核时间越长,负面执行的危害越小,但是正面执行的激励效果也越小。政策制定者要综合权衡两种利弊,制定适宜的考核周期。在同等情况下,如果近似目标与终极目标之间的差异越大,考核周期最好越长一些。三是政策执行者在政策执行过程中,应该对终极目标与近似目标的差异有所认知,在具体执行过程中能够有效把握尺度。比如,对于高校科研考核来说,一些有社会价值的工作,由于不易发表论文,导致科研资源投入不足,可以补充一些考核方式,突出相关工作的价值;对于没有社会价值,但由于容易发表论文,导致科研资源投入过度的情况,可以在考核论文数量的同时,适当辅以实用价值、学术贡献等方面的考核指标。创新性强的研究,可能由于曲高和寡而并不热门,过度强调论文发表可能把学术带离真正能够推动社会进步的方向。

大学肩负着知识创新的社会使命,适当进行科研考核是有其必要性的。

但现在很多中小学教师都在积极写论文。在中小学教育中，教师发表多少论文应该不是终极目标。如果我们把学生发展看成教育的终极目标，可能最初人们看到进行科学研究有助于促进教师的自我反思等，进而提高其教育教学水平，于是，设计了这样的激励政策。教师取得科研成果，可以获得奖金，提高绩效工资，可以在评职称、评奖的过程中获得优势。本来科研与教育教学水平是一种或然关系，不是所有科研成果都能够转化成教育教学水平的提高。假设转化率为 1/10，进行 10 成的科研，其中有 1 成可以用于提高教育水平。在没有激励的情况下，只有那些对科研特别感兴趣的人或者有较强科研能力的人，才会投入科研中去；或者被认为有很大概率可以提高教育教学水平的研究项目，才会被研究。但是，针对科研的激励一旦确立，科研发表的目标就会替代教育教学水平提高的目标。不管对提高教育水平是否有帮助，只要可以发表文章就会有人进行研究，这实际上挤占了真正用于提高教育教学水平的精力和时间。当以提高教育教学水平为目标时，只有少数最有研究价值的项目才会被选择。当以发表研究成果为目标时，只要能发表成果就可能被研究。当然，发表成果的目标与提高教育教学水平的目标之间是具有一定重合性的，但是，两者之间的关系并不是必然的。期刊的偏好与办学主体的偏好很难一致，两者的差距越远，对期刊的迎合就越不利于教育实践。在科研考核过程中，如果以发表论文替换社会价值，就可能造成罔顾社会价值，而只看论文发表的情况，甚至还可能造成一些拉关系走后门、贪污腐败等问题的出现。

二、惩罚过严的危害

假设两种相同的情境，在这两种情境中，所有员工都没有迟到，所有员工都在上班时间的前 20 分钟陆续到达单位。但是，一种情境下没有惩罚性的考勤制度，另一种情境下有惩罚性的考勤制度。对于那些临近截止时间才到达的人来说，是有迟到风险的。在有惩罚性考核制度的情况下，人就会变得比较焦虑，整个上班的路上可能都处于比较担心的状态，即使按时到了单位，可能还需要点儿时间平复一下自己刚才焦虑的心情。反之，在没有惩罚性考核制度的情况下，人就会比较淡定，不容易为晚到感到焦虑，到了单位直接进入工作状态。对于那些从来不迟到、没有发生迟到风险的人来说，这些惩罚性规定其实也是有影响的。很多老师都有梦见自己上课迟到的经历。就我个人而言，作为教师，我至今还没有过上课迟到的经历，但是每学期开学几乎都会梦见自己上课要迟到了,在梦中很着急。我会提前到达教室,整体来说,平时自己到达教室的时间比适宜的时间会早一些。如果没有惩罚性规定,我的时间可能把握得更好一些。既不会耽误上课,也不会浪费时间。没有人愿意上班迟到,如果迟到了,除了起床晚了,可能还有其他不愉快的原因。我们可以试想一下,一个因为一些个人的不愉快经历而迟到的员工,到了单位后又受到单位的迟到惩罚。这无疑是雪上加霜,双重打击之下,他这一天的工作状态恐怕都不会好。当然,每家单位实行考勤制度都有自己的合理性。这里的分析,主要是让大家认识到,一项制度在产生积极作用的同时,还可能产生哪些消极影响,以帮助政策制定者权衡利弊,制定出更合理的制度。

一项规定看起来使得大家都达到了要求,是一种"成就",但是会造成无形的成本。所以,能用文化解决的问题,最好不要用制度解决,能通过与个别人的沟通解决的问题,最好不要通过制定约束制度来解决。从目前来看,我们有太多管理者太愿意随便出台制度了。

三、把老师还给学生——管理的机会成本与替代效应

在管理过程中,有些领导者往往认为,这项工作要做,那项工作要做。这其实忽略了机会成本与替代效应。不重要的事情要求多了,重要的事就做得少了。《孙子兵法》中的智慧可以给我们以启发,"识众寡之用者胜"[①]"故备前则后寡,备后则前寡;备左则右寡,备右则左寡。无所不备,则无所不寡。寡者,备人者也;众者,使人备己者也"[②]。如果要求太多,大家可能缩短做重要事情的时间去做那些不重要的事。

老师要做的事情太多,就没有时间与学生相处,就没有时间关注学生,就难以发生真正有效的教育。如果老师知道学生爱吃什么零食,知道学生家乡的风俗,知道学生喜欢看什么书,知道同学之间是什么样的人际关系,知道学生与父母的关系情况,等等,就可以建立更好的师生关系、更好地教育学生。老师用心去了解、去感受自己的每一个学生,感受他们的情感,了解他们的态度和学习上的困难,老师自己就是工作上的专家。

近年来,有情绪问题的学生数量有所增加,在情绪成为不得不干预的问

---

① (春秋)孙武,曹操,杨丙安,等.十一家注孙子校理[M].北京:中华书局,2016:75.
② (春秋)孙武,曹操,杨丙安,等.十一家注孙子校理[M].北京:中华书局,2016:148.

题前,没有人发现这些学生的情绪问题并予以帮助,当他们的情绪到了不得不干预时,做学生工作的老师、班主任、家长、同学等就都登场了。在一些大学,即使一些教师想与学生多交流,也会感觉自己缺乏"合法性"。学生都在为获得奖学金或保研资格而努力,没有太多时间搭理不能给他们带来名利的老师。师生之间除正式接触之外,少有非正式接触的途径和渠道。以事务为主要框架的制度安排,使每个人都嵌入正式事务之中,人与人之间的关系也成了正式关系,很少有非正式的接触机会。很多情况下,一个非正式的交谈或许更合适。有一位在学院里负责本科生培养的老师,通过一些途径得知自己学院的一个女生情绪状态不是很好,她很想帮助这个学生,但是却感觉无从下手。如果接触这个学生,没有非正式的途径,只能正式约谈,而一旦正式约谈,就可能给学生造成很大的心理压力,这种心理压力的影响可能比学生本身的情绪问题更大。最后,老师只能让这个女生身边的人多关注她,自己没有办法采取具体行动。以功利性目标为指向的学生管理与教师管理,已经严重压缩了师生之间的非正式交往空间,也压缩了很多教育空间。

很多高校,学生的专业培养由导师及任课老师负责,其他方面都由学生处负责,其实只能是保证大家"不出问题",能给予学生的关注十分有限。如果所有老师都能对学生培养负责,学校给学生和老师创造更多的接触机会,使老师能够随时对学生"望、闻、问、切",及时发现学生的情感与思想问题,并予以指导与帮助,学生的培养质量可能会得到极大改善。这是一个系统性问题,很多高校的学生培养是以"学术产出"为导向的,向学生要成果、要绩效,而不是以学生的人格完善、道德养成、情志平和、能力提高等为导向的。此外,教师队伍的素质也有待提高,很多教师的甄选并不看他们的人格及其对学生的教育能力,也不是看他们的真实学问,而是看他们能发多少文章。教师的主要精力也用到发表成果上,无暇多关注学生,关注也主要是关注学生能出什么成果。

第三节　无为而治管理思想对教育管理的启示

无为而治的管理思想,对当今中国的教育管理实践有重要的参考价值。

一、有无相生——管理从来都是"双刃剑"

"有无相生,难易相成,长短相形,高下相盈,音声相和,前后相随",① 这是《道德经》中的辩证思想。这种辩证思想警示我们在教育管理中,既要看到管理的积极作用,也应该警惕其消极影响。我们应该认识到,在管理中,任何一项管理方面的政策措施,都是"利"与"弊"相对相生的,不存在只有"利"而没有"弊"的政策。在准备采取一项有利政策时,一定要充分考虑其可能的弊端。

在现实中,我们往往只看到一项管理措施的积极意义,而忽略了其可能带来的消极影响。也就是说,我们往往看到了"有"的一面,而忽略了"无"的一面;往往看到了"利"的一面,而忽略了"弊"的一面。每一项政策措施无疑都有其积极意义,但肯定也有其局限性,起码政策措施的实施有机会成本,是否应该采取某项政策措施取决于"利"与"弊"的权衡。比如,对于教学督导来说,"利"的一面是督促学校按照督导的标准去发展,"弊"的一面是学校为了迎接督导,可能做一些与提高教育质量无关的"面子工程",这样就挤占了学校做真正有意义的事情的时间。对于学校管理来说,学校往往出台一些制度规定老师应做的工作(如提交备课笔记),这样做"利"的一面是可以督促老师完成相关工作,"弊"的一面是使老师失去了安排自己时间的灵活性。对于教师培训来说,"利"的一面是为教师成长提供了潜在的抓手,"弊"的一面是可能培训的内容并不是教师需要的。以绩效工资的形式拉大教师间的收入差距,可能刺激教师之间的竞争而提高工作效率,但也可能破坏同事间的和谐关系,阻碍有效合作的可能。

"有无相生"的辩证思想告诉我们,在管理过程中,一定要充分考虑积极的管理方式可能带来的潜在"意外后果",管理可能并不是找到一种"完美"的解决方案,而是在各种利弊之间实现一种统筹全局的权衡。在产生"意外后果"时,也不至于对管理实践的意义进行全盘否定,应该明白,所有的收获都需要付出代价,管理也是一样。如果想通过某种管理实践解决某个问题,获得某种好处,就要有勇气接受其意外后果。每一项管理行为、管理制度等,在带来积极影响的时候,也不可避免地有其消极影响。作为管理者不能因为有消极影响就"坐以待毙",而是要有管理智慧去认识每一项管理制

---

① 陈鼓应. 老子注释及评介 [M]. 北京:中华书局,2009:60.

度与管理行为可能产生的消极影响，并采取积极措施避免或者减少这种消极影响。

二、无为而治——发挥全员的积极性

在理解了道家"有无相生"的辩证思想以后，我们应该知道，管理是把"双刃剑"，过度管理的负面作用甚至超过正面作用。管理者应该深刻理解，过度的规则、过度的管理所具有的破坏作用。如何避免这种负面作用，道家提出了"无为而治"的管理思想。

无为而治是一种授权。授权是现代管理学中的常用名词，授权涉及治理结构，有助于激发员工的工作积极性与创造性。例如，每一次决策都是校长说了算，时间久了教师就会放弃思考，就等着校长的指令，相当于用校长一个人的头脑代替全体教师的思想，教师就失去了工作的主动性与创造性。反之，如果给予教师充分的授权，他们有权力去决定自己的工作，那么，他们就有积极性去用自己的头脑思考如何更好地工作。"无为而治"是对人性的信任，相信每个人的能力与品格。

有些学校规定教师上课用多长时间导入、多长时间讲授、多长时间进行学生小组讨论、多长时间进行总结，使一些本来上课游刃有余的老教师，忽然不知道该怎么上课了。对课程教学的过多约束，可能忽略了教师的个人特征与学生的具体特点，虽然"规定"可能避免了最差效果的产生，但可能也扼杀了最优结果的产生。事无巨细的管理，否定了客观环境的不可预测性，也否定了人的主观能动性与创造性。我指导研究生的过程中，有这样的体会：如果我指导得很具体，学生就会做出我想要的样子，如果我不做具体指导，而只是告诉他要做这件事，他就会做出超出我想象的样子。

三、其民自治

无为而治是充分发挥下属的主观能动性。每一位教师在面对自己的工作时，都有对自己所处情境的独特理解，能了解一些独特的信息，这些信息不一定是可以用语言传达给他人的，却可能以一种感受的形式而存在，对解决问题有很大帮助。如果能够把权力交给具体负责该项工作的人，他可能做出最优的决策。《孙子兵法》里有这样一句话"将在外君命有所不受"，在两军交战的时候，形势瞬息万变，如果按照君主的命令去决策，一方面，信息传达会贻误战机；另一方面，君主也不是最了解情况的人，可能难以做出最优的决策。这也提醒我们，应该把权力交给最优决策人，而不是最高决策人。当然最高决策人具有最终的裁决权，不是不管，而是应该知道需要听取谁的意见。

每一项工作规定都会占用教师的时间和精力，可能会挤占教师用于教育教学的时间。一旦对教师提出过多的要求，教师就只能把时间和精力放到看得见的地方。公开课与常态课是有差别的，适当的公开课有助于教师提高教学水平，带动常态课教学水平的提升。但是，如果过分强调公开课，可能反而挤占了教师提高常态课教学水平的时间。针对学生的"教育教学"，以及自我学习提升教育教学水平的过程，往往是难以观测、难以测量的，进而难以评价，很容易被挤占时间。无为而治的情况下，教师可能主要把精力用于教育教学上，适当的无为而治是对教育规律的尊重。

无为不是不为，而是要通过尊重事物本身的规律，实现无所不为。无为是让最合适的人成为"有为"者。"无为"也是积极作为的一种方式，积极作为并不只是"点火"，而是要根据组织的需要让适宜的人发挥作用。

我在北京的一所小学里调研，了解到学校的书记认识学校里每一个孩子，并且认识每一个孩子的家长，了解每一个孩子的家庭情况，她可以综合孩子的家庭情况，迅速了解孩子的心理状态与情绪变化，并及时给予帮助和教育，我觉得这样的了解就是与学生最好的沟通。对此，我特别感叹，有几个校领导、几个老师能做到这样了解学生呢？引导孩子树立正确的价值观、深入地了解孩子，这些对于教育来说非常重要的东西，如何考核呢？没法考核怎么管理呢？如果使用提线木偶式的管理方式，就只能盯住那些可以考核的东西，那就可能成为形式主义。

如果员工没有自主权，完全是在组织的指挥与监督之下工作，每当有喘息的机会就可能想按自己的意愿行事，组织看到这一点就会进一步细化规定，从而进入一个恶性循环，直到员工被制度绑得动弹不得，完全失去能动性与积极性。

四、以柔克刚

《道德经》中说"天下莫柔弱于水，而攻坚强者莫之能胜，以其无以易之"[①]，从管理角度来说，这是提醒管理者，要采取柔性的管理方式。每一项约束员工、让员工感觉自己被"管理"的制度，都是在提醒员工，你不是组

---

① 陈鼓应. 老子注释及评介 [M]. 北京：中华书局，2009：337.

织的主人翁，你只需要听从领导指示。如果管理制度中有太多生硬的棱角扎着员工的心，是难以发挥员工工作积极性的，也就无法实现"无为而治"，因此，可以认为以柔克刚的柔性管理，是"无为而治"的保障。拳头如果打到木头上，必然有一个同样大的回击力，但是如果打到棉花上，就不容易感觉到这种反作用力。

在矛盾面前，管理者应该少用自己的权威去解决问题，而应该站在平等对话的立场上来处理问题，甚至把主动权交给被管理者。以柔克刚包括善于听取与采纳下属的意见；当自己的利益与下属的利益发生冲突时，优先考虑下属的利益；等等。

五、功成身退

《道德经》中提到"功成事遂，百姓皆谓：'我自然。'"① "功遂身退，天之道也"②。这种"功成身退"思想，对应到管理中，涉及利益分配问题。如果在"劳动"阶段，采取"无为而治"的管理方式，但是在成果产出了以后，劳动者享受不到其创造的成果，这样的"无为而治"是难以实现的。例如，学校通过努力取得了某个奖项，在总结大会的时候，校长说"这是教师努力工作的成果"与说"这是校长领导有方的结果"，会有完全不同的效果。如果归功于负责的教师，教师可能觉得这是自己的事情，以后还会继续努力；如果归功于校领导，教师可能觉得这是领导的事情，自己付出了也不会有回报，以后可能就不努力了。所以，要想实现有效的"无为而治"，还需要"功成身退"来配合。

六、不知有之——管理的最高境界

当被问及好的管理与好的管理者是什么样子，很多人都会有自己的认识，比如，能够有效达到管理目的、激发下属的工作热情、乐于听取下属意见、能够带领下属成长等。《道德经》说道："太上，不知有之；其次，亲而誉之；其次，畏之；其次，侮之。" "功成事遂，百姓皆谓：'我自然。'"③ 最好的管理是被管理者没有感觉到自己被管理，没有感觉到自己是按照领导的意志在工作，是出于自己的意愿自然而然要去这样做。如何达到"不知有之"呢？

---

① 陈鼓应. 老子注释及评介 [M]. 北京：中华书局，2009：128.
② 陈鼓应. 老子注释及评介 [M]. 北京：中华书局，2009：89.
③ 陈鼓应. 老子注释及评介 [M]. 北京：中华书局，2009：128.

需要几个条件：管理目标的一致性、双方利益的一致性、管理方式的认可度。如何满足这几个条件，既需要领导者的智慧，也需要领导者的修养。例如，如果校长时时都把学校的利益放在首位，有一片促进学校发展的心，也可能激发教师促进学校发展的公心，这样两者的目标和利益就一致了。如果校长把自己的利益放在第一位，必然引起教师的反感，教师在工作面前也会更多考虑自己的利益，这样每个人都指向自己的利益，目标和利益就不一致，就容易产生矛盾。

为什么"不知有之"是一种很高的管理境界，试想两种情境：一个是员工在领导的指挥下，按照领导的意愿帮领导做事；另一个是员工按照自己的意愿给自己做事。这两种情况下工作积极性与主动性会有什么样的差异？一般来说，给再好的领导干活，也不如给自己干活更积极、更主动、更认真。所以只有"不知有之"，才能称得上一流的领导。让下属因感到害怕而听从的领导，是三流水平的领导。让下属不但不听从反而指责的领导，就又差一些。

如何做到"不知有之"，也有一些技巧。比如，在一所重点学校，学校的老师都是家庭背景比较好的独生子女，比较有个性，不太愿意听领导的话，但是老师的工作能力都很强。校长想请一位老师做教研组长，这位老师比较"叛逆"，不愿意听从领导的命令。于是，校长就采取了民主推选的办法，由全体老师投票推选教研组长，在投票之前，领导也在私下里与一些老师做了沟通，就什么样的人适合达成了一定共识。投票结果出来以后，这位老师以高票数当选。虽然结果是一样的，但是不一样的过程管理效果完全不同。对于这位老师来说，原来是在选择是否接受领导的安排，是拒绝还是接受命令，现在是选择是否接受全体同事的委托，是拒绝还是接受这份信任。对于广大教师来说，之前面对的是领导给自己安排的教研组长，现在面对的是自己投票选出来的教研组长，配合的意愿也会有差别。

第四节　无为而治的校长修养

校长的自我修养是多方面的，这里我们主要从发挥全体教师的智慧与工作积极性、进行民主管理角度来论述。

国家提出了中国优秀传统文化教育，在弘扬中华优秀传统文化的过程中，校长与教师个人的传统文化修养是比较重要的。如果能够使用具有中华文化思想的管理方式来管理学校，也是一种传统文化教育，这样就实现了目标与手段的一致性。符合中华文化的管理思想本身就包含了中华文化。《道德经》作为中国重要的传统经典，包含重要的管理思想，有很多针对中国教育管理问题的思想，教育管理实践者可吸收其中的管理智慧与人生智慧，以实现自我人格修养的提升和管理水平的提升。管理者要在管理过程中不断提升自己的人格修养，被管理者也应该在管理者的引领及自己的努力下，实现人格修养的提升。教育管理应该是校长、教师、学生、家长等多方主体共同成长的过程。学校的上级管理部门也应该有这样的意识，教育是要促进人的发展，而不仅是事务达成，更不能在事务达成过程中破坏人的发展。领导不仅仅是带领下属完成工作，而是要引领大家实现全面的成长。

一、从《道德经》看领导者的修养

《道德经》中有很多与领导者修养相关的论述。

◆ 是以圣人处无为之事，行不言之教；万物作而不始，生而不有，为而不恃，功成而弗居。夫唯弗居，是以不去。①

◆ 天长地久。天地所以能长且久者，以其不自生，故能长生。是以圣人后其身而身先；外其身而身存。非以其无私邪？故能成其私。②

◆ 上善若水。水善利万物而不争，处众人之所恶，故几于道。居善地，心善渊，与善仁，言善信，政善治，事善能，动善时。夫唯不争，故无尤。③

◆ 是以圣人抱一为天下式。不自见，故明；不自是，故彰；不自伐，故有功；不自矜，故能长。夫唯不争，故天下莫能与之争。④

◆ 企者不立；跨者不行；自见者不明；自是者不彰；自伐者无功；自矜者不长。其在道也，曰：余食赘行。物或恶之，故有道者不处。⑤

◆ 是以圣人常善救人，故无弃人；常善救物，故无弃物；是谓袭明。故善人者，不善人之师；不善人者，善人之资。不贵其师，不爱其资，虽智大迷，是谓要妙。⑥

---

① 陈鼓应. 老子注释及评介 [M]. 北京：中华书局，2009：60.
② 陈鼓应. 老子注释及评介 [M]. 北京：中华书局，2009：83.
③ 陈鼓应. 老子注释及评介 [M]. 北京：中华书局，2009：86.
④ 陈鼓应. 老子注释及评介 [M]. 北京：中华书局，2009：150.
⑤ 陈鼓应. 老子注释及评介 [M]. 北京：中华书局，2009：157.
⑥ 陈鼓应. 老子注释及评介 [M]. 北京：中华书局，2009：169.

◆ 是以圣人去甚、去奢、去泰。①

◆ 知人者智，自知者明。胜人者有力，自胜者强。知足者富。强行者有志。不失其所者久。死而不亡者寿。②

◆ 圣人无常心，以百姓心为心。善者，吾善之；不善者，吾亦善之；德善。信者，吾信之；不信者，吾亦信之；德信。圣人在天下，歙歙焉，为天下浑其心，百姓皆注其耳目，圣人皆孩之。③

◆ 知不知，尚矣；不知知，病也。圣人不病，以其病病。夫唯病病，是以不病。④

◆ 是以圣人自知不自见；自爱不自贵。故去彼取此。⑤

◆ 是以圣人为而不恃，功成而不处，其不欲见贤。⑥

◆ 圣人不积，既以为人己愈有，既以与人己愈多。天之道，利而不害；人之道，为而不争。⑦

从这些论述来看，领导者应该有较高的道德品质，能够以身作则；谦虚谨慎，愿意尊重下属的意见和利益；能够培养下属，给予下属足够的授权；大公无私，不贪婪不争利；等等。

二、无为而治的校长修养

1. 校长道德水平高，与教师关系良好

无为而治需要老师有较强的主人翁意识，要把自己当作学校的主人。一般来说，这需要领导有较高的道德水平，能够赢得老师们的信任；需要校长与老师的关系良好，老师信任校长。如果老师对校长心存芥蒂，有不信任感，就不可能愿意为学校全力付出。

2. 校长善于放权授权

老师要得到足够的授权，可以发挥自己的智慧去完成工作。校长个人的智慧毕竟是有限的，如果组织的所有决定都是由校长来完成，老师不过是在

---

① 陈鼓应. 老子注释及评介 [M]. 北京：中华书局，2009：178.
② 陈鼓应. 老子注释及评介 [M]. 北京：中华书局，2009：192.
③ 陈鼓应. 老子注释及评介 [M]. 北京：中华书局，2009：246.
④ 陈鼓应. 老子注释及评介 [M]. 北京：中华书局，2009：316.
⑤ 陈鼓应. 老子注释及评介 [M]. 北京：中华书局，2009：319.
⑥ 陈鼓应. 老子注释及评介 [M]. 北京：中华书局，2009：334.
⑦ 陈鼓应. 老子注释及评介 [M]. 北京：中华书局，2009：348.

执行校长的命令，就相当于学校里所有成员的行动都是由一个大脑在带动。每一项具体的工作都有其特定的情境，对这些情境的认识只有具体的执行人最清楚，领导不一定理解得那么深刻。如果能够赋予老师足够的授权，让其发挥能动性，就相当于用整体的智慧指导整体的行动。

3. 校长善于纳谏，学校有宽松的环境

校长要乐于听取老师们的意见，学校的事务能够主动与教师们商量，尤其是与老师切身利益相关的事，不单方面做决定。只有学校愿意听取老师的意见，老师才能把自己当作学校的主人，才能有主人翁意识及工作的主动性和积极性。

学校要为老师创造一个宽松的环境，不让老师感觉受到很大的束缚。有一个老师说，每天在学校工作完特别累，回到家里整个人都瘫了，根本没有心情自己再充电学习。我问她在学校工作很多吗？为什么会感觉那么累？她说工作多只是一个方面，主要是心累，要时刻警惕别触犯了学校的规定，学校有很多"违背人性"的规定，执行起来特别累心。如果校长能多听取老师的意见，少出一些违背老师意愿的规定，创造宽松的环境，老师的工作效率与质量会更高。

4. 校长廉洁公正

有些校长什么荣誉都与老师争，绩效工资分配总是偏向自己的几个亲信，这种情况下老师是不会对学校产生归属感的，自然也不会卖力工作。《大学》中说"孟献子曰：'畜马乘不察于鸡豚；伐冰之家不畜牛羊，百乘之家不畜聚敛之臣，与其有聚敛之臣，宁有盗臣。'此谓国不以利为利，以义为利也"。[①] 作为校长，想要调动所有老师的积极性，就要以义为利，而不能以利为利。

有一位老师说，自己每天工作特别努力，尽了自己最大的能力。单位分房时，由于房子不够，不能保证所有人都能分到，校长把自己的分房资格让出来给了老师。这位老师分到房子后，每当想到校长还和家人挤在原来破旧的小房子里生活，感激之情就难以言表，唯有努力工作聊表寸心。

---

① （战国）孟子，等. 四书五经 [M]. 北京：中华书局，2009：49.

第十三章　教师的自我修养

教师的个人修养是非常重要的，从角色上看，在教育管理实践中，教师既是教育者也是管理者，既需要有教育者的修养，也需要有管理者的修养。从教育目标来看，学生要向圣贤发展，老师自己也要向圣贤靠近。教师的自我修养，既是自身的成长发展，也是成为更好的教育者与管理者的途径。儒家经典《大学》中提出了"格物、致知、诚意、正心、修身、齐家、治国、平天下"八个条目，可以看出中华传统文化思想中自我修养与管理过程具有统一性、教育过程与管理过程具有统一性、事务达成与道德养成具有统一性。在中华传统思想中，教师与校长的自我修养过程是相通的，只是处于同一个发展过程的不同阶段。因此，我们不特别介绍校长的自我修养，其包含在教师的自我修养之中，事实上校长也都是从普通教师成长起来的。

中华传统文化中的修身都以"至善"为旨归，"大学之道，在明明德，在亲民，在止于至善"①"天命之谓性，率性之谓道，修道之谓教"②。中华传统文化中的修身方法，不仅适用于教育者、管理者，还适用于父母、学生等角色。每一个人都可以应用这些方法来进行自我修养。教育者掌握了这些方法以后将之教给学生是为教育，管理者掌握了这些方法之后将之教给下属是为管理。

第一节　教师的自我修养之道

《大学》中说"大学之道，在明明德，在亲民，在止于至善"，"格物、致知、诚意、正心、修身"是"明明德"的过程，是通过自我修养而"内

---

① （战国）孟子，等. 四书五经[M]. 北京：中华书局，2009：47.
② （战国）孟子，等. 四书五经[M]. 北京：中华书局，2009：53.

圣";"齐家、治国、平天下"是"亲民"的过程，是通过影响他人而"外王"；整体过程达到"止于至善"。在《中国人文管理学实践》一书中，我们对相关内容有详细介绍，这里我们仅根据教师的特点做一个简要介绍。

一、格物致知

"格物"有多种解释，其中一个就是"去除物欲"，这种解释从管理学角度来说，对认识管理实践具有较好的适用性，这里我们以这种认识为基础来阐释"格物"。人应该革除自己过分的物欲，对任何事物的过分贪求都会影响正确认知。比如，"情人眼里出西施"，一旦喜欢一个人就觉得怎么都好。还有"当局者迷，旁观者清""酒不醉人人自醉，色不迷人人自迷""孩子总是自己的好"，都蕴含了相似的道理。只有革除物欲之后，人才能真正明白"真实"与"至善"的境界是什么，进而改进自己的不足，并向着"至善"的境界努力完善自己。人一旦陷入某种利益格局，就可能为利益所牵引，难以做出正确的判断。教师放下个人利益得失，对如何培养学生有正确的认识，才能选择正确的教育方法。

某个小学低年级班级，在学校值周检查卫生时，发现一个座位下有一团纸，班级被扣了分，影响了班主任的绩效工资。老师发现这团纸是喜欢画画的同学带的画纸。如果老师首先想到的是自己的利益，就会想办法避免这样的事情再发生，而不是考虑学生的教育需要。有的老师一想到自己每天这么努力，却要因为这个学生的疏忽而被扣绩效工资，就可能大发雷霆，要求学生以后不许带画纸来学校，甚至要求所有学生都不能带。如果老师不被自己的利益得失牵制，而是想到学生的需要，就能够对学生有更深入的认识。学生每天课间没有多少活动空间，画画是爱好画画的同学度过课间时间的方式，如果老师能放下自己的得失，以平和的态度与学生商量，允许他们带画纸，但是要求学生要管理好自己的画纸，不能扔到地上，影响班级的荣誉。这样不仅保留了学生画画的机会，也给学生一个进行自我管理、自我成长的机会。如果学生还犯这样的错误，可以"惩罚"学生一周不能带画纸，或者一个月不能带画纸。这样，从学生的角度来说，至少是有一个可以依靠自己的努力去争取的机会。完全禁止则意味着学生是完全没有机会改变的。

在听到学生的侮辱性语言后，老师如何反应？如果老师首先想到的是自己的尊严受到了侮辱，进而产生气愤的情绪，为了维护自己的尊严，就可能对学生进行严厉的批评。如果放下自己的面子，考虑到的不是个人的得失，就更可能保持情绪稳定,能从学生的角度考虑问题,从教育学生的目标出发来处理这件事。可能老师还是表现出严厉的态度,但这种态度是一种出于教育目的,而不是失去理智的情绪发泄。教育目的达到后,老师的情绪马上就可以恢复正常,继续其他工作。

二、诚意正心

诚意的内涵很丰富,对应到教师修养上主要有两点:一是老师对学生真诚,二是老师对自己诚实。正心主要是指良好的情志状态。

1. 老师对学生真诚

老师对学生所表现出的善意要出于真诚,不是出于敷衍,更不是出于虚伪。有一些善意的谎言,尤其是针对低年级学生,可能存在想"哄孩子"的情况,说一些夸张的话,但最好也不要有。对于一些没有自信的孩子或者不被关注的孩子,给他们一些表现机会,在他们做到后给予表扬,这是一种教育方法,有时候还可能很有效。但是,最好不要有脱离事实的表扬与奖励。比如,奖励给学生的一个小礼物,是在网上购物平台买的,为了突出礼物的价值,为了哄孩子开心,说"特意托朋友从外地带回来奖励给特别的你"。这样说现场效果也许会很好,但是,这效果是要来自老师爱孩子的真诚,而不是因为老师说的这句假话。还有一些老师文采比较好,善于用一些赞美和鼓励的语言夸奖孩子。不能如实地评价孩子,首先是自己不真诚,伤害自己;其次是对孩子不真诚,会伤害孩子。真诚本身就是一种力量,没有人能从虚假中获得真正的利益。你永远对孩子诚实,久而久之你说话就是有力量的。话语的力量不在于词句本身,同样的话,不同的人说出来效果是不一样的。一个向来真诚,不说一句假话、夸张话的人,说话会有一种特别的力量。

有一名大学生,说每当想到自己小时候被老师的"虚情假意"利用,就感到很痛苦。她说自己小时候老师总是夸自己,让自己感觉很开心,去帮老师做很多事。后来回想感觉老师并不是真对自己好,只是在利用自己。老师对学生的情感要以真诚为基础。

2. 老师对自己诚实

老师要对自己诚实,比如,老师很容易以"为学生好"为名,行"发泄情绪"之实。例如,一个调皮的学生,上课不听讲捣乱,老师说了他几句,他就开始骂老师。很多孩子非常调皮,是需要使其对老师有一定敬畏心的,否则不仅对这个孩子不利，还可能影响其他同学。老师适当地表现出发火对学生进行一定的威慑，在很多情况下是有必要的。老师"收放自如"地发火是"游刃有余"的教育方法，控制不住的情绪宣泄是"没有办法"的表现，不利于在学生面前建立威信。发泄情绪的老师，如果能够诚实地承认自己没有控制住情绪，就会有意识地提高自己的情绪管理能力，不承认自己没有控制好情绪，坚持认为自己是在"为学生好"，可能就失去了成长的机会。

有些老师可能承担领导职务，作为一个领导者，要时常自问自己是否做到了实事求是，有没有形式主义，有没有为了个人利益而委屈他人。不要以为实事求是简单，实事求是非常难的。做的事情是真的有意义吗？是真的对学校对师生好吗？很多事情，决定做的时候就知道是没意义的，但是写到年终述职里，却能够给自己加分。评奖应该是做事的结果，而不是做事是为了评奖。

3. 老师保持好情绪才能教育好学生

有一位老师走入教室准备上课，这时候一个嘴快的同学说，"××同学说您上次下课拖堂了，不喜欢上您的课"。老师就感觉心情不快，自己这么认真地给学生上课，学生却不喜欢自己。本想发脾气，后来想到自己不能太情绪化，就笑着问全班学生："有没有同学喜欢上老师的课？"这时候很多同学争先恐后地举手说自己喜欢，于是，老师就高兴地说，喜欢上自己课的同学是自己的"粉丝"，这时候有同学就说自己愿意"加入粉丝团"，教室里一时气氛热烈。然后，老师笑着问那个说不喜欢上自己课的同学："你是不是我的'黑粉'？"这位同学也被教室里的欢乐氛围感染了，兴高采烈地说自己也要"黑转粉"。整堂课的氛围都非常好，大家都认真听课，积极回答问题。

在同学们情绪都很好的时候，老师开始"教育"学生。"老师太想把你们都教会了，以至于想用自己的时间再给大家多讲几句，但是，老师没有考虑到你们对课间的迫切渴望，老师认识到了自己的错误，大家也要理解老师，这种理解会帮助你们保持良好的情绪，形成善解人意的人格。"这并不是老师一个人的事，可能还会有其他老师，说不定哪一堂课偶尔出现这种情况，大家要学会面对。对于老师来说，面对一些不理想的情境，一要避免负面情绪的出现，二要积极通过沟通解决问题。不沟通，自己生闷气，既伤害了自己，又没有解决实际问题。

老师都希望自己的学生好，但并不是所有学生都能理解老师。有些学生不但不能理解老师，还可能抱怨老师。在这种情况下，老师可能会感觉委屈。我们对别人好，是出于自己的良知，而不是为了获得别人的认可。

4. 保持良好的情绪也可以作为目标

我曾经特别不喜欢阅卷，批得慢，总感觉很焦虑，所以单位的研究生招生考试要阅卷的时候，我从来不主动报名。但是，有一次，一个报名阅卷的老师临时有事不能参加，就找我替他参加，那是我第一次参加阅卷工作。阅卷是流水作业，几个人批一道题，这次阅卷简直让我筋疲力尽，总感觉自己批得慢，拉了同组老师的后腿，我一直处于很焦虑的状态，我们组几乎是最后批完的。

接下来的一年里，通过学习中华传统文化，我明白了"正心"的意义，我改变了自己做事情的目标。从前我做事情的目标是把事情做完，如果出现妨碍我尽快做完的情况，就会感觉痛苦。后来，我做事的目标是在做的过程中保持良好的情绪。第二年我又参加阅卷工作，从一开始我就告诉自己，我不要追求批得快，而是要保持平静喜悦的情绪。在这个过程中，我没有产生前一年的焦躁情绪，一直平静而快乐。并且我的批阅效率很高，不仅比前一年的自己高，也比同组的其他同事高。焦虑、烦躁、抱怨，会耗费一个人很多精力，阻碍人的潜能发挥，如果能够保持良好的情绪，工作效率和质量都不会低。既有良好的情绪，又有较高工作效率，工作能做不好吗？

在情绪管理上，老师还要注意"不迁怒"。比如阅卷，我的痛苦就在这件事上。如果我"迁怒"，就会抱怨找我替他阅卷的老师，这位老师是领导，进而可能抱怨领导制度、抱怨教育制度、抱怨社会，抱怨一圈对于减轻自己的痛苦毫无意义，不过是加深对自己的伤害。明确地面对自己的痛苦，不盲目扩大，在面对痛苦的基础上再想办法转化。如果因为一个学生犯了错误，就迁怒于全班同学；因为对一个同事不满，就迁怒于整个学校，那只会加深自己的痛苦，对解决问题一点儿帮助也没有。

还有一年，也是研究生考试阅卷。因为是流水作业，同一份卷子要由很多老师批，批到后面快要结束时，那些有很多道题没有批的卷子，在某个组进行批阅的时候，可能有其他组要等待。学经济学的我，马上就明白了，要优先批改那些未批题目多的卷子，这样到了后面就减少了与其他组"打架"的情况。我马上把这个发现分享给了同组的两个老师。我说了几次要优先批未批题目多的卷子，但是，我发现同组的老师，好像没听懂我的话。我说了几遍都发现她没有"改进"。我以为她没听懂,就直接告诉她,应该优先批哪一个。她犹犹豫豫地说:"我明白你的意思,但是,我不着急,我怕耽误了其他组老师,先让其他组批未改题目多的卷子吧。"听她这么一说,我简直无地自容,人家是真君子之风。想到我自己的理直气壮,而她的回答没有一点儿张扬的意思,我对她的敬仰之情油然而生。能有这样的同事,我感觉非常庆幸。多看那些让自己高兴的人和事,少看那些让自己不高兴的,也是保持好情绪的一个方法。

三、修身齐家

对于老师来说,修身的重要方面就是能否对所有学生一视同仁。能教好自己的班级、管好自己的学生就是齐家。

1. 对于不同学习成绩的学生一视同仁

很多学校都在用学生成绩来评价教师,这很容易引导教师用学习成绩去评价学生。这是利益关系给教师造成的评价倾向。教师应该努力从这种倾向中走出来,能够以更多元的评价标准来看待学生。看到学生多方面的优点,而不是因为学生的学习成绩不好,就对这个人进行全面否定。比如,差生的心量比较大,经常被批评、挖苦、讥讽、嘲笑都能坦然面对。这样的性格与心态,可能使得其在毕业之后,勇于去从事比较艰辛的工作,并取得成功。

2. 对不同家庭背景的学生一视同仁

有些学生管理问题,老师难以解决的时候,就去找家长。很多学生的问题恰恰是由其家庭造成的。老师要对问题进行分类,哪些是父母能够帮助解决的,哪些是父母不能帮助解决的。对于后者,就不要太强求父母,给学生造成更大的压力,而应通过自己的教育帮助解决。有些问题,老师也无能为力,其实是家庭的问题。不排除有些问题是家庭才能解决的,但还是有很多问题是老师可以帮助解决的。对于家庭条件不好的学生、家长不通情达理的学生,老师的态度不一样,学生的收获就不一样,老师自己的成长也不一样。为了解决问题,老师可以向有相关成功经验的老师学习,也可以通过网络向很多人学习,在解决问题的过程中老师自己也在不断成长。

3. 让每一个学生都获得良好的成长环境

有个小学生说,班里同学做完卷子去找老师批改,有一道题很多同学都错了,老师对有的学生就和颜悦色地说下次注意,对有些学生就是侮辱性地翻白眼，甚至把卷子远远地扔到地上让学生去捡。孩子是非常敏感的，能敏锐地觉察到老师对不同学生的态度差异。孩子本身就不同，想要老师的态度完全一致是不可能的，比如，对于平时就比较认真偶尔犯错的学生，与平时就马虎大意、屡教不改的学生，老师出于因材施教的原则，也不一定是一样的对待方式。但是，教师自己要明白这种差异背后的原因，到底是出于教育目的，还是出于自己的偏见。即使是出于因材施教的教育目的，也不该使用"翻白眼""扔卷子"的侮辱性的做法。

老师应该尽力对所有学生一视同仁，为每个学生营造良好的成长环境。如果老师能做到教好自己的每一个学生、管理好自己的班级，就是"齐家"。

四、治国平天下

一位老师优秀的教育教学经验在全校推广就是自身影响范围的进一步扩大，这是一个"治国"的过程；如果成了知名教师，社会上很多老师都向这位老师学习，就是"平天下"。

一位老师，可能默默无闻地做着平凡的日常工作，就像张桂梅校长，曾经也只是一位普通老师，但是，她的奉献精神，使她成为世人瞩目的校长。张桂梅校长影响的不仅是自己学校的师生，还有全国很多人；不仅是一代人，可能是世世代代的人。并不是所有人都能成为张校长那样的人，并不是所有人都有那样的奉献精神，但是，在她的精神影响下，人们可以比从前的那个自己更乐于奉献，这就是成长，也是榜样给予世界的影响。每一位普通老师都有影响世界的可能，就像每一个人都有成为圣贤的可能。重要的是，我们在朝着这个方向提升自己，不断成长，在让世界因为自己而变得更美好。

第二节 自我修养之法

中华传统文化中关于修身的内容非常多，为了清晰起见，我们梳理了一定的层次，道法术的梳理不一定准确，更达不到全面，只是给大家提供一个参考。假设你想去一个地方，走哪条路去，这是"道"；选择什么交通方式，如汽车、摩托车、自行车、走路等，这是"法"；车怎么开、路怎么走，这是"术"。八条目是"道"，"文武医艺耕"是术，这两个方面是比较明确的，其他内容就都归入"法"中。归类本身是否准确不是最重要的，重要的是大家使用这些方法能有所收获。从我的亲身经历来看，如果愿意去尝试、去实践，中华传统文化的修身方法真的可以改变人。

一、反求诸己

《论语》中说"君子求诸己，小人求诸人"。《中庸》中说"君子素其位而行，不愿乎其外。素富贵，行乎富贵；素贫贱，行乎贫贱；素夷狄，行乎夷狄；素患难，行乎患难；君子无入而不自得焉。在上位不陵下，在下位不援上，正己而不求于人则无怨。上不怨天，下不尤人。故君子居易以俟命，小人行险以侥幸"。[①] 中国传统思维多倾向于从自身找原因。从解决问题的角度来说，如果把原因归结为外因，归结给其他人，可能就无法解决问题，如果找自己的原因，把自己的问题先解决了，其他影响因素也可能随之转化。另外，从调节情绪的角度来看，原谅自己总比原谅别人容易。如果觉得错在自己，可能很快就释然了；如果觉得错在别人就难以释怀。不管是谁的错，难受的都是自己。作为教育者或领导者，应该多从自己身上找原因。《论语》中说"君子之德风，小人之德草，草上之风必偃"，作为教师想在学生中引导什么样的风尚，作为领导想在组织里提倡什么样的风尚，如果自己能以身作则，是有力量的。"反求诸己"与中国人的人性观有密切关系，中国的人性观认为每个人都具有无限的潜力，一个人想要追求的目标，都可以通过"反求诸己"实现。

举个例子，我发明了一种砸坚果的方法，把坚果放在纸壳或者几层软布上面，用玻璃瓶底砸，玻璃瓶底一般都有个窝，坚果壳不会四处迸溅，坚果仁也不会被砸碎，能出整仁儿。我把这种方法教给了我妈。后来我用这种自己发明的方法砸一批榛子，总是砸碎，于是我就想，因为这些是去年的陈榛子，所以容易碎，就一直都是碎着吃。后来看到我妈砸同一批榛子，一砸一个整仁儿，我才意识到，不完全是榛子的问题，是我没有处理好，下面垫的东西太薄了。砸榛子的过程虽然很简单，但其实是多种因素共同决定了能否出整仁儿，也许陈榛子更容易碎一些，但是，只要其他方面安排得当，还是可以砸出整仁儿的。我没有从自己身上找原因，直接把原因归结给了榛子，即使是自己发明的方法，也应用不好。如果我能从自己身上找原因，就能解决这个问题了。有一个领导总是指责自己的下属没有责任心，没有组织认同

---

① （战国）孟子，等．四书五经 [M]．北京：中华书局，2009：54.

感,每提及此气愤不已,而没有考虑自己在管理上是不是有什么不足。有一位校长说,自己学校新入职的青年教师多,这些老师没有进取心,不愿意学习,让学校发展面临很大困难。新入职的青年教师没有发展动力,这并不符合人之常情,校长不从自己身上找原因,不从学校管理上找原因,直接归因为老师懒惰、没有责任心,是无法解决问题的。

二、以礼为准则的行为

修身就是要落实到行动上。儒家经典中特别强调"行",比如,"弟子入则孝,出则悌,谨而信,泛爱众而亲仁,行有余力,则以学文"①"子贡问君子。子曰:'先行其言而后从之。'""君子欲讷于言而敏于行""子路有闻,未之能行,唯恐有闻""子以四教:文、行、忠、信""君子耻其言而过其行"②"君子义以为质,礼以行之,孙以出之,信以成之。君子哉!"等。此外,《论语》开篇"学而时习之不亦说乎"③中的"时习"也带有实践行动的意味。

修身就是要从一言一行开始,从一言一行都符合"德"的要求到一思一念都符合"诚"的标准。《论语》中说"颜渊问仁,子曰:'克己复礼为仁。一日克己复礼,天下归仁焉。为仁由己,而由人乎哉?'颜渊曰:'请问其目?'子曰:'非礼勿视,非礼勿听,非礼勿言,非礼勿动。'颜渊曰:'回虽不敏,请事斯语矣。'"④所有不符合"礼"的事都不做,只做符合"礼"的事。《道德经》中说"五色令人目盲;五音令人耳聋;五味令人口爽;驰骋畋猎,令人心发狂;难得之货,令人行妨",⑤《心经》中说"空中无色,无受、想、行、识,无眼、耳、鼻、舌、身、意,无色、声、香、味、触、法,无眼界,乃至无意识界",⑥都表明感官与言行对自我修养是非常重要的。

本书针对现代人的生活环境,对"非礼勿视,非礼勿听,非礼勿言,非礼勿动"进行一定的阐释。这里讲的不是普通人的标准,而是一个以"君子"或"圣贤"标准来要求自己的人,可以有哪些选择。至于怎么选择,要根据

---

① (战国)孟子,等. 四书五经 [M]. 北京:中华书局,2009:5.
② (战国)孟子,等. 四书五经 [M]. 北京:中华书局,2009:32.
③ (战国)孟子,等. 四书五经 [M]. 北京:中华书局,2009:5.
④ (战国)孟子,等. 四书五经 [M]. 北京:中华书局,2009:27.
⑤ 陈鼓应. 老子注释及评介 [M]. 北京:中华书局,2009:104.
⑥ 鸠摩罗什,等. 佛教十三经 [M]. 北京:中华书局,2010:3.

具体情况进行，有些东西即使做不到，也不是多么难堪的事。这个总结肯定是不全面的，以期为大家提供参考。

1. 非礼勿视

人的注意力是有限的，在"流量经济"时代，很多人都在争取你的注意力。其实，你自己也特别需要注意力。而且你的注意力对于自己来说价值最高，对于别人来说，不过是一个流量而已，至多是一个潜在客户。但是，对于自己来说，它却决定着自己的人生。可以这样说，一个人把注意力放到了哪里，就成了什么人。人生是怎么样的，在一定程度上是由每天如何花时间决定的。

不偷窥、不斜视。不看不该看的东西，不查探别人的隐私，不看不符合道德的东西。"偷窥"涉及的情节可能严重一些，也并不常见，但是，对于自我修养来说，是非常深入而细微的。"偷窥"针对的主要是不明显不符合道德的东西，明显不符合道德的东西普通人都知道不该做，不做也不能算有多高的修养。这里所讲的"不偷窥、不斜视"是指比较常见、比较细微的情况。比如，隔着窗户看屋子里发生的事情，斜眼偷看同排座位的人在做什么，偷瞄别人手机屏幕看人家在看什么。感觉别人可能在谈隐私，要有意躲避，而不是偷偷凑上去。自己出现在他人空间时，提前发出声音让人知道，而不是先偷偷看看发生了什么。这样做主要是让自己保持一颗正大光明的心。保持不去打探他人不想让别人知道的事情的心理，人的内心就会很安宁。这甚至是对自己的一种保护。

不看不健康的东西。比如，网上有很多节目或图片，尺度都非常大，看了以后可能让人热血沸腾。恰恰是这个热血沸腾对自己消耗严重，据说很多的身体健康问题、精神健康问题，都与此有关。通过运动、学习、工作转化自己的注意力，就可以把能量转化为能力。

不看消耗自己的娱乐节目。现在这个时代各种娱乐节目非常多，通过电视、网络等可以收看很多东西，人的精力是有限的，如何选择非常重要。有很多节目，在看的时候感觉很开心，甚至哈哈大笑。这类节目就属于消耗性的，看的时候消耗了自己的精气神，看过之后如果进行学习或工作，可能会导致注意力不集中、提不起精神等情况。有一些休闲活动，比如，中国传统的琴棋书画，在做的时候是平静的、淡然的，停止以后不会有消极感受，再去进行其他学习工作时，可以不受影响，甚至有积极影响。长期以这些方式来休闲，就会培养出比较沉稳坚毅的性格。长期来看，这两类不同的休闲方式，对人的影响差别是非常大的。一种是在消耗精气神，另一种是在养育精气神。当然，不同的人在不同情况下，从同一个娱乐节目中所获得的收获是不一样的，很难有统一的标准，只是作为个人，我们要有这样的意识，根据自己的情况选择合适的休闲娱乐方式，不能是别人提供什么就接受什么。情绪都是消耗能量的，无谓的情绪波动就是无谓的损失。无益于培养内心宁静与人格善性的选择都是"非礼"的。

不随便看热闹。这里的"热闹"泛指一切与自己无直接关系的人和事，把精力分散到这些事情上对自己没什么好处，只是消耗自己的精力与情感。有时候可能还有负面影响，比如，有人看别人打架，结果自己被误伤。还有一些虽然没有这么严重，但是也不会有什么好处。比如，在通勤的地铁上看到别人吵架，就想看看吵架的人长什么样，竖起耳朵去听别人是怎么吵的，回头再给熟人讲一讲自己的所见所闻，这整个过程都是对自己的消耗。如果不小心看到了，最好马上收回自己的心。有人可能会觉得，看个热闹就是增加点儿趣味，否则生活岂不是太枯燥了？如果实在没有其他有趣的事可做，这样调剂自己也未尝不可，但是，如果不在这样的事情上浪费自己的精力，就可能为自己找到更有价值的事情做。现在自媒体很发达，许多信息起了一个"有吸引力"的标题，如果被这些"标题党"牵着走，也会消耗很多精力。

不久视。中医讲"久视伤血"，用眼要讲究健康，过度疲劳不仅伤眼睛，也伤身体。中国人都熟悉"闭目养神"这个词，闭目休息不仅可以养眼，也可以养神。

2. 非礼勿听

不偏听。"兼听则明，偏听则暗。"领导者在了解情况时，要找不同的人进行多方面了解，不能只听少部分人的说法，每个人有不同的视角及利益诉求，都是从自己的角度来看待事务，只听少部分人提供的信息，可能遗失重要信息。难免有人向老师、向领导打"小报告"，对这种情况也要很审慎地处理，这种"小报告"有可能提供重要信息，也可能在集体中形成不良风气，影响团结。

不听不经选择的音乐。《礼记·乐记》中说"夫民有血气心知之性，而无哀乐喜怒之常，应感起物而动，然后心术形焉。是故志微、噍杀之音作而民思忧。啴谐、慢易、繁文、简节之音作而民康乐，粗厉、猛起、奋末、广贲之音作而民刚毅，廉直、劲正、庄诚之音作而民肃敬，宽裕、肉好、顺成、和动之音作而民慈爱，流辟、邪散、狄成、涤滥之音作而民淫乱"。① "凡奸声感人而逆气应之，逆气成象而淫乐兴焉。正声感人而顺气应之，顺气成象而和乐兴焉。"② 可见，不同的音乐，会对人的情志与人格产生不同的影响。在欣赏音乐时，也要进行一定的甄别。在现代社会，大部分人选择音乐的标准是自己喜不喜欢听。我们要问的一个问题是：自己喜欢听的音乐就是对自己有益的音乐吗？恐怕并不是这样。就像肥甘厚味自己喜欢吃，但是吃多了会使身体不健康。音乐也是同样的道理，有些音乐虽然自己喜欢听，但是听多了可能有消极影响。在医学领域有一种音乐疗法，说明了音乐对健康的影响，听音乐是要有所选择的。

不偷听。能听的就应该正大光明地听，不能听的不要偷偷摸摸地听。这对培养自己的心理与人格是非常重要的。

不听奸佞之言。诸葛亮在《出师表》中说"察纳雅言"，强调了所听之言的重要性。当然，对"奸佞之言"的判断，可能要以对人的判断为基础，首先要"亲贤臣，远小人"，才能多听良言，少听谗言。作为领导者，这一点非常重要。一旦你做了领导，有了一定权力，对他人有利用价值，就难免有奸佞之人围绕在你身边，他们表面上对你忠心耿耿，实际上内心里盘算的是自己的利益。

3. 非礼勿言

不说假话。《论语》中说"与朋友交，言而有信""古者言之不出，耻恭之不逮也""故君子名之必可言也，言之必可行也"。假话是与事实不符的话，严重的可以构成诈骗、欺骗等违法行为，轻则是为个人利益歪曲事实，比如，为自己疏忽所导致的不良后果编造理由。这些都是比较明显的情况，说的人也知道自己在说谎，从认知上改正这样的谎言容易一些。有些谎言不牵涉利益关系，很多人张口就来，比如，自己正在家里休闲娱乐，接到朋友电话说让过去聚一聚，自己不想去，就随口说家里有客人要来，不过去了。这样一个谎言，只不过是为了达到自己不去的目的，对朋友也没有什么伤害。很多人习惯了说这样的谎言，根本都不用想，顺嘴就说出来了，要改需要一些时

---

① （战国）孟子，等. 四书五经[M]. 北京：中华书局，2009：383-384.
② （战国）孟子，等. 四书五经[M]. 北京：中华书局，2009：384.

间。还有一类谎言，比较隐蔽，有的人都把自己给说信了。我曾就读过的一个班级，好几个同学都想当班长，有的人直接提出自己想当班长，还有一个同学不直接说自己想当班长，但是背地里做了很多小动作，结果当选了。于是他隔三岔五地跟大家说，自己不是官迷，本来是不想当班长的，当初学校让自己当大队长自己都拒绝了，迫于班主任的压力，又不想辜负同学们的信任，就无奈承担下来。每次他都说得慷慨激昂，可是大家都知道他的所作所为，有人说每次他这么说时都是扮演笑柄的高光时刻。他经常这样说，大家私下里觉得他可能相信了自己的话，但是大家不相信，他越这样说大家越不相信他，从前他说话大家都相信，后来他说话大家都要挤挤水分。不管是什么谎言，都会降低自己的公信力。一个从来不说谎的人，在人格气质上是与说谎者不一样的，他说话就会更有正气，更容易被人相信。话可以不全说，但说的必须是真话。还有一类假话属于恭维奉承的话，可能是出于一定的讨好目的，"巧言令色，鲜矣仁""巧言乱德，小不忍则乱大谋"①，说这样的话看似占了便宜，但也是有潜在损失的。还有一类假话更难以控制。新冠疫情期间我好不容易到达了一个地方，这个地方的邻近城市刚发生了疫情，我走在街上，有个人看到我提着一个大箱子，看着像外地人，就问我是哪里来的，是不是从发生疫情的邻近城市来的，我马上说不是，是从附近来的。说完之后，我马上意识到自己说了谎，自己虽然不是来自那个疫情城市，但也不是从附近来的。面对一个陌生人的质问，我怕自己在当地的出现不被允许，就不由自主地说了谎，因为说自己是从附近来的更容易被接纳。这也让我意识到，说谎的背后往往有欺骗目的，总是隐藏着自己的欲求。而在欲求的驱使下，人就很容易说谎。

不说伤人的话。"良言一句三冬暖，恶语伤人六月寒"，吵架、骂人、戳人痛处、揭人短，都属于伤人的话。不说伤人的话，一方面是道德修养的要求，另一方面也是自我保护。有些人愿意在嘴上占便宜，须知"祸从口出"，有多少人就是因为一句话而丢了性命。力量总是相互作用的，被伤害的人，可能会有报复之心。

不说闲话。"静坐常思己过，闲谈莫论人非"。话说出来之前首先是心里想到，心里想到之前是有意无意地关注。这些都会耗费自己的精力，而且耗费得不少。一旦能在嘴上控制住不说，心里就不会想起，平时也就不会注意。

---

① （战国）孟子，等. 四书五经［M］. 北京：中华书局，2009：35.

这些时间和精力都会收回来滋养自己，内心就会变得充实饱满。我观察到一些情绪不太好的人，经常谈论一些抱怨别人的话，觉得这样可以发泄自己的情绪，我觉得恰恰是这种发泄，使其难以从坏情绪中自拔，如果能够不谈论这些不愉快的事，反而会减少不良情绪。

不说大话。《论语》中说"君子耻其言而过其行""其言之不怍，则为之也难"。大话是美化自己的话，自己说了却做不到的话。有时候一个谎言要用很多个谎言去弥补，难免有露馅的时候。

不说没意义的话。我是在东北农村长大的，在我成长的环境中，幽默是一种美德，说话不给人带来点愉悦感都不好意思张嘴。这种幽默不像电视节目里表演的那样浮夸，而是与生活融为一体。比如，我父亲手上扎了根刺，他一本正经地说："这根刺多大不好形容，拔出来掉地上'吧嗒'一声。"我从小就在这样的氛围里长大，不仅自己家里是这样的氛围，邻里乡亲也是这样的氛围。所以，幽默对我来说是一种习惯，我能敏锐地觉察到别人的幽默点，自己说话也总爱带几分逗乐的气息。但是，当我意识到这并不是一个好习惯以后，也是下了很大决心要改。我形容修身有时候就像"拿刀割自己的肉"，真的是很疼很疼。因为不同地区文化不一样，不是所有人都能听懂笑话，很容易引起误会。过分夸张的笑话，也会造成人的情绪波动。因为靠外在刺激得来的欢乐与"道"不相适应，而平静的内心自然生发出来的愉悦感才是持续稳定的。

少说话。能不说的话就不说，只说必要的话。《论语》中说"君子欲讷于言而敏于行""敏于事而慎于言""多闻阙疑，慎言其余，则寡尤。多见阙殆，慎行其余，则寡悔。言寡尤，行寡悔，禄在其中矣"，都告诫我们要少说话。"事以密成，语以泄败""隔墙有耳""言多必失""口开神气散，舌动是非生"，都表明多说话的潜在风险。练习中国传统功夫的人都知道，舌头在嘴里的最佳位置是"舌抵上腭"，舌抵上腭可以连接任督二脉，可以帮助口中生津，健康人的津液微甜，既可以保持口中不渴，又可以补养身体。有一种养生方法叫"叩齿吞津"，就是有意制造津液来养生，而舌抵上颚可以自然产生津液。说话多了耗气，有损健康。总之，少说话是没有坏处的。

现在网络世界、虚拟世界走进了人们的生活，很多在现实生活中沉默寡言的人，在网络世界里却可能言辞犀利，不乏一些人群肆意辱骂他人或者言语下流。这种情况也是需要注意的，从自我修养角度来看，即使没有外在的惩罚，也伤害了自己的善性。

除了说话的内容，说话的时机、对象、情境及与语言相配合的行动等也都很重要。如《论语》中说"夫子时然后言，人不厌其言""食不语，寝不言""可与言而不与之言，失人；不可与言而与之言，失言。知者不失人，亦不失言""伺于君子有三愆：言未及之而言谓之躁，言及之而不言谓之隐，未见颜色而言谓之瞽""先行其言而后从之""仁者其言也讱"。

4. 非礼勿动

"非礼勿动"是指不符合"礼"与"天道"的事都不去做。"非礼勿动"可能是法律的要求，可以成为自我修养的方式。比如，由自己掌控的公款，由他人送到手里的贿赂，这些动了是要触犯法律的。还有一些可能没有违法那么严重，但是，凡是不属于自己的东西，都应该在"非礼勿动"的范围内。"非礼勿动"是一种自我保护。比如，按照传统礼俗的要求，一般关系的异性不应该在私密的空间单独相处，这其实对双方来说都是一种保护。很多男老师与女学生单独在办公室谈话时，办公室的门都是开着的，这是一种礼仪，也是一种保护。

"非礼勿动"也可以是一种自我修养的方法。中国传统文化中的很多礼节、风俗等，都有其深刻的修身内涵。比如，按照传统礼节，家里吃饭时饭菜摆上餐桌以后，孩子是不能先吃的，要等大人都动筷吃了后才能吃，这看起来是礼节，其实也是在帮孩子驯服贪心。《礼记》中说，"故礼之教化也微，其止邪也于未形，使人日徙善远罪而不自知也，是以先王隆之也。易曰：'君子慎始。差若毫厘，缪以千里。'此之谓也"。

上面提到的"非礼勿动"大多在理性范围内，虽然也面临着一定的诱惑，但是靠理性决策还是容易做到的。还有一些类型的"非礼勿动"，需要"动心忍性"，不是轻易能做到的。比如"动情"，通俗来讲就是"爱上了一个不该爱的人"。近年来，中国离婚率上升较快。这与观念的改变有关，也与社会发展的阶段有关。我在某地区参与一个项目调研时，在一次集体访谈中，老师们普遍反映自己班上的单亲孩子多，一个老师说自己班里有 1/2 的单亲孩子，还有一个老师说自己班里有 2/3 的单亲孩子，其他老师班里也都至少有几个。希望社会能把正常的家庭生活还给这部分人群。当然离婚的原因是多方面的，离婚的群体也是多样的。并不是所有分手的原因都与"非礼勿动"有关，我们这里讨论的仅限于与"非礼勿动"有关的情况，以及如何通过自我修养避免这种情况的发生。

"食色性也""饮食男女，人之大欲存焉"，对异性的喜爱、倾慕是人之常情，重要的是产生感情以后如何去做，中国传统文化提倡"发乎情，止乎礼""君子爱财取之有道，贞妇好色纳之以礼"。《诗》序："变风发乎情，止乎礼义。发乎情，民之性也；止乎礼义，先王之泽也。"《礼记》也说："凡人之所以为人者，礼义也。"① 古代人也会一见钟情，只是更多人选择了"发乎情，止乎礼"罢了。北宋贺铸在其词作《青玉案》中写道："凌波不过横塘路，但目送，芳尘去。锦瑟华年谁与度？月桥花院，琐窗朱户，只有春知处。碧云冉冉蘅皋暮，彩笔新题断肠句。试问闲愁都几许？一川烟草，满城风絮，梅子黄时雨。"从表面上看这是一个一见钟情、一见倾心的例子，但是，把这种感情转化成了美妙的词句，仍旧与妻子过着幸福的生活。在妻子去世之后，他的悼亡诗《鹧鸪天》同样是情深意重："重过阊门万事非，同来何事不同归？梧桐半死清霜后，头白鸳鸯失伴飞。原上草，霜初晞。旧栖新垄两相依。空床卧听南窗雨，谁复挑灯夜补衣。"情感或情绪可能会有一种冲击力，是不容易把握的，动情后面是动心、动念、动身，动情后可以不动心，动心后可以不动念，动念后可以不动身。"百善孝为先，原心不原迹，原迹寒门无孝子；万恶淫为首，论迹不论心，论心天下少完人。"在当今社会，没有人的幸福来得容易，因为这个世界上有太多"机会"，稍有不慎就可能掉进万丈深渊。你看那些过着简单幸福生活的人，一定是有大智慧、大定力的人，每一份幸福都要经受诱惑的考验。

我们知道中国传统理念比较注重家庭，现在时代不同了，人们可以有更多选择。这个选择应该是经过审慎权衡的，而不是简单地随波逐流。这里我们也不是针对某个人的具体情况来讨论这件事，而是集体思考一种选择：是家庭观念重一些，思想不那么"开放"的社会风气，更利于人们获得幸福感，还是相反？当然，这样的思考不限于当事人本身，包括受其行为影响的相关人群，如孩子。这个选择不一定能够指导具体情景下的个人，但是可以指导我们提倡什么样的社会风尚。

《道德经》中说"少则得，多则惑"②"多藏必厚亡"③，过分贪取，尤其是贪取不属于自己的东西，对自己并没有好处，可以理解为是一种"病"，这种"病"治不好，相当于一个人被欲望控制着，是没有自由可言的。真正的

---

① （战国）孟子，等. 四书五经[M]. 北京：中华书局，2009：455.
② 陈鼓应. 老子注释及评介[M]. 北京：中华书局，2009：150.
③ 陈鼓应. 老子注释及评介[M]. 北京：中华书局，2009：234.

自由，不是想做什么就做什么，而是想不做什么就不做什么。《道德经》中说"胜人者有力，自胜者强"①，"想做"可能是自己被欲望控制着，"不做"才是自己降伏了欲望。

5. 莫以恶小而为之，莫以善小而不为

《周易·系辞传》中说："善不积不足以成名，恶不积不足以灭身。小人以小善为无益而弗为也，以小恶为无伤而弗去也，故恶积而不可掩，罪大而不可解。"② 对于教育者与管理者来说，其一言一行都可能产生很大的影响，更要谨言慎行。《周易·系辞传》中说："君子居其室，出其言善，则千里之外应之，况其迩者乎？居其室，出其言不善，则千里之外违之，况其迩者乎？言出乎身，加乎民；行发乎迩，见乎远。言行，君子之枢机；枢机之发，荣辱之主也。言行，君子之所以动天地也，可不慎乎？"③

很多事看起来很简单，好像谁都能做到，但恰恰是这样的事，并不取决于人的想法，而是取决于人的能力，由长期的人格养成而培养出来的能力。品格是一种能力，需要长期培养，想法只是品格的一部分。一个想做清官的人，要明白自己将来会面临很多诱惑，从立志做清官开始，就要培养自我管理能力、拒绝诱惑的能力。不承认自己可能面临诱惑，不提前进行准备，当诱惑摆在面前时，可能就无法抵抗。是做清官还是贪官，并不仅是由想法决定的，不是想不做贪官就可以不做的，是取决于一个人拒绝诱惑的能力。有些人贪污受贿并不是自愿与主动的，而是被人"设计"进入一定的利益格局中，在错综复杂的利益格局中，想要拒绝诱惑，把自己抽身出来，没有强大的自我管理能力是很难做到的。拒绝诱惑，依赖的是能力而不是想法。很多的事情并不是事到眼前才开始产生结果的，而是在事情发生之前就已经由当事人的人格决定了，而人格的培养，往往在平时的一言一行之中。

三、定静安虑得的内心

儒家经典《大学》中说"知止而后有定，定而后能静，静而后能安，安而后能虑，虑而后能得"，④ 对"定静安虑得"的认识，可以指导我们在生活中做出选择。在选择看什么、听什么、如何休闲等时，可以考虑一下是否有

---

① 陈鼓应. 老子注释及评介 [M]. 北京：中华书局，2009：192.
② 李申，等. 周易经传译注 [M]. 北京：中华书局，2018：265.
③ 李申，等. 周易经传译注 [M]. 北京：中华书局，2018：251.
④ （战国）孟子，等. 四书五经 [M]. 北京：中华书局，2009：47.

助于内心的清净安宁，如果违背了就尽量少做。当一个人能安心地做事时，是不容易有负面情绪的，而事情做得好又可以反过来加强积极情绪。有些人有才华、有能力，但就是不能安心地做事，完全被负面情绪控制。这样的人，我建议从每天固定做一件事开始培养定力，比如，如果能够做到每天运动半小时，每天练习书法半小时，每天读传统经典半小时，一旦这件事固定下来，你就可以在做这件事情的前后再扩充其他事，慢慢地所有时间都可以充实起来。培养每天固定做一件事的习惯，是提高时间利用率的方法，也是减少负面情绪的方法。

静坐是快速达到内心安宁平静的一种方法。我自己没有午睡的习惯，但是，如果中午不休息一下，下午的工作状态又不够好，我就选择了在中午双盘静坐一会儿，感觉静坐无论是对恢复身体上的疲劳，还是对恢复精神上的倦意都是很有帮助的。

四、好学、力行、知耻

《中庸》中说："知、仁、勇三者，天下之达德也，所以行之者一也。或生而知之，或学而知之，或困而知之，及其知之一也；或安而行之，或利而行之，或勉强而行之，及其成功一也。子曰：'好学近乎知，力行近乎仁，知耻近乎勇。'知斯三者，则知所以修身；知所以修身，则知所以治人；知所以治人，则知所以治天下国家矣。"① 这段话肯定了每个人具有同样的潜质，通过适当的途径，都能达到应有的水平。"道生一，一生二，二生三，三生万物"，② "三达德"可以生发出其他所有优秀品质。"好学"是接近"智"的方法；"力行"是接近"仁"的方法；"知耻"是接近"勇"的方法。

第三节 自我修养之术——文、武、医、艺、耕

中国传统管理思想中有"文治武功"的说法。顺应天道，通过培养人的善性而实现管理，是为"文治"；禁罚不符合天道、不符合善性的管理，是为"武功"。这里我们主要是从自我修养的角度，把"文"与"武"转化成一种修心养性的具体方法。读圣贤之书，向有德行的人学习，进行自我反思，这

---

① （战国）孟子，等. 四书五经［M］. 北京：中华书局，2009：55.
② 陈鼓应. 老子注释及评介［M］. 北京，中华书局，2009：225.

些都可以理解为"文",我们在前面所讲的修身方法,都可以认为是"文"。在本节中,作为一种具体可操作的"术",我们把"文"窄化为"诗文"来进行介绍。文、武、医、艺、耕等方法,是中国传统上修身养性的具体方法。一方面这些活动本身都具有使人内心宁静、调节情志、修养情操的作用;另一方面从事这些活动,可以缩短一些无益活动的时间,减少有损自身修养的活动。《论语》中说"子曰:'饱食终日,无所用心,焉矣哉!不有博弈者乎,为之犹贤乎已。'"。

我自己是从太极和中医开始接触中国传统文化的。这两种方式都与身体有关,而身体本身具有感触性,会有非常直观而明确的感觉。这也是学习了多年西方学问的我,能够瞬间被中国传统文化"俘虏"的原因,那种感受真真切切。在不同的中国传统文化形式中,很多内在的东西是相通的,很多学习经验是可以迁移的。

一、诗文的修身意义

《易经》中说"文以载道",文章是中华传统思想传承的重要载体。诗是有韵律的,在古代诗是配乐吟唱的,具有一定的"乐"的意义,现代,诗一般不再配乐吟唱,更偏向于一种文学体裁。这里我们用"诗"来指代诗词歌赋等文学体裁,包括古体诗、唐诗、宋词、元曲、现代诗等,自古以来诗文就是中国人修身的重要途径。

当今的中国社会义务教育已经普及,高等教育的入学率也非常高,整个社会实现了高教育水平。每个人从小学教育开始,就接受写作文的训练,就开始背诵诗词,这都为应用诗歌等文字形式进行自我修养奠定了基础。自我修养的诗歌应具备以下几个特点:能反映自己的愿望、自己的情感、自己的经历,能帮助自己克服在性格、思维方式等方面的不利倾向。

1. 诗词的修身意义

在当今的中国社会实践中,诗词仍然发挥着重要的作用,中国人一般从小就开始背诵诗词。诗词可以通过文字的音、形、意,把天地间自然的情境、作者的思想与情感等,跨越时空与吟诵者产生共鸣,可以发挥安抚情绪、升华情感、激昂意志、把平凡的日常变成美好的意境等方面的作用。

诗词可以安抚情绪。比如,独处时,如果我们能想到"千山鸟飞绝,万径人踪灭。孤舟蓑笠翁,独钓寒江雪",就不会被孤独寂寞的情绪吞噬,而是获得一种自由自在、内心宁静的感受；在面对压力，需要勇气时，如果能想到"谁怕，一蓑烟雨任平生"，就会升腾起面对压力的豪情；郁郁寡欢时，如果能诵出"问君能有几多愁，恰似一江春水向东流"，仿佛就得到了同病相怜者的宽慰。当处你在痛苦的情绪中时，你能吟诵出一首广为流传的诗句，就形成了一种跨越时空的情感共鸣，这种情感共鸣会让你觉得，很多人都有类似的情感，自己不过是其中一个。痛苦中的人如果能吟诵一首对应情境的诗，就把自己从一个具体的角色提拔成一个扮演这角色的演员，虽然也要面对痛苦，但是，感觉自己不过是一个暂时扮演这个角色的演员。"国家不幸诗家幸"，在国家患难、人民愁苦的时期，诗歌作品的创作比较多，这可以从侧面反映出，诗词歌赋具有一定的情绪调节作用。

诗词可以把平凡的日常变成美好的意境。比如，在一个有月亮的夜晚，想起了过去的事，有诗云"当时明月在，曾照彩云归"；经过山下一个开了菊花的篱笆院，有诗云"采菊东篱下，悠然见南山"；看到早春夜晚的树与草，有诗云"高树鹊衔巢，斜月明寒草"……这些诗句，如果按照字面意思来解释，不过是平常的情境，但是，用诗词的形式表达出来以后，就变得熠熠生辉，读起来让人心情愉悦。

诗词可以升华感情、激昂意志。有很多诗词，可以在人彷徨、退缩、困顿时，给人以勇气与力量。比如，"自信人生二百年，会当水击三千里""长风破浪会有时，直挂云帆济沧海""天生我材必有用""三十功名尘与土，八千里路云和月"。我从小就梦想着做"大侠"，有一天，突然对"仗剑天涯"这个词产生了强烈的喜爱之情，就决定用它写一首词。我打开讲诗词格律的书，看哪一句的格律能对上，找到一个"玉堂春"的词牌，正好有一句"仗剑天涯"能压上格律，词又不长，写起来不会太难。词牌一般是有表达倾向的，我不了解"玉堂春"的更多信息，也没管那么多，就按照自己的心情写了一首《玉堂春·仗剑天涯》："麻衣草履漫游方，风清万壑闲花。云横霞岭可为家，仗剑天涯。渴饮五湖流水，笑辞千古纷华。心安鸿雁落平沙，一味禅茶。"这首词我自己经常吟诵，内心平静时，我仿佛是去留无意、超然物外、深藏不露的隐士，在红尘之外逍遥；情志昂扬时，我仿佛是衣袂飘飘、行侠仗义、所向披靡的大侠，在江湖之中闯荡。或在青山之巅，或在绿水之间，或吹大漠长沙，或饮长河落日，或映云岭寒雪，总是能把自己从简单的日常中抽离出来。

诗词可以帮助我们修养身心，培养高尚的道德情操。司马光有一首词

《西江月》:"宝髻松松挽就,铅华淡淡妆成。青烟翠雾罩轻盈,飞絮游丝无定。相见争如不见,有情何似无情。笙歌散后酒初醒,深院月斜人静。"作者在一次宴会活动中,对一位美丽的舞女一见钟情,活动结束之后意难平,于是写下了这首词。一位身份显赫的官员喜欢上了一个身份卑微的舞女,诗词把这种情感转变成了明月当空,或许千年之后,还会有人在面临类似情境时,因为这首词,也获得了星月满天。

2. 诗文写作是提高自我修养的方法

修身可以读他人的诗,也可以自己写诗,自己写的诗因为切合了自身情况,效果可能会更好。当然,写诗是有一点儿门槛的,不是谁都能写,但是写文章应该是每个人都能做到的。中国人从小学阶段就开始学习写作文,都是受到过相关训练的。文章的形式是多样的,比如,很多人有写日记的习惯,写日记除了记录日常生活,还可以进行自我反思、自我情绪调节等,可以在客观上起到修身的作用。

我自己偶尔会写诗,基本都是在情感所致,诗句自动在心里出现时写,不像年轻时"为赋新词强说愁"。我自己学习写诗的经历很简单。我小时候在农村长大,农村家庭很少有书,但是,大我四岁的哥哥喜欢书,家里积累为数不多的书中有几本是古诗集。我家邻居,一家四口人,夫妻俩加两个孩子,一忙起来没时间照顾孩子,就把他们送到我们家,村里人都说他家孩子是在我家长大的。他家的二儿子与我哥哥同龄,从小一起长大,亲如兄弟。他家爷爷辈是"书香门第",家里有很多书,据说有全套的康熙字典,到了父亲这一辈就没人读书了,儿媳妇就把家里的书都烧火做饭。我哥哥小时候去他家玩时,在烧火的灶坑边捡回了几本古诗集。之所以说明一下书的来源,是免得让人觉得我有什么家学渊源,我父母都是学历不高的普通农民。几本诗集里,我最喜欢的就是《唐诗三百首》,因为自己喜欢诗,小时候想起来就拿出来读诗背诗,那时候也不懂什么格律,也没人指导,单纯喜欢那种朗朗上口、叩击心弦的感觉。自己偶尔也照猫画虎地瞎写一些,但是都不讲格律。还是在工作之后,在写作这本书的过程中,在休息调剂时,我在网上自学了讲诗词的一些视频,学习了关于格律的一些知识,也知道了韵表,后面再写诗词就对着书按照格律韵表来写,我自己戏称"照表填词"。在这本书写作的前、中、后期,我分别写了一首七律。

七律·故乡

故乡应正春来早,雪被消融始种田。
梨白杏红涂旷谷,莺歌燕语奏晴川。
风清云逸出华岫,日暖冰残汩玉泉。
只道寻常昧真意,不知曾是列中仙。

七律·赠别

数载寒窗问道明,百年垂教木铎声。
常思行范德合位,莫计身荣利与名。
今日京师游子意,平生四海故人情。
春华秋实如相忆,杏苑期归待返程。

七律·无题

四海绵山错落安,千江流水曲环连。
心生万象来明月,大地星河共一天。
斗转春秋时不住,史移人物代相迁。
古今多少风云事,原是澄空点梦烟。

《赠别》是我送给毕业生的赠言,虽然看起来是送别人的,其实,也是送给自己勉励自己的。我的学习经历或许可以为想自学写诗的人提供一个参考,写诗词并不需要太多资源,只需要一颗热爱的心。写现代诗也是一种选择,自由度更大一些。散文、日记等也可以,只要能符合自己的情况,满足自己的需要。

3. 诗文可以帮助自己克服不良的行为倾向

人的思维与行为都有自己的习惯性倾向,中国传统文化讲究"中正平和",而人的这种习惯倾向往往带有"偏性",可能持续地给人带来潜在的不良影响。就像有些慢性疾病需要长期吃药,这种不良的习惯倾向也要持续"治疗"。不断地反省是一种解决办法,所谓"吾日三省吾身"[①];从他人身上吸取经验教训也是一种解决办法,所谓"三人行必有我师"。无论是反省还是借鉴,都是一种刻意的主观思考,其发生的速度总是慢于习惯性倾向。如果能够把反省的收获与吸收的经验以文字形式固定下来,这就相当于"制药",以反复诵读的方式自我警惕,就相当于"长期服药",这样也许可以慢慢克服

---

① (战国)孟子,等. 四书五经[M]. 北京:中华书局,2009:5.

自己的习惯性倾向。当然，这种"药"并不一定非得是自己"制"，别人写得合适的文章也可以直接使用。有些父母在培养孩子的过程中总是有一些不良倾向，自己也知道，但就是改不了，也可以采取这种方法反复提醒自己。再如，面对一些无奈的感情，虽然道理都懂，但就是放不下，也可以尝试以这种形式来缓解。

有一个学生，我觉得他状态有点儿不对，通过交谈发现，原来是遇到了感情问题。学生所面临的困境，再加上我自己这些年的人生阅历，促使我写了一篇关于《大话西游》的散文。在北大里有追捧《大话西游》的风潮，很多人都写影评。我读书时在百年讲堂看过几遍这部影片，当时感觉自己就是看个热闹，没影评可写，多年以后才产生了想写点儿什么的想法。由于文章比较长，我放到专栏里，我想这篇文章也可以作为前面"非礼勿动"小节的补充。

色 戒
——大话《大话西游》

如果至尊宝不成为孙悟空，他就不能去救紫霞；如果成为孙悟空，他就不能去爱紫霞。他终于遇见了那个对的人，也终于明白了自己的心，而这却要以失去她为代价。在众生与紫霞之间，他只能选择众生；在道义与爱情之间，他只能选择道义；在前世的承诺与今生的情缘之间，他只能选择前世的承诺。"世间安得双全法，不负如来不负卿。"不管他对紫霞有多少深情，都别无选择。

两个相爱的人不能在一起，是因为编剧把时间点拿捏得刚刚好。月光宝盒、紫青宝剑、紧箍咒、白晶晶、牛魔王都是来帮忙设计时间点的。两个人不能相爱得太早，太早就成了；也不能相爱得太晚，太晚两个人就属于不同的世界，不是瞧不见就是瞧不上。合适的时间刚好在戴上紧箍之前，戴上之前已经相爱，戴上之后又不能在一起。戴上紧箍之前，有月光宝盒让两个人相遇，有紫青宝剑把路人瞬间变成真命天子，加上白晶晶搅局，让两个人既能相爱又相爱得太晚；戴上紧箍之后，有紧箍咒看守，加上牛魔王的铁腕，让两个人即使想成也成不了。他们的苦，因为她是真仙子，动凡心的业务水平比不了妖精；因为他是法王子，好美色的技术水平斗不过魔王。作为真仙子，她只会飞蛾扑火义无反顾，拿不出妖精勾魂摄魄的尺度；作为法王子，他只能隐忍怜惜暗中呵护，拿不出魔王不择手段的气势。她凤冠霞帔花烛红装，却不是他的新娘。两个人完美错过，编剧的精心安排可谓功不可没。在命运面前，谁还不是一个演员。

孙悟空第一次见紫霞，躲躲闪闪，因为他再不能回馈她的深情。"或宛转回头，或殷勤举眼，或闻声对语，或吸气缘根，虽未交身已成秽业。大圣深制，信不徒然，谅是众苦之源，障道之本，是以托腥臊而为体，全欲染以为心，漂流于生死海中，焉能知返。"悟空不怕紫霞误会他、怠慢他，只怕紫霞对他好。以怜爱之心接紫霞一句话，以怜爱之心看紫霞一眼，对悟空来说都是犯戒的。不遵守这样的戒律，他就不会是那个神通广大的孙悟空，也就没有能力去救紫霞。即使能与紫霞在一起，他们只能一起在红尘中漂泊，经受六道轮回的苦。"若不断淫修禅定者，如蒸沙石欲其成饭，经百千劫只名热沙。何以故？此非饭本，沙石成故。汝以淫身求佛妙果，纵得妙悟，皆是淫根。根本成淫，轮转三途，必不能出。"① 只有他去取经、去修行、去度众生，证得了自己的如来德性，有一天才能去救度紫霞。在这一场选择里，其实他没有选择。

紫霞第一次见悟空，她可能没想到，那个万众瞩目的盖世英雄的金甲圣衣下，是自己那个内心柔软的大男孩，但是，她知道，他可以属于瞩目他的所有人，独独不能属于自己。曾经爱她一万年的谎言变成了他的真心话，可说时不知爱，知时已不能爱，盈盈一水间，脉脉不得语。他心中的爱大浪滔天，而她是那个闸门；他心中的爱是几吨炸药，而她是那个自带火焰的导火线。所以，他要使出浑身解数来掩饰，一不小心就会赴汤蹈火万劫难复。可是，不管他戴着多厚的面具，她都知道他的心，因为她爱他。因为她爱他，所以发现了他两点好：这也好；那也好。他的一切都让她觉得满意，那些她曾经可能并不在意的东西，都可以被放大为他的优点，举手投足都带风，说话的声音像天籁，走路的样子都那么帅，把她的心都融化了，自带微醺的幸福感上头。不管他是小山贼，还是齐天大圣，他是他，就足够了。她并不是想用自己的生命去为他挡

---

① 鸠摩罗什，等．佛教十三经［M］．北京：中华书局，2010：168．

那支暗箭，爱是一种本能，不爱想不到更做不到，爱就会不假思索。她爱他时，他是小山贼；她离开他时，他是齐天大圣，她的爱还在，可世界已经变了，世间再无至尊宝。"诸行无常，诸法无我"，"一切有为法，如梦幻泡影，如露亦如电，应作如是观"，① 所谓爱情，在虚幻中寻找真实，在无常中期待永恒。对眼前的意中人，她也许确定又不敢确定，他所珍藏的她的首饰可以帮她肯定。最后再见，她不仅认不出悟空，就算悟空拿出当年的信物，她也再认不出。时间可以冲淡一切，如果时间不可以，孟婆汤可以。生死轮回之中，她忘记了曾经的意中人。

可悟空还记得，那件首饰，在岁月里一点点消磨，终会消失殆尽，而他也要在岁月流逝中，慢慢磨掉自己心上所有的棱角，他所有的快乐，都要用痛苦的磨石砥砺而来。悟空或许也曾期待那段同行的路没有尽头，时间可以定格在与紫霞在一起的那些时光，湛蓝的天，飘逸的云，大漠的烟，长河的日，她的好。可世界上所有的路都会有尽头，就像所有的关系都终究要以生离或死别结束。他们的分别不过是提前了几十年，或者一万年。山川异域，风月同天。在取经的日子里，异乡的山水或许不同于当年，蓝天白云应该是相似的吧，在那些似曾相识的蓝天白云下，他或许还会想起她，想她身在何方，想她过得好不好。午夜梦回，悟空或许又见紫霞花烛红装的身影，她的笑容，她的眼泪，她的名字不知又念了多少回。"若问闲情都几许，一川烟草，满城风絮，梅子黄时雨。"其实，悟空从来都不是孤单上路，一旦他决定肩负起众生的疾苦，他就不再孤独，他有师父，有同参道友，有龙天护法，有菩萨如来，走的是解脱之路，享的是古道清凉，而紫霞还要在生死苦海中独自漂泊，遭名缰利锁的束缚，受爱恨情仇的苦。他应该还是牵挂着她，所以才有了最后的相遇，或许也是永久的告别。

悟空是紫霞的心幻化而来，紫霞也是悟空的心幻化而来。一切都是自己贪心的表现。悟空去取经了，为什么会有城楼上的西洋武士？是紫霞用自己的心幻化了期待中的盖世英雄，踩着七彩祥云的意中人会不断以不同的形式再出现。只要自己的心没有停止幻想，这样的表现就不会停止。

---

① 鸠摩罗什，等. 佛教十三经［M］. 北京：中华书局，2010：16.

而孙悟空为什么会在取经路上遇见紫霞,也许他还是想再看她一眼,看一眼那个已经不再认识自己的她,看一眼那个觉得自己的样子怪特别的她。前世的生死相许,今生的遥相一瞥,一场期盼的重逢,而他能做的只是默默走开。他能站出来相认吗?告诉紫霞自己是那个上辈子与你相爱的人,人家如花似玉,自己尖嘴猴腮,恐怕要被当成不怀好意的流氓。即使紫霞凭着上辈子的心有灵犀,相信自己又能怎么样,紫霞正沉浸在新的爱情与幸福生活里,告诉她只会打扰她,甚至破坏她的幸福。就算紫霞相信并仍然愿意爱自己,身为取经僧的自己也不能与她在一起。还是默默咽下自己的苦水,让她去幸福吧。她有入世的荣华富贵,他有出世的戒律清规,各自安好总比一起毁灭好。他不能与她一起毁灭,他不是害怕毁灭自己,而是不能去毁灭她,也不能去毁灭她爱的自己,他要为她成为一个更好的自己。这爱字上辈子死没说出来,这辈子生没说出来。能七十二变的他,默默走开,连一个"注意"都没有向她索取,而她给了他远去的背影一眼凝眸。不是做讨她欢心的事,也不是做让自己开心的事,而是为她做正确的事,这是他爱她的方式。做在明处的可能是一场交易,做在暗处的必然是一份真情。他可能辜负了一份爱情,但是他没有辜负她,他或许不曾在人前与她谈笑,然而时常在佛前为她许愿。这一次转身以后,他们一个在东一个向西,一个朝上一个往下,或许从此云海天涯两渺茫,水阔鱼沉不相见。

"若说没奇缘,今生偏又遇着她;若说有奇缘,如何心事终虚化。"命中注定,他要遇见那个给他三颗痣的人,陪他超越原来的那个自己,然后两个人就属于不同的世界,再牵不起彼此的手,这也是命中注定。如果他们相爱得太早,没有定力,没有约束,两个人必然要有一场你侬我侬的爱情,然后就一起在生死苦海中轮回,再走不上取经的路;如果没有这一场相爱,不经历这一场刻骨铭心的爱情洗礼,他看不破红尘断不了情缘,也就取不回真经。上天的安排精精确确,分毫不差,差一点儿都治不住天下有情人。但愿上天的安排是最好的安排,富贵如春梦,功名是浮云,爱情是刀尖上的蜜糖,不足一餐之饱,徒有割舌之患,能都放下何尝不是解脱。所谓放下,并不是放下别的什么人,而是放下自己的执着,不经历一场撕心裂肺的执着,谈何放下。她是他心头的肉,心里的血，要亲手割掉自己这块肉，吐出自己这口血，他才可以轻装上路。爱得深沉，放得安稳，取经路上的所有妖精，悟空都可以免疫了。这一场相遇，不是为了再续前缘，而是为了了却前缘。悟空要把紫霞留在自己心里的那一滴眼泪还给她——用心里滴血的方式。对于要跳出三界外不在五行中的悟空来说，他所有的遇见，大约都是为了了缘而来。相爱似乎是两个人的事，实际上是各自的爱情，对方只不过是在一段时间里做了自己幻想的道具，"人在爱欲之中，独生独死，独去独来"①。所爱的那个人是谁并不重要，重要的是自己借着这样一个机会成长。爱一个人，可能并不是因为对方有优点，而是自己有弱点。如果不是没办法，谁愿意飞蛾扑火。你清高自大，终会遇见那个让你卑微无奈的人；你神通广大，终会遇见那个让你无计可施的人；你老谋深算，终会遇见那个让你不计得失的人……所谓一物降一物，如果一个人没有人能克制，要么自己是圣人，要么留给老天管。你所有的幻想都要破灭，你所有的棱角都要被修理到圆融，这是上天的慈悲。

"爱欲莫甚于色，色之为欲，其大无外。赖有一矣，若使二同，普天之人，无能为道者矣！"②放下了这份感情的悟空，才是真悟空。或许悟空不是别无选择，他只是选择了放下。放下世间的名缰利锁、爱恨情仇、纷复繁华，选择了一份清净与自在，选择去遇见一个本真的自己。自性具足，在自性里他拥有一切，山河大地无非他的法身，蓝天白云无非他呵护众生的手眼，她从来都是他的一部分。悟空取回的真经，终有一天紫霞会读到，她一定会欢喜、会受益，因为那一字一句里，都有悟空的愿力与对她的祝福。青霞与紫霞并不是两个人，而是一个人内心里两种声音的挣扎：一方面知道人身难得、佛法难闻，当勤精进如救头燃；另一方面在历劫因缘恩爱习气面前情难自禁。修行是一人与万人战，挂铠出征，要打败累生累世那些习气坚固的自己，才能得胜而还，去一分习气证一分法身。读到真经的紫霞或许会消除爱欲精进修行，发愿能亲见佛成正觉，她终会知道自己本在佛前光明遍照，因一念无明有了大千世界。

---

① 鸠摩罗什，等．佛教十三经［M］．北京：中华书局，2010：34.
② 鸠摩罗什，等．佛教十三经［M］．北京：中华书局，2010：464.

> "不为自己求安乐，但愿众生得离苦"，他依然怜念着她，但那无关私欲，而是无缘大慈，同体大悲。
>
> 天下有情人不是都能终成眷属，但愿天下有缘人都能龙华三会再相逢。所有你喜欢的东西，都终将给你带来痛苦，唯有戒律，才能给你带来永恒的自在。

这种方法在应用上，还有一种形式，比如，张桂梅校长所在学校的党员，会定期重复入党宣誓，相当于是以誓言进行自我警示。这是一种追求理想的高级形式，并不属于"治病"，但是道理是相通的，可以认为治的是那个"懈怠"的自己。

4. 每个人都可以形成自己的修身"诗文集"

我至今会背诵的诗词也并不多，会背的主要是自己比较喜欢的诗句，在不同情境之中时常在心中默念的一些句子，很多诗词也不能整首背下来。这些为数不多的诗词，在我的生活中发挥了很大的作用。以诗词来修养身心，并不需要多丰厚的条件，多高深的学识，尤其是现在网络资源很丰富，可以便捷地获得很多资源。学诗词不是为了丰富自己的学识，而是一种为我所用的心态，能够满足自我修养的需要。每个人都可以形成自己的"诗文集"，可以是自己创作的诗，也可以是现成的经典。专属于自己的"诗文集"，是自己痛苦时的安慰，寂寞时的陪伴，面对洪水猛兽、糖衣炮弹时的铠甲。我经常使用的"诗文集"，也不是刻意结集的。小时候遇到喜欢的诗词还誊写下来，现在也不誊写了，能记得自然就记住了。

5. 文艺作品的评价标准

关于诗词等文艺作品，我们要形成正确的评价标准，不能使人的精神变得美好的东西，不能称为好的文艺作品。有一些看起来很粗俗的诗词，在一定范围内比较流行，不知道这是符合了部分人的审美情趣，还是有别有用心的力量在支持传播。但是作为读者，应该有自己的判断，流行的东西不一定是好作品，只有让人的精神变得高尚的才是好作品。

二、中华武术的修身意义

中华武术与中国文化是一脉相承的，是中华文化思想在武术领域的体现。

中华主流的传统武术，如太极、八段锦等，都不是以竞技为目的，而是以战胜自我为目标，战胜的是自己的不诚、不明、不仁、不德、不智、不勇。中华武术讲究"尚德"，功夫练得好能提高德行修养，德行修养得好也有助于提高功夫。"打败对手"是一种二元对立分析思维的世界观，有"我"，有"对手"，是"我"要战胜"对手"。对于来自一元整体思维的中华武术来说，练习者的最高目标是要"明德"、要"亲民"、要"止于至善"，要成为"诚"、成为"仁"、成为"智"、成为"勇"，成为"无我"而与世界融为一体。中华文化讲究内修，不对外张扬，看似舒缓而柔和的动作，却可以千变万化，应对无穷。马步、站桩看似一个人站在那里没有动，但可以发轫千钧，通天贯地。没练过功夫的人，标准的马步动作可能连一分钟都坚持不到。

从健身角度来看，中华武术与锻炼肢体的健身方法比较起来，后者练的是肌肉，中华传统武术练的是筋脉，练的是精气神。《道德经》中说"坚强者死之徒，柔弱者生之徒"，[①] 一般的健身方法可以让肌肉越练越硬实，而中国功夫却是让肌肉越练越柔韧。人体的肌肉、筋脉、骨骼、脏腑等有着非常精密的设计，很多位置并不是外在的肢体动作可以简单锻炼到的，中华传统武术往往包含了一些"导引"的方法，可以帮助调理很多不容易调理到的地方。有一次我参加一个会议，在会议休息的间隙看到一位教授在抓紧时间锻炼。这位教授说自己肩膀、后背不舒服，想锻炼一下，只见其伸展双臂前后划圈。后来，我告诉他两手的相对位置保持不动，用肩胛骨的运动来带动手臂运动试一试。他这一试惊奇地发现肩背又酸又痛，他天天跑步、天天锻炼，竟然没有锻炼到这些地方。这位教授之前的动作锻炼的只是手臂，我说的动作可以使肩胛骨运动起来，不仅整个肩背都能运动到，而且可以适当按摩到心肺等脏腑。这是我学太极拳时的热身动作——"功操"中的一个动作。虽然我没有学好太极拳，一套拳的动作都打不下来，实感遗憾，但学得那一点也感觉受益终身。

中华武术练的是精气神，没有实践过的人，可能会觉得"玄乎其玄"，哪有健身房的"肌肉块"看起来那么具体，那么有成就感。而真正实践过的人就会有体验，练到一定程度身体内的气机是会动的，会自动去调理身体中的问题。虽然我水平有限，但感觉身体还是很奇妙，处理了一层问题，还会有更深层的问题反映出来，有种难以穷尽的感觉。然而，一般的小毛病自己都

---

① 陈鼓应. 老子注释及评介 [M]. 北京：中华书局，2009：330.

可以处理，小毛病处理了，大毛病就不会发展起来。很多人总是把精力放在外表，对自己的身体除了外形，内部的运作一点也不了解。其实自己是可以与身体对话的，靠体检了解自己的身体太被动了，也太滞后了。

人体衰老的过程，就是筋脉不断收缩的过程，"筋长一寸，命长十年"，而筋的收缩是一个逐渐的过程，每天都在收缩，有一天不练第二天就会感觉自己的功法退步了。所以练武术往往要每天坚持，否则很难有所成就。当然，对于养生保健来说，有时间就练总比不练好。中华武术也非常讲究德，练习中华武术要求人定静，这些都是与中国文化对修身的要求一致的。此外，中华武术对于培养人的坚韧、勤奋等品质具有独特作用。

我最开始是靠中医养生，中医养生确实能调理身体的问题，但是要想身体不断改进，还是要靠运动，而中华传统武术有博大精深的内涵，与一般的肢体运动是完全不同的。中华传统武术有动功与静功的结合，对修身各有妙用。

"外行看热闹，内行看门道"，功夫高的人能看出来比自己功夫低的人水平在哪里，功夫低的人根本看不出功夫高的人水平在哪里，更别说没有功夫的人，那更是看不懂。我个人对中华武术的了解十分有限，可能讲得也比较肤浅，感兴趣的读者最好能向有真功夫的人学习。

三、中医的修身意义

中国传统上有"秀才学医，笼里捉鸡""不为良相，则为良医""上医医国"等说法，都在一定程度上表明了中国传统文人与中医之间的关系。相同的哲学思想贯穿在中华文化的各个领域，传统文人所学习的修身治国之"道"，与中医中的"道"都是一致的，所以文人学医很容易，懂中医可能是中国传统文人的基本修养。任应秋在其著作《任应秋论医集》中对《红楼梦》作者的医学修养给予了高度评价，书中这样说"祖国医学的脉法，具有较高深的理论，必须通过一定时间的亲身体验，才能有所领悟，所以有'读过王叔和，不如见证多'之说法。《红楼梦》作者在这方面，确乎有相当的造诣。尤其是描写贾珍儿媳秦可卿病的脉息最为出色。它说：'左寸沉数，左关沉伏；右寸细而无力，右关虚而无神。其左寸沉数者，乃心气虚而生火；左关沉伏者，乃肝家气滞血亏。右寸细而无力者，乃肺经气分太虚；右关虚而无神者，乃脾土被肝木克制。心气虚而生火者，应现今经期不调，夜间不寐。肝家血亏气滞者，应胁下痛胀，月信过期，心中发热。肺经气分太虚者，头目不时眩晕，寅卯间必然自汗，如坐舟中。脾土被肝木克制者，必定不思饮食、精神倦怠、四肢痠软。'"（《红楼梦》第十回）①。《红楼梦》中的很多人物都有医学修养，比如，黛玉每岁至春分、秋分后，必犯旧疾，痰嗽时作，精神委顿。宝钗对她说："你那药方上人参、肉桂，觉得太多了。虽说补气益神，也不宜太热。依我说：先以平肝养胃为要。肝火一平，不能克土，胃气无病，饮食就可以养人了。"（《红楼梦》第四十五回）②。对于想学习中华传统文化的很多现代人来说，从中医切入学习中华传统文化，不失为一条捷径。

对于现代人来说，学习中医对于自我保健及人格修养还具有特殊意义。中医的哲学基础植根于中华传统文化，与中国的宇宙观、世界观是一体的，与其他文化表现形式是同根同源的，是普通人可以掌握并运用的。许多人都在追求"财富自由"，财富是否自由不仅取决于自己有多少钱，还取决于需要花多少钱，因病返贫的家庭不胜枚举。还有一些人，虽然有花不完的钱，却有多少钱也治不好的病。追求"财富自由"具有竞争性，想要财富自由要面对很多困难。而追求"健康自由"，是不具有竞争性的，每个人都可以，而且现在网络信息发达，很多有价值的信息都可以通过网络免费获得。中医诊断的望、闻、问、切，不需要外在工具辅助，很多日常的食材就可以成为效果良好的药。中医从诊断到治疗，都是靠个体可以掌握的，不需要借助大型设备及精密仪器。民国名医张锡纯，自学中医，十几岁就能治好很多老中医治不好的绝症。从医疗角度来看，人类应该综合运用各种有效的医疗成果，西医也有很高明的地方，如外科，但是从自我修养角度来看，中医可能更适合。

我对中华传统文化的理解受中医启发很大，当我把这套书的理论体系梳理出来以后，发现有一个缺陷，就是整体观与人性观的关系还没解释。整体观与人的善性的关系好理解，但是整体观与人的无限潜能的关系要如何认识困扰我很久。有一天在学习中医知识时，我突然意识到中医的全息整体观可以解释人的无限潜能。

四、中华传统艺术的修身意义

《论语》中说"志于道，据于德，依于仁，游于艺"，③《礼记·学记》中

---

① 任应秋. 任应秋论医集［M］. 北京：人民卫生出版社．1984：231.
② 任应秋. 任应秋论医集［M］. 北京：人民卫生出版社．1984：232.
③ （战国）孟子，等. 四书五经［M］. 北京：中华书局，2009：17.

说"不兴其艺,不能乐学",① 以琴棋书画为代表的艺术一直是中华传统文人修身的重要方法。一方面,传统的修身方法,最高指向是"悟道",所谓"大艺通天",艺术做到了极致也可以通达天道;另一方面,艺术活动可以填补闲暇时间和进行不健康生活的时间。

很多传统艺术形式都是修心的,需要人静心没有杂念才能从事。比如,传统的书法、绘画等,都是使用毛笔、墨汁,毛笔的特点是可以千变万化,要精神很专注才能在具体的情境中有恰当的应用,墨汁的特点是不能修改。传统艺术需要人静心,能培养人安定平和的内心,按照中国传统观念,只有内心宁静才能有智慧生发出来,所谓"静能生慧",培养专注宁静的内心是传统艺术的重要价值。

中华传统艺术具有调节情绪和稳定情绪的作用,《论语》中说"子在齐闻韶,三月不知肉味。曰:'不图为乐之至于斯也!'"。② 弹琴、下棋、写书法、绘画需要精神专注,久而久之可能使人心气平和、情绪喜悦。在弹琴、下棋、写书法、绘画等过程中,可能抒发表达人的情感,起到情绪调节作用。书法字帖很多都是蕴含深刻道理的美文,也可以帮助人修养身心。需要注意的是,并不是只要是某种艺术形式就对人格修养有积极作用,还要看艺术的具体内容。同样的艺术形式,内容不一样就会对人产生不同的影响。《礼记·乐记》中说"郑音好滥淫志,宋音燕女溺志,卫音趋数烦志,齐音敖辟乔志。此四者,皆淫于色而害于德"③,可见,有些音乐对人格的修养是有害无益的。

我最近几年开始练书法,偶尔自己摸索着画画国画,主要是在工作之余休闲调剂。书法越学越觉得学问很深,刚开始认为不就是写字吗,谁还不会。现在觉得书法是书法,写字是写字。一般的写字仿佛是假花,只有形体,没有芳香、气息、神采,没有生命力;书法仿佛是真花,有形体、有芳香、有气息、有神采,是鲜活的、有生命的。要赋予没有生命的东西以生命,不容易做到。

传统艺术是传统文化的重要表现形式,而艺术创作过程及艺术品都只是外在的显现,更重要的是与之共鸣的人的精神。艺术修养并不只是为了艺术本身,而是为了人的情志和谐与人格提升。只看到了艺术形式,而忽略了人

---

① (战国)孟子,等. 四书五经 [M]. 北京:中华书局,2009:379.
② (战国)孟子,等. 四书五经 [M]. 北京:中华书局,2009:17.
③ (战国)孟子,等. 四书五经 [M]. 北京:中华书局,2009:385.

的精神，就是买椟还珠了。

五、耕读的修身意义

中国有"耕读传家"的文化传统，晴耕雨读是一种理想的生活方式，所谓"耕读传家久，诗书继世长"。陶渊明有诗云"既耕亦已种，时还读我书"，陆游有诗云"三冬暂就儒生学，千耦还从父老耕"，王冕有诗云"犁锄负在肩，牛角书一束"，徐勃有诗云"半榻暮云推枕卧，一犁春雨挟书耕"。历史上最著名的"耕读者"之一，是三国时期的诸葛亮，他在《出师表》中说"臣本布衣，躬耕于南阳"。耕的是地，也是自己的心。在古代，农耕是获得生活必需品的基本保障，在现代，社会生活的物质来源日趋多样，农耕不再是大多数人的安身立命之本，但是，"耕"可以成为一种修身方式，这里我们用"耕"来泛指一切可以修身养性的体力劳动。在城市化比例很高的现代社会，大部分人都无田可种，但是寻找一种可以愉悦身心的劳动方式却是可能的。劳动成果的特点是具有一定的实用性，做得好还可以上升为艺术。

人在社会中生活会形成自己的社会属性，被赋予一定的社会身份与社会地位等，这种社会属性有时候会对人产生一定的束缚，甚至异化。比如，被不讲礼貌的陌生人冒犯了，如果你觉得社会上什么人都有，遇到这样的人很正常，不往心里去，这件事可能就自然过去了，但是，如果你觉得自己是很有身份、很了不起的人，在职位上大家都很尊敬自己，这个不知天高地厚的人凭什么冒犯自己，就会很生气，甚至可能起争执。有一些医生，自己生病不好意思对别人说，怕别人质疑自己的医术。我只是一个自封的中医爱好者，并不是医生，但是，有一次我发现自己脖子上长了个包，可能是囊肿，我就不想告诉别人，怕人家质疑我中医没学好，自己"偷偷"刮痧，一个半月后包看不见了，我恨不得见人就告诉别人一遍。这是一种不自觉的反应，当我意识到以后，感觉很可笑。我心想自己不过是一个自封的中医爱好者，就这样"自讨苦吃"。所谓"君子不器"，人一旦给自己设定一个身份，就会被束缚。体力劳动一般展现的是人的自然属性，在自然属性面前人与人之间更具平等性，可以帮助人摆脱一些社会身份的束缚，达到内心的安宁。放下自己的身份，以一个平常人的心态来面对世界，心胸会开阔很多。我自己尝试做过的手工，有做古琴、衣服等，现在网络信息丰富，自己学着玩足够了。作为一个了解不多的业余爱好者，学做这些东西也需要很大的耐心，是对心性的磨炼。为了安全起见，做古琴我都是用手工工具，反正也不着急赶工，像挖古琴槽腹我就用了一把扁铲、一把圆铲，琴面用了一把小刨子，这个过程也需要非常专心，心无旁骛，一溜神就可能"下肉"多了，木头下多了就补不回来了。体力劳动作为一种应用人自然属性的活动，可以帮助我们更好地与自己相处，与自然相处，还可以起到锻炼身体的作用，如果有相关爱好及时间，不失为一种良好的修身方式。我一直相信"耕"有其独特作用，对认识自然、认识世界有特殊的价值。小时候与家人、亲戚、邻里一起种植庄稼的热闹和谐场面，一直是我的美好回忆。

六、做更好的自己

如果没有实践过中国传统的修身方法，可能会觉得比较虚幻，但是，如果真正去实践了，就能体会到这些方法是实实在在的，可以落实到生活的点点滴滴之中。心意上多一分诚与实，身体上就多一分康与健，感受上就多一分安与乐。很多修身的人都淡泊名利，我猜不是他们淡泊名利，而是获得了比名利更好的东西。同样的时间与精力，花在修身上的收获比争名逐利收获更大。如果人生不能找到比外在的名利更好的东西，未尝不是一种遗憾。"富润屋，德润身"，外在的东西只能装点外在，内在的东西才能真正滋养自己。很多女士热衷于美容，然而修身的效果可能比美容护理更大，所谓相由心生。

人生中很多重要的东西都不是靠钱能买到的。就像吃饭，即使再有钱，也不能雇人替你吃，只能说你所吃的食物、吃饭的形式等选择范围更大一些。我之前是不午休的，后来听说午睡对身体好，我也知道中午正是子午流注的心经时间，但是我并不困，我就把午睡改成了静坐三十分钟。我用静坐的方式午休，不到一年时间，有一次突然感觉到体内有气机在流动，平时身体不舒服的地方有了"气冲病灶"的感觉。这让我大吃一惊，感觉身体本身是最"智能"的医生，只要给予机会，身体自己就能解决问题，之所以生病是因为我们自己实在没有给身体自我调理的机会。在感觉到静坐的好处后，我总是想多坐一会儿，但坐不住，因为静坐时经常"思如泉涌"，在写作遇到困难时，静坐一会儿往往就有了思路，我就坐不住了，就想开电脑马上开始写，怕过一会儿再忘了。我也曾是一个热衷功名利禄的人，自从学习并努力践行中国传统文化以后，我感觉内在的成长才是人生最大的意义。我没什么实证的修为，但就是自己所了解到的那一点点，就足够"倾城不换"了。

第十四章　学校制度建设

在前文中，我们提到学生管理与教师管理的相关理论，学校制度在内容上应该为实践这些理论提供支撑。学校相关制度在制定方式上应该采取民主方式，征求广大师生的意见，赢得广大师生的认可。学校应该实行民主管理，这是与国家的民主管理思想相契合的。不仅要对老师民主，对学生也要民主。有一所学校尝试践行民主管理，有一些学生对学校食堂的伙食不太满意，学校专门就吃什么征求了全体学生的意见，学生反馈非常积极，学生们第一次在食堂吃到了自己建议的饭菜，都特别开心，觉得自己得到了学校的尊重，对学校的热爱之情溢于言表。在学校制度建设方面，制度的内容很重要，制度的制定方式也很重要。通过民主方式产生的制度，会得到师生更大的认可，在实施过程中会得到更大地支持。

第一节　制度建设的人文性与科学性

一、没有放之四海而皆准的科学管理制度

如果存在一种科学完美的制度，那不同学校的管理制度都应该是相似的，但在现实中，不同学校的管理制度有很大差别。有一些管理制度与其他学校差别很大的学校，也取得了管理上的成功。这说明管理制度与学校情况是要相互匹配的，不存在一种放之四海而皆准的科学管理制度。

二、脱离了人员认可就难有好的制度

一个学校校长推动教学改革，学习某学校的教学模式，强迫教师按照该教学模式组织课堂教学，对如何进行课堂教学给予了严格规定，如导入时间、

老师讲授时间、学生讨论时间、总结时间等都做了严格规定，还要求学生的座位不能面向讲台，而是要摆成小组圆桌讨论的形式。为了监督老师是否按照新的教学模式上课，校领导会随时进班听课，或者在教室外检查。一些教学水平较高的老教师，突然不会讲课了。有一次，一位老教师，看到学生们在进行小组讨论，完全不得法，没有取得学习效果，就在讲台上给同学们讲解，同学们就把桌椅摆回原来位置面向讲台听老师讲，这被进行检查的校领导发现了，校领导直接冲进教室，与教师爆发了冲突。后来这位教师表示坚决不执行学校的改革要求，调离了该所学校。由于这所学校此次实行教学改革，向教委申请了改革项目，获得了经费支持。因此，对外不好宣称改革失败，就说改革成功了，只要有人来听课，就采取改革后的教学模式，如果没有人来听课，还是采取传统教学模式。

这所学校的改革既否定了课堂教学的生成性，也否定了因材施教的必要性，归根结底是否定了教师的教学经验。教师不认可这种教学改革，最后只能以失败告终。中国式管理很讲究"思想动员"，教师不认可，校领导逼着做的事，终究是难以获得理想效果的。

三、制度建设应考虑人文性

有一所学校，每年职称评审都会有很多教师有意见，觉得不公平。新的一年又要进行职称评审了，校长就让全校教师全程参与评审。首先，是制定评审制度，全校教师共同讨论，大家没有不同意见后，再按照新的评审制度执行。其次，参评人员的参评材料完全公开，评审委员由全体教师选举产生。最后，在评审会当天，评审过程完全公开，所有人都可以自主观看评审会。这次职称评审会后，无论是评上的还是没评上的，都没有意见。当问这个校长，新的评审制度与旧制度有什么差别时，校长说："大家讨论的制度与学校之前制定的制度非常相似，几乎没有什么差别，但是，由于大家参与了制定过程，就比较认可。"

新旧制度是相似的，说明旧制度的科学性应该是没问题的，但是，却得不到大家的认可。可见，制度只有科学性是不够的，还必须让人认可，让人心里感觉满意，要具有人文性。

四、好的制度是人文性与科学性的统一

一所学院进行研究生分配，只要有老师提出意见，大家就拿到例会上讨

论，如果意见通过了就按照新的制度执行。在这个过程中，看似研究生分配制度越来越科学，但是，从另一个角度来看，这其实是一个平息不同意见的过程。提出的意见往往是有一定道理的，并不是无理取闹，大家共同讨论，有异议的教师其内心的不满就解决了。看起来是制度不断完善的过程，其实是一个不断解开人的心结，保证人能够情绪愉悦、人与人之间关系和谐，使每一个人都能没有心结地进行工作，保障人工作积极性的人文过程。在其他的学院，研究生分配制度可能不同，但是，只要得到了全体教师的认可，能够保障大家的工作积极性，就是好的制度。所以，制度建设的意义，可能并不是寻找一个放之四海而皆准的"科学"制度，而是协商一个大家共同认可的、能够保障大家工作积极性的"人文"制度。

第二节　文化、组织行为与制度制定

我们经常说中西文化差异，其实，即使在中国内部，不同组织之间也存在文化差异。文化的差异决定了组织行为差异，而组织行为差异决定了适宜的制度是有差异的。有些学校文化可能偏向典型的中华传统文化，而有些学校文化可能偏向典型的西方文化。如果把两种文化看成数轴上的两极，在两极之间可能还有很多个两者不同比例的组合。为了方便起见，我们以中西文化为两个极点，来分析文化、组织行为与制度建设的关系。这里我们讨论的学校管理制度是有限的，旨在说明学校的制度建设应该考虑自身的文化特点及组织行为特点。

一、中西文化差异对组织行为的影响

组织行为是指在组织特定的个体、群体与结构中，相关人员所采取的影响组织绩效的态度与行为。管理总是存在于特定的文化之中，不同文化中的群体，在相似的管理情境中可能会有不同的态度与行为。在中西方不同的文化情境中，组织中人的态度和行为自然也是有差异的。

1. 对组织看法的差异

中西方文化整体思维与分析思维、集体主义与个人主义的差异，会使组织中人对组织本质的理解有差异。大部分欧美人认为组织是一个完成任务的体制，而大部分东方人认为组织是一群一起工作的具有各种社会联系的人。

（尼斯贝特，2006）西方人对组织的需求更倾向于功利性，能为自己提供展示能力的平台，能为自己提供适宜的劳动报酬。包括中国人在内的东方人对组织的需求相对偏向安全感、和谐的人际关系等。

2. 个人与组织关系的差异

具有整体思维与集体主义的中国人，相对于具有分析思维与个人主义的西方人来说，对个人与组织关系的期待可能会更多样。例如，中国的教师一般不仅期待在学校中获得专业的成长和劳动报酬，还期待在学校能够获得生活上的关心、情感上的支持等。很多学校在教师个人或家里发生重要的事情后，即使与工作无关，一般也会表示关心。

3. 对同事关系期待的差异

西方的分析思维、个人主义反映到同事关系上，表现为排斥同事间的亲密关系。美国人"一直反对人们在工作单位里能够或应当有亲密性的想法，认为'个人感情在工作中是没有地位的'"，这种对亲密关系的排斥，又进一步表现为同事间的竞争取向。中国人的整体思维和集体主义反映到同事关系上，表现为乐于建立同事间的亲密关系，避免直接的冲突，表现出和谐取向。有和谐取向的中国人更在意在工作中保持一种良好的人际关系，有竞争取向的西方人更在意用自己的能力以超越他人的表现完成工作。

4. 对人与事侧重点的差异

具有整体思维与和谐取向的中国人，更倾向于关注工作中友好的人际关系，表现出关系取向；具有分析思维与竞争取向的西方人，倾向于关注任务的有效完成，表现出任务取向。中国人的关注点侧重在人上，与关系亲密友好的人一起工作，有助于更好地完成工作；而西方人的关注点侧重在任务上，只要能一起完成任务，可能不那么重视与一起完成任务的人之间有多么亲密的关系。

二、中西文化差异对有效教育管理模式的影响

管理制度的有效性，取决于其与组织行为的适应性，而组织行为又取决于文化。中西方文化差异对教育管理实践的影响，在学校管理制度上有明显体现。一般来说，整体思维、集体主义、和谐取向的文化，会导致较低的人员流动；相反，分析思维、个人主义、竞争取向的文化会导致较高的人员流动。认为组织是有机体的个体、与组织有着"整体关系"的个体、与同事有

着友好和谐关系的个体，相对于侧重任务的个体，流动性更低。在欧美的很多国家，学校中的教师流动性很高，但是在中国，教师流动性是相对很低的，很多教师都是一辈子做教师，其中又有很多是一辈子在同一所学校做教师。一位中国教师如果转行到其他领域可能要比欧美国家的教师承担更大的心理成本。

新制度主义理论认为，制度之间具有互补性，相互匹配的制度才能取得较好的效果。接近于终身制的劳动力用工制度，相对于人员流动性较大的制度来说，更适合集体决策程度高、晋升评价速度慢、内部工资差异小、员工培训力度大的配套制度。制度之间要具有耦合性，才能整体发挥良好的效果。这些制度形式，既是由文化从源头上整体决定的，也是相互配合进而相互决定的。当一种制度形式在文化的作用下确定下来，其他制度就要与之相匹配，才能取得良好的管理效果。

教师低流动性是中国文化的一种应然结果，下面我们把这一应然结果作为一种实然前提，分析在这一既定前提下，以及中国文化特点下，学校管理制度相对于西方学校管理制度的应然状态。文化差异及教师流动性差异决定了中西方有效的管理制度是有差异的。在中国中小学校管理中，集体决策程度应高于西方，晋升评价速度应低于西方，内部薪酬差异应低于西方，教师培训力度应高于西方。本书提出的相关政策建议是比较性的，而不是规范性的。即我们没有指出绝对水平应该是多少，而只是指出相对于具有西方文化特征的学校，最优的水平应该是高还是低，为我们借鉴经验提供一定的参考，也为制定有效的教育管理制度提供一定的参考。

1. 集体决策程度应高于西方

集体决策是一定范围内的群体成员共同做出决策，与之相对应的是个人决策，是指主要负责人个人做出决策。集体决策有助于发挥集体的聪明才智，参与决策的过程既是深入了解决策内涵的过程，也是承诺执行决策的过程，但是集体决策在决策效率上可能会比较低，决策周期比较长。集体决策要建立在团队有共识性组织文化的基础上，如果团队没有形成共识性组织文化，那么集体决策可能就不如个人决策。个人决策的优点是决策效率比较高。西方文化中的组织比较常见的是个人决策，因为个人主义的文化，"局部关系"的特点，使得西方社会员工的流动性比较大，大部分员工在某个组织中只工作很短的时间，一方面不容易形成共识性组织文化，另一方面其对组织相关情况的了解也比较有限，因此，在战略性重大问题上，不会让每一个人都参与决策。

对于中国学校来说，长期雇佣甚至终身雇佣的人事制度，有助于团队形成共识性组织文化，有助于组织成员深入了解相关情况，为集体决策奠定了基础。此外，在长期雇佣制下，教师们有责任为学校的长远发展考虑，从而做出可持续发展的决策。如果是短期雇佣制，可能会出现杀鸡取卵式的短期行为，就不适合集体决策。

集体决策一方面可能发挥集体智慧提高决策质量，另一方面可以提高共识，决策参与者在决策过程中其实也做出了执行决策的承诺。因此，集体决策与党委领导的校长负责制并不矛盾，而是有效补充。在一些学校中，学校领导（层）制定了新的政策以后，往往难以执行下去，因为很多教师不配合。缺乏教师参与的重大决策，一方面可能缺乏共识，另一方面可能缺乏教师执行决策的激励，学校可以考虑在教师集体决策方面有所改进。

2. 晋升评价速度应低于西方

我们对晋升与评价作一定的区分，以中小学教师的职称晋升为例，如果某位教师通过职称评定提高了职称，这属于晋升；但是，有没有资格参评属于评价。评上职称的速度属于晋升速度，有没有资格参评的速度属于评价的速度。

在员工流动性大、流动速度快的情况下，如果评价与晋升速度太慢，员工就会另谋高就，所以在这种情况下，组织要做出迅速的评价，对绩效高的员工要给予晋升并提高其工资。在人员流动性低的情况下，如果晋升速度太快，人员迅速到达了能在组织达到的最高职位，也会失去激励效果。相对于长期雇佣来说，终身雇佣制下，晋升与评价的适宜速度都应该慢一些，尤其是在晋升名额有限的情况下，一方面保留足够的未来成长空间，另一方面有助于教师安心地全面发展。评价虽然能够提高教师工作的积极性，但是也会造成激励偏差。评价只能是以可观测的因素进行，但是教师工作中，很多与学生培养息息相关的东西是不可观测的，如果评价的速度太快，教师就会把时间和精力投入那些可观测、可评价的方面，对于不可观测的方面可能就完全忽视了。比如，如果职称评价以公开课为考核因素，教师就会把大量精力投入公开课的打磨上，但是公开课的水平与常态课的情况是不直接挂钩的，这种激励偏差，既不利于学生培养，也不利于教师专业发展，还可能使教师身心疲惫，失去对工作的兴趣，产生职业倦怠。在中小学校存在一种现象，有些教师评上了自己能达到的最高职称以后，就转岗到图书馆、后勤等工作相对轻闲的岗位，不愿意再从事教学等工作相对繁重的岗位，这种结果可能与很多因素有关，但是职称晋升制度可能是造成这种情况的重要原因之一。

基于中国教师流动性低于美国等西方国家的特点，晋升评价速度应该低于美国，但是应理顺职称与工资的关系，使没有相应职称的老师，也能根据其能力与贡献获得合理报酬。如果不理顺职称与工资的关系，单方面调节晋升评价速度，是无法达到良好的激励效果的。

3. 内部薪酬差异应低于西方

薪酬差异体现在两个方面：一是同一时期的不同员工之间的差异；二是同一个体人生中不同时期的差异。实行终身雇佣制的组织一般来说薪酬差异小于短期雇佣制的组织，这背后其实有一种"保险"机制。一般来说，个体在青壮年时期劳动产出高，在年老时劳动产出低，在短期雇佣制的组织中，组织只能按劳动者的边际贡献为其给付薪酬，如果工资低于员工的边际贡献，他就会流动到其他单位。一般认为，人们偏好在一生中获得比较平稳的收入，在终身雇佣制下，可能会在劳动者青壮年时期给付低于其边际产出的报酬，而在其年老时给付高于其边际产出的报酬，帮助其实现一生之中的平稳收入，平稳的收入既会起到激励作用，也会促使员工乐于在组织中长期工作，因为一旦离职，青壮年时期为组织做出的贡献就难以获得回报。在个体生命周期中的薪酬分配调整，体现在同一时点上，表现为年轻教师的工资报酬低于其实际付出，而年老教师的工资报酬高于其实际付出，看起来似乎是年轻教师补贴了年老教师，但是，只要政策是一致的，年轻教师也有变老的时候，年老教师也曾年轻过，其实是个体年轻的自己补贴了年老的自己。相对于美国的短期雇佣制来说，我国的长期雇佣制可以采取更灵活的薪酬制度，可观测的薪酬差异可以低一些，但是实际上也是按照个体的贡献给付的报酬，并不是搞平均主义。

按劳分配，多劳多得，是社会主义的指导性薪酬制度。在这里，我们建议基于教师终身雇佣制的特点，按劳分配的计算单位，可以考虑适当地以终身贡献为基础，而不一定以某一时点的贡献为基础。另外，薪酬差异要以机会均等为前提，缺乏机会均等的薪酬差异很难体现公平原则。有些学校，把部分岗位的绩效工资定得比较高，但是只有少数人才有机会获得这些岗位，这在教师中引起了一定的不满。如果薪酬差异不是以大家认可的途径产生的，对组织的凝聚力可能会有很大的破坏力。

采用绩效工资，使个体间存在一定薪酬差异的好处是，可以通过竞争促进其的工作积极性。一般来说，竞争与和谐之间存在一定的对立关系，有些情况下，人们只看到了竞争对效率的促进作用，而忽略了其破坏和谐的作用。也就是说，如果产出不依赖于集体合作，只取决于个人的工作努力，这样的情况下比较适宜采取竞争性的管理制度，促进人员在相互竞争中提高效率。但是，当产出比较依赖于集体配合时，过度的竞争激励反而可能造成相互拆台、不分享有效经验等情况，不利于产出增加。学生培养是教师集体合作的过程，所以，在管理制度上应该提倡适度竞争，避免过度竞争。过度竞争可能会限制教师之间的经验交流。根据调查发现，在某些学校，教师之间有着友好甚至密切的人际关系，在学校内外都能愉快相处，但是，老师之间却从来不相互分享工作中的有效经验。也就是说，虽然老师之间按照文化特征营造了良好的人际关系，但是这种人际关系却没有为提高组织的产出绩效提供帮助，究其原因，可能与学校管理制度中没有把握好适宜的竞争强度有关。

4. 教师培训力度应高于西方

培训成本分担的一般原则是谁受益谁承担，如果人员流动性大，组织的培训投入很可能伴随着员工的离职而流失，所以在流动性较大的情况下，组织的培训力度会比较小。在我国，教师流动性相对西方来说比较低，所以适宜的培训投入应该是相对较高的。相关部门在组织培训时，应注重培训质量，注重教师的专业发展与职业生涯规划，注重教师的培训需求与身心发展自然规律，这种培训投资对于学校和政府来说，是可以获得长期回报的。

不仅培训的投入力度应相对高于西方，培训的内容范围也可以适当宽于西方。以养生培训为例，在短期雇佣制下，一方面教师的身体状况可能并不是由学校工作造成的，另一方面学校可以淘汰掉身体不好的教师，身体健康就是教师个人的事。但是，在我国的长期雇佣制下，一方面，一些教师的身体疾病与职业关系很大，如咽炎、静脉曲张、腰腿疼等；另一方面，教师的身体状况对工作有长期影响，有些教师由于身体不好而长期请假，耽误了很多工作。长期雇佣制需要我们以长远的眼光考虑问题。

三、对学校借鉴管理经验的启示

如图14-1所示，中西文化差异决定了有效管理模式差异。中西文化差异、组织行为差异，以及中国中小学教师流动性较低的实际情况，决定了中国中小学校的有效管理制度与西方是有差异的。所以，我们绝对不能简单照搬西方的教师评价方法及学校管理方法，在学习其他国家学校管理经验时，一定要分析其文化基础，并且分析在中国社会是否也有相似文化基础。如果一项西方的学校管理政策，完全是建立在其文化基础之上且这种文化基础在中国又完全不具备，那么这样的制度引进就一定要小心。有一些管理方法的有效性是不以文化差异为转移的，对于这样的管理方式，我们才可以大胆引进。总之，我们要从中国的文化传统与管理实践出发，探索总结符合中国国情的有效管理模式。不仅借鉴西方学校的管理制度需要考虑这些文化因素，在国内借鉴其他学校的管理经验也要考虑这些文化因素。

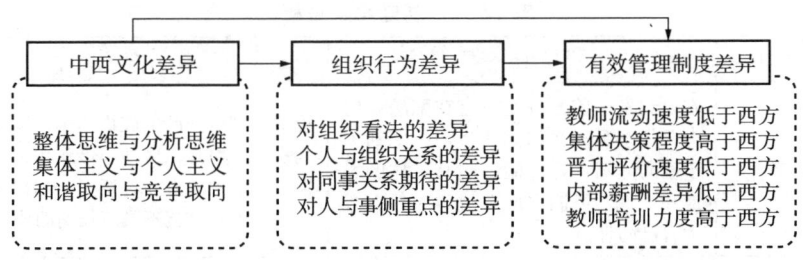

图14-1　中西文化差异、组织行为差异及有效管理制度差异

根据中国的文化特征，致力于提高组织成员人际和谐的政策具有提高效率的意义，学校应在以竞争促进效率与以和谐促进效率之间实现一种平衡。更多地采用团队激励政策，一方面可以促进团队内部的和谐与合作，另一方面可以促进团队间的竞争。学校应重视工会活动的意义，充分发挥工会在组织氛围建设中的作用。学校也应重视教代会的作用，使教代会切实成为教师参与学校管理的平台。

在西方的管理理论与实践中，一般把员工看成完成组织生产工作、实现组织目标的工具。在中国，教师作为社会成员的一部分，不仅是实现教育目标的支撑，其本身也应该作为社会发展目标所指向的对象。

第三节　制度的边界

中华传统管理思想讲究德政与教化的管理方式，并通过"和"提高个体与组织的利益一致性，在这种情况下，给下属更大的授权去根据具体情况做最优选择，不主张用严苛的制度规定进行管理。为什么不提倡用严苛的制度来管理人，本节我们看看不合适的制度的危害及其应有的边界。

一、从考勤制度看管理

每一项制度既然存在就必然有其合理性。我们不是为了探讨相关制度是否合理，而是想与读者一起认识制度的影响。我们以考勤制度为例，把人群分为几类：一是必然迟到者；二是边际迟到者，指那些"恰好"迟到的人，如何再快一点儿就不会迟到了；三是边际未迟到者，指那些"恰好"没有迟到的人，如何再慢一点儿就会迟到了；四是没有迟到危险的人。我们分当期与长期两个方面来看其影响。

表 14-1　制度影响分析

迟到类型	当期	长期
必然迟到者	在迟到发生前，可能一直在酝酿如何向单位解释；在迟到发生后，受到了单位的处罚，有可能影响其工作的态度和士气。可能在向单位解释时，夸大自己的理由	可能对其迟到产生震慑作用，减少其迟到次数。但是，这种震慑作用，只对长期反复迟到的人才有意义。如果只是偶尔一次迟到，就不具有长期的作用
边际迟到者	在迟到发生前，可能一直处于焦虑状态，担心自己会迟到；在迟到发生后，受到了单位的处罚，感觉自己运气很差，影响了心情，影响其工作的态度和士气。可能在向单位解释时，夸大自己的理由	可能对其迟到产生震慑作用，减少其迟到次数。但是，这种震慑作用，只对长期反复迟到的人才有意义。如果只是偶尔一次迟到，就不具有长期的作用
边际未迟到者	在到达单位前，可能一直处于焦虑状态，担心自己会迟到；恰好踩点儿赶到单位，惊魂未定，需要平复一下之前焦虑的情绪才能投入工作	险些迟到的经历，可能提醒自己更好地规划时间
没有迟到危险的人	在上班的路上可能规划一下今天的工作，思考到了单位如何开展工作，如何解决昨天没有解决的问题；到了单位之后可能快速投入工作。或者在上班路上安心地看手机娱乐，或许闭目养神，到了单位以后，都能以较好的情绪状态投入工作	无长期影响

可以看到，考勤制度既可能影响道德行为，也可能影响工作效率。有些迟到者可能为了避免惩罚而说谎，有些迟到者可能因为被惩罚而影响工作态度，有些人可能因为担心迟到而产生焦虑情绪，焦虑情绪也会影响工作效率。

当然，一个人的迟到情况，也可能对其他人造成影响，产生外溢作用。考勤制度无疑是有其积极作用的，能提高组织的规范性与纪律性，保障组织的正常运行。这里进行这样的分析，旨在说明任何一项制度都可能有两面性，在正向影响与负向影响之间，可能存在着一个最佳权衡。制度并不是越严格、越清晰、越明确越好。

一所小学，规定教师在上课期间必须保持站立，不能坐椅子，身体也不能倚靠桌子，如果这样做被发现就有惩罚，学校还有关于上课的其他很多规定。学校的老师在上课时会特别紧张，时刻小心，怕违反了学校的规定。有时候身体比较疲惫时，不小心靠了靠桌子，反应过来以后，就会条件反射似的迅速移开，并观察一下教室外面，是否有监督的领导经过（当时该学校的教室还没有安装摄像头，如果安装了摄像头，这些规定给老师的心理压力可能就更大了）。老师本来可以把所有精力都投入教学之中，现在却必须分散精力去关注学校的规定。

管理者可能以为越严重的惩罚越有威慑力，而忽略了越有威慑力的惩罚造成的恐慌心理越大，恐慌心理越大个体用来处理这种情绪的时间与精力就越多，对工作的干扰就越大。个别问题如果能够个别解决，最好不要制定束缚所有人的制度。作为一名老师，上课不迟到是基本道德，是对自己的基本要求，如果个别老师长期做不到，需要领导对这些个别人进行个别教育，而不是把所有人圈进铁栏杆；如果个别老师偶尔做不到，可能有特殊原因，也不需要一项长期规制所有人的制度。不规定教师上课不能迟到，是否就允许教师上课迟到呢，当然也是不允许的。这种不允许应该来自教师对自己主动的要求，而不是制度规定。不能以制度规定替代了教育，学生教育中更是如此。使学生有奉献的心、乐于参与公益事业，这是教育应该完成的工作，有的学校以制度的形式规定学生必须参加公益活动，这就是以制度代替教育，让学生失去了自由感与主动性，可能只促成了外在行为，没有形成内在的品格，完全没有达到教育目的。

如果必须有所规定，又想在一定程度上避免规定的负面作用，可以进行一定的设计，比如减免额。以考勤制度为例，迟到几次以内免于惩罚，也可以根据上学期的出勤情况决定这学期的考勤制度，如果出勤情况好可以采取一项宽松的制度。

二、制度的价值与局限

在管理实践中,良好的制度设计一般被认为是衡量管理水平的基本标准。在部分管理者眼中,管理等同于制定规则,组织出现任何问题,都试图通过制定针对性的制度来解决。

良好的制度无疑是有其重要的管理价值的,但是,在应用制度进行管理的过程中,需要注意制度的局限性。

1. 制度本身的不完备性

制度只能就平均情况或者主要情况做出规定,但是在具体情境下,最优的决策往往是千差万别的,详细的规定可能在避免了最坏选择的同时,也排除了最优选择。哪怕制度是完美的,仍然要依赖于人来执行。同样的制度,由于执行人的差异也会产生千差万别的结果。因此,忽略人的具体性,单方面鼓吹制度的精细化的管理,很难取得理想的效果。

2. 管理实践复杂多样,制度规定不一定是最优的

管理中有一种倾向,即使用越来越精细化的制度来明确被管理者可以做什么,不能做什么。但是,所有"一刀切"的"制度""规定"都可能是一把"双刃剑",因为他忽略了不同的情景条件。现实情境是复杂多样的,在每一种情境下,可能都存在着不同的最优决策。而制度因其难以完备,不可能针对每个具体情境都进行规定,只能根据整体情况进行规定,可能在很多情境下,都排除掉了最优决策。比如,一所大学发现很多学生上课时都在玩手机,于是做了一个规定,即学生上课时严禁使用手机。首先,学生上课使用手机并不都是在玩,有些是使用手机在学习,如老师提到了什么自己不知道的概念,可以马上在手机上查询一下,有助于自己更好地理解课堂内容。"一刀切"的规定,虽然禁止了不听课玩手机的情况,也同时禁止了使用手机辅助学习的可能。

3. 关注现象忽略本质

一般来说,制度只能针对有形有象的因素做规定,把复杂问题简单化,而简单的规定可能忽略了更重要的深层次问题,治标不治本。仍以上面提到的学生上课使用手机为例,规定学生不许看手机,首先,把恰当使用和不当使用都阻止了;其次,这样的一项制度对学生的道德人格是有一定影响的,每当学生想拿起手机看一看,就会想到自己是被监视、被控制的,在这样的

环境中成长起来的人格，与自由环境中成长起来的人格是不一样的。最佳的情况是，避免了不听课玩手机的情况，又没有阻止学生使用手机辅助学习，也给了学生自我管理的自由。这样的结果显然不可能通过"一刀切"的规定实现。如果管理者只是把眼光局限在"是否使用手机"这个表象上，就忽略了深层次的问题。学生为什么不听课玩手机，一方面可能是学生本身的自控能力、学习动机等存在问题；另一方面则可能是课程内容、教学方法上存在一些问题。在这个案例里，如果学生没有提高自我管理能力，老师没有提高教学水平，而只是在表象上看到学生因为玩手机而不听课，实质问题并没有得到解决。理想的方式是：一方面，通过教育与培养，提高学生的自我管理能力、学习动机、学习兴趣等；另一方面，对课程内容与教学方法进行改进。这才是解决问题的根本之道。

在管理制度的制定过程中，应该区别现象与本质。如果仅就现象做规定，可能本质问题没有解决，甚至掩盖了本质问题。本质问题如何确定，深入哪一个层次可以算深入本质？这取决于组织的目标。如果是以促进学生发展提高教育质量为目标，对学生是否可以在课堂上使用手机的规定可能仅仅是一个皮毛，还有更重要的问题需要分析。当然，这些更重要的问题解决起来是有难度的，不像一个简单的规定那样容易做出。但是，管理者要有这样的意识，即使暂时无法妥善解决，只能采取退而求其次的做法，也要认识到问题的本质在哪里。

很多管理者，包括一些管理理论，都倾向于从表象上来解决问题，解决问题的主要方式就是制定详细的制度，而忽略了从人心上进行管理，忽略了管理方式对道德人格的影响。如果忽略了管理对人心的影响，可能事情虽然是做了，但是不一定发挥了管理作用。比如，职称评比，名额一旦确定，评上职称的人数也就确定了，推荐相应的人数获得相应职称，完成这项工作任务是不成问题的。好的管理在按照规定评出相应人选的同时，应该注重对全体员工的心理引导，激励大家的工作热情，降低伤害。如果这件事情虽然完成了，但是怨声载道，这就不是成功的管理，只是任务达成。

三、适宜的制度边界

通过前面的分析可以看到，一方面制度尤其是惩罚性制度会压抑人的道德反思，另一方面制度本身也有其局限性，因此，制度绝对不是越精细化越好。是否建立制度及制度的精细化程度都应该是有边界的。此外，执行制度本身也是有成本的。比如，在实践中流行的留痕制度，所有工作都要有记载，其执行成本就很高。

管理者需要意识到，所有制度都是有利有弊的，在使用制度时，必须做出审慎的权衡。不能只看到制度的积极方面，而忽视了消极方面。看似简单的10分钟的工作，也要耗费实施者很大的精力去完成。做一件事情的成本，不只包含做这件事本身所使用的精力和时间，还包括想着做这件事的精力和时间等。

第四节 支持性制度

学校的制度应该为保障学生的全面自主发展提供足够的支持，应该为教师的成长提供足够支持，为培养师生关系提供足够的空间。总之，学校的制度要保障学生与教师都能够向着"圣贤"靠近，在道德、情志、能力方面给师生发展提供支持。

一、学校的制度建设为学生的全面自主发展提供足够支持

与学生相关的制度，应该遵循教育原理与教育规律，帮助学生实现全面自主发展。经济管理以追求效率最大化为目标，人员的安排以事为核心展开；学生管理以人的发展为目标，事的安排以人为核心展开。学校和班级里给学生安排一个锻炼岗位是不需要支付工资的，只要对学生的发展有帮助，就可以权衡利弊决定是否设岗。学校可以实行民主化管理，多给学生自主权，培养学生的自主性，锻炼学生多方面的能力。

制度建设应该"导之以德，齐之以礼"，而不是"导之以政，齐之以刑"，尽量少用奖惩性的激励，而是以教育方式来影响学生。惩罚是一种威胁，控制学生的可能是恐惧感，奖励是一种诱惑，控制学生的可能是贪婪性。被贪婪性或者恐惧感控制的人，不是自由的人。只有获得情感支撑的行为，才是发自内心的真实行为；影响了学生的情感和意愿，才发生了真实的教育。

制度建设应该符合"知行情意"的教育原理。情志是学生发展的重要方面及影响因素。学校应该通过举办适宜的活动，保持学生的良好情绪，并为学生锻炼各方面能力提供机会。

二、学校的制度建设为教师的成长提供足够的空间

学校要把教师当成"好人"来管理，为教师的道德成长提供足够的空间，

让其感觉到做教师有尊严。鼓励教师通过自我修养提升自身的师德水平及教育教学水平。

对教师进行道德激励与情感激励,少用惩罚性规定,通过教化的方式影响教师行为。很多校长可能都有这样的苦恼,有少数教师就是"油盐不进"。有些惩罚性制度甚至就是因为这些个别人才制定的。个别人的问题,可以通过个别沟通与个别教化来解决,不宜出台限制所有人自由的惩罚性制度。校长应该是领导者而不是管理者,领导者具有影响力,具有教化下属的能力,而管理者只要按照规则进行管理,不需要个人具有影响力。校长最好能通过"内圣外王"、修己安人、以身作则的方式进行教化管理。当然,再好的校长也可能遇到实在难以教化的老师。如果必须制定规则,也最好不要制定破坏所有人自由感的规则。比如,教师上课迟到的问题,全校可能只有个别老师经常迟到,首先可以通过个别沟通,希望这位教师能改正。如果个别沟通不能解决问题,无奈必须制定惩罚性制度可以设计一个"免减额",比如,迟到两次以内,不受惩罚,迟到两次以上就开始有惩罚。这个"免减额"是为了给所有教师自由感,有自由才有尊严,才能产生自我要求的主动性。

三、学校的制度建设为师生良好关系培育提供足够的空间

学校管理制度的建立,应该致力于促进师生关系的和谐,而不是破坏师生关系。比如,日常的管理时,有些学校直接把班级检查得分和教师绩效工资挂钩,学生掉到地上的一张纸,都能导致教师被扣工资,这很容易使教师对犯错的学生不满。有些学校也进行这样的检查,但是,检查结果是反馈给教师作为参考,而不是直接与工资挂钩。现在很多学校都会对学生进行调查,让学生给教师评分,有些学校将调查结果直接与教师的绩效工资挂钩,有些学校只把调查结果作为给教师改进工作的参考,不会用来对教师做评价。在有些高校里,学生评分直接影响教师绩效奖金,有些教师就讨好学生,上课少讲实质内容,给学生讲笑话逗学生开心,成绩给得高高的,这样学生的评教分数就高。而上课内容讲得深,考试题目难,给分低的学科,学生不愿意选,给教师的评分也低。有些学校给教师安排的任务比较重,教师根本就没有富余的时间与学生相处。学校在制定政策时,要综合考虑多方面的因素,要给师生关系的培养提供足够的空间。

第十五章　学校文化建设

真实的学校文化是在学校办学实践中形成的,在人不自觉的思维里和自觉的行动里。这里所说的学校文化,是指在现实中真正发挥影响的学校文化,而不是指一个可见的所谓学校文化标识系统。很多学校应用学校文化建设进行办学质量的改进,取得了一定的效果,但是,不少学校文化建设停留在了表面。有些学校梳理了学校文化的表达系统,但表达系统与办学实践联系不够紧密。

部分学校在应用企业管理的组织文化理论指导学校文化建设,其实中华传统文化中的教育理论也可以指导学校文化建设,而且更方便、更直接。学校文化建设应该落实到个体、落实到课堂、落实到管理等各个方面。学校文化建设可以利用多方面的文化资源。在办学实践中,有些学校把学校文化建设与特色发展结合起来,追求有特色的学校文化。学校的文化特色不应该体现在办学目标上,而应该主要体现在教育目标的实现路径上。

第一节　学校文化建设的核心与原理

学校文化建设是要影响人,而教育本身就是影响人的,应用教育原理就可以进行学校文化建设。如果脱离了教育原理谈学校文化建设,就是缘木求鱼。

一、以教育理论塑造学校文化

学校文化建设应遵循教育原理。在中华传统文化思想中,"格物、致知、诚意、正心、修身、齐家、治国、平天下"是教育的过程。"格物""致知"属于"知"的范畴,"诚意""正心"属于"情"与"意"的范畴,"修身"

"齐家""治国""平天下"属于"行"的范畴。学校文化建设应遵循"知行情意"相统合的教育原理。对于"知",我们将其划分为两个层次:一是价值观,二是判断行为的理性标准。"情意"可以是情感共鸣、做事的意愿、态度等。"行"是言行,是行为习惯等。学校根据教育原理开展了教育,就会形成文化。

1. 价值观

学校文化建设,首先要在师生中树立一定的价值观。根据培养圣贤的终极教育目标,价值观有两方面的基本内容:一是自我的充分发展;二是为他人、为社会作贡献。这两个方面分别对应着"人皆可以为圣贤"的人性观、关于人的主要特点的认识,即人具有善性与无限潜能。

人的价值观是受组织影响的,组织与其成员之间通过互动形成组织文化,组织文化又反过来影响着每一个人。价值观影响着人的需求,影响着人会为什么开心,是为利他奉献开心,还是为自私自利开心。这除了受个体自身的特点影响,也会受组织环境影响。如果组织环境中是利他奉献、相互关心的氛围,个体就可能具有更多的利他奉献精神,就可能因利他奉献而获得快乐和愉悦感。如果组织成员都是自私自利的,某个人如果不得已多奉献了一些,就会感觉自己吃亏了。

在既定的工作任务面前,如果大家都讲奉献,都能主动承担起自己的本职工作,并能在力所能及的情况下承担起组织的额外工作,虽然每个人的工作任务是不变的,但是,大家的心情是完全不同的。在组织指派的情况下,个人会感觉自己被强迫,产生委屈和不满。

在具有相似职能的不同学校中,不同的群体在完成相似工作的情况下,创造了不同的个人感受。好的学校,人们具有积极的感受;差的学校,人们具有消极的感受。在具有积极感受的学校,教师可能把本职工作完成得更好,甚至超额完成工作;在具有消极感受的学校,教师把本职工作都很难完成好。

2. 理性标准

在建立了共同的价值观以后,要建立大家共同认可的具体言行、情感态度等的评价标准,使得每个人可以对具体言行及情感态度等的好坏做出判断。大家在共同的价值观指导下,就会有共同的言行标准,秉持着共同言行标准的人更容易相互认可。

3. 情感意愿

情感意愿是正确的情意反应，比如，对正确的、有价值的事，有意愿去为之努力，有积极的情感共鸣、觉得值得付出。对做错误的事会有羞耻、愤慨、讨厌等情意反应。所有老师和所有学生具有一致性与相似性的情感意愿，就成了学校文化。比如，大家都乐于助人，大家都对某种道德品质有较高的评价，大家都乐于学习某种艺术、技能等。

4. 行为习惯

在价值观、理性标准、情感意愿的基础上，能够自觉按照学校文化所认可的方式去行动，并成为一种行为习惯。行为的产生可以有不同的原因，如果是使用外在激励的方式诱发的行为，还没有达到形成文化的程度。学校文化所塑造的行为，是发自人内心的自觉、自发、自愿的行为。大家有着相互认可的行为，更容易和谐相处、相互促进。某种特定的行为习惯在学校里普遍存在，就形成了一种文化，可以潜移默化地影响人。

二、学校文化建设的核心是对人的塑造

以学校文化建设为抓手推进学校改进，是当今中小学管理实践中常见的一种做法。学校文化建设在不同程度上促进了学校发展，以及师生面貌的改变，但是，对于部分学校来说，学校文化建设还停留在校园环境建设、学校文化标识系统梳理、文体活动等层面，有待进一步提升到人的塑造层面。有效的学校文化，可以影响人的思维和行动，能起到协调作用，帮助成员在决策面前达成共识；能起到激励作用，激励成员自愿为实现组织目标而积极努力。

学校文化建设，可以塑造人的价值观。对于同样的事情，大家可以有不同的认识。比如，在有些班级，打扫卫生是对表现不好的学生的惩罚，然而，在有些班级，打扫卫生是对表现好的学生的奖励。这背后就是不同的价值观、不同的文化建设。奖励与惩罚本身是什么不重要，重要的是大家秉持了什么样的价值观。

有些学校鼓励老师具有奉献精神，奉献应该是出于自愿。校风不体现在学校关于校风的口号里，而体现在师生的精神面貌里。口号里的校风，可能只是某个人或者某些人拼凑出来的门面，人在实践什么，才是真正的校风。

三、从教育规律看企业文化理论

在过去几十年，中小学中曾流行过学校文化建设，很多学校都是在用企业理论来建设学校文化，部分学校也取得了一定的效果。组织文化建设在企业领域取得了较好的管理效果，受到了很多企业的欢迎，使得学习企业管理方式的学校，将企业的组织文化建设理论借鉴到教育领域。为什么组织文化理论在企业管理领域取得了较好的管理效果？我个人认为是因为其包含了具有教育性质的内容，比如价值观的塑造、愿景的建立，都暗合了教育原理中的要素。当然企业文化建设的一些形式也是可以作为参考的，其背后的核心原理应该是教育原理。学校文化建设是要影响人，而教育原理本身就可以影响人，教育原理相对于管理原理来说，对人的影响可以更深入，管理只需要影响人的行为，而教育是通过影响人的内心进而影响行为。

第二节 学校文化的落实

学校文化应该落实到学校工作的各个方面，比如，落实到个体、落实到课堂、落实到管理等。学校文化应该是从学校内部生长出来的，而不是从外部移植过来的。学校文化建设应该是为学校发展服务，而不是为了建设而建设。如果学校文化不能影响成员的思维方式与行动方式，说明文化建设还仅仅在较初级的层面。如果师生是以焦虑甚至抗拒的心态来看待文化建设，那么文化建设可能已经走向了歧途。

一、落实到个体

学校文化建设应该落实到个体的价值观、思想、情感、意愿、态度、志趣、言行、精神等方面。行为文化与精神文化是企业文化的重要内容，企业可能只要是能够完成事务、实现效益就够了，但是学校要影响人的方方面面，完整、全面地塑造人。在圣贤教育思想体系下，师生应该是精神饱满、充满热情、全身心地投入追求"成为圣贤"的学习或工作中去。

所有不良情绪都需要花费时间与精力去消化，当一个个体处于忧愁、焦虑、压抑等负面状态时，是难以充分发挥其聪明才智的。教师的内心应该是安宁的，情绪应该是喜乐的，才能充分发挥其才智去培养学生。有些管理者的心里是西方管理学的思维，把教师当成了培养学生的工具，而忽视了教师的主体性与能动性，忽视教师的情感需要与尊重需要，以为采取监督与奖惩的方式，采取高压手段，就能够使教师出业绩。学校文化建设以培养人为目标，就要尊重人性之规律。违逆人性的做法或许能做成事，但是难以培养人。在教师中所流行的文化，也是影响学生文化的重要因素，毕竟一所学校里学生是几年就更换的，但教师是长期在学校工作的。

二、落实到课堂

学校文化建设要落实到课堂，如教学内容、教学方式、课堂组织形式、课堂上的互动模式、师生关系、生生关系等，都要符合学校文化建设的宗旨。课堂是学生花费时间最长的地方，也是师生相处时间最长的地方，是学校文化建设最根本的阵地，如果学校文化建设不能走进课堂，就很容易流于表面。比如，如果学校弘扬的是人与人平等的文化、民主管理的文化，这种文化就应该在课堂教学中有所体现。比如，有的老师会把由谁来进行课堂发言的权力交给某个同学，当然，这种权力的给予并不是突兀、生硬的，而是与整个教学过程自然衔接的。例如，在某个学生发言之后，老师可能会进行一定的追问，如果被追问的问题学生回答起来有困难，老师就可能顺势让这位同学点名一个其他举手的同学来继续回答。

三、落实到管理

学校文化是为了塑造人，教育是影响人的方式，管理也是影响人的方式，学校所有目标的实现，都离不开管理的支持。学生管理、教师管理是学校的日常工作，都可以直接影响人、塑造人。学校管理要从人才的培养需求出发，不能只看事务的达成，而不顾个人的道德、情感等方面的发展，应实现个人发展与事务达成之间的协调。按照中华传统管理思想，可以多应用道德激励、情感激励、无为而治等方法，这既可以促进事务达成，也可以实现人的成长发展，进而塑造学校文化。

第三节　学校文化建设可资利用的资源

学校作为一个组织，是嵌入在社会之中的，学校文化建设并不是独立于社会之外进行，而是要与社会文化相契合。学校可以以中华优秀传统文化提升学校文化品质，以充分挖掘自身资源塑造学校文化，以社会资源提升学校文化品质，也可以以国际视野建设学校文化。

一、以中华优秀传统文化提升学校文化品质

中华传统文化不是存在于历史上的文化，而是从历史上流传至今，在我们当前的生活中仍然发挥着重要影响力的文化。中华优秀传统文化是能够反映宇宙人生真谛的文化，是对当今时代仍有指导意义的文化。在推进学校文化建设的过程中，首先要分析中华传统文化的特点，使建设的学校文化符合中华民族的思维方式和行为方式，这样才能达到事半功倍的效果，如果与中华传统文化背道而驰，不但达不到应有的效果，还可能对组织产生破坏作用。在教育实践中，很多学校的文化建设都具有一定中华传统文化特色。

校园设施、教室布置等物质文化，可以比较方便地应用一些传统元素，使其看起来具有中华传统文化特征，校园环境应该与人的精神相契合，否则就只是"移植"的表面性的文化。真正的文化建设要深入人心，形成人的自觉思维与行动。要想达到这样的目的，传统文化就需要深入到学校日常工作的方方面面，如课堂、管理等方面。以课堂为例，诗词、书画、传统乐器、传统运动等课程内容反映传统文化是相对容易的，也是相对容易观测的，但如何使课堂上的互动模式、师生关系、生生关系符合传统文化，比较难做到。如果课堂评价完全是竞争性的，这其实是有悖于中华传统文化的，中华传统文化提倡人与人之间和谐合作。在鼓励竞争的同时，也要注重促进合作，建立为集体荣誉而努力的意识。一味强调竞争，即使能够在短期内促进学生知识积累，但从长期来看，对同学关系、学生的心理健康等都有负面影响。

以中华优秀传统文化提升学校的文化建设品质，也不是全盘照搬传统文化，而是要把握中华传统文化的精华，并使文化建设符合当今社会特征及发展需要。中华优秀传统文化应该是符合宇宙人生真谛的，有助于人类整体进步与持续发展的文化。要想深刻理解中华传统文化的内涵，一方面要认识其形成时的自然社会条件，另一方面要理解中国古人的世界观、人生观与价值观。然后通过古今对比，认识传统文化对当今时代的价值。只有这样才能深刻理解中华传统文化，并将之更好地应用于学校文化建设。对于亘古不变的真理性内容，应该继续坚持与弘扬，对于已经不符合时代特点的内容，我们

也应该予以摒弃。

二、以充分挖掘自身资源塑造学校文化

很多学校都是有一定历史的，把符合学校文化建设宗旨的历史事件挖掘整理出来，就可能成为学校的教育资源、教师培养的资源、学校文化建设的资源。比如，前文提到的学校老师一夜之间为学校捐建了一层教学楼的故事，就可以成为学校文化建设的资源，有助于在学校里形成奉献文化。

学生中也有很多闪光的故事，比如，有的学生意志坚强，克服重重困难努力求学；有的学生心地善良，热心帮助他人；还有的学生通过团结合作取得了集体进步；等等，这些都可以成为学校文化建设的资源。学校学生的事迹，由于其切近性，会达到更好的教育效果。

三、以社会资源提升学校文化品质

不仅学校自己的故事可以成为学校文化建设资源，中国历史上及当今时代的很多卓越人物事迹，都可以作为学校文化建设的资源。比如，张桂梅校长的事迹，感动了无数老师，激励无数老师为教育事业无私奉献。社会上有无数感人的英雄事迹，其中有老师，也有分布在各行各业的工作者，如钱学森、焦裕禄、袁隆平等，这些都可以成为学校文化建设的社会资源。张桂梅校长的偶像是革命烈士江姐，张校长所在的女子高中，也经常对师生进行红色教育，以革命烈士的英勇顽强精神激励师生努力拼搏。这也是在应用社会资源进行学校文化建设。

四、以国际视野建设学校文化

在信息化、国际化的时代背景下，各国文化交流频繁，相互影响。不同国家与地区的文化差异可能会造成"文化焦虑"，当文化冲突发生的时候，应该如何看待、如何行动，可能会让部分人感到困惑。要以国际视野，通过中外对话，通过对文化差异的认知，理解不同文化各自的特点及根源，才能深刻理解中国文化的内涵，树立文化自信，定位出符合社会主义核心价值观的文化。

第四节　如何看待多姿多彩的学校文化

过去几十年，中小学流行学校文化建设，有部分地区称为"特色文化建设"。很多学校都梳理了学校文化标识体系，包括校风、学风、教风、校训、校徽、校歌等一系列的学校文化要素。这些文化标识，往往都有自己的特色，比如，有些学校以荷花、梅花等花卉为学校文化的主题，作为梳理学校文化的主线。除了文化标识体系，很多学校也有自己的特长，比如，书法、古琴、围棋、古诗词、绘画、太极、足球、篮球等。这些多姿多彩的学校文化，一度让我非常困惑，我在思考，在这些特色文化体系下，大家是在培养相似的学生还是不同的学生？大家的教育目标是相似的还是不同的？我认为多姿多彩的学校文化，教育目标与教育内容是相同或相似的，特色体现在教育目标的实现路径上。

一、教育目标与教育内容是相同或相似的

1. 道德——全面发展

学校要全面培养学生的道德品质，不可能说只培养学校提出的特色品质，其他方面的品质就不培养了。所以，在道德教育方面，所有学校的培养目标应该是相似的。

2. 情志——中正平和

所有学校都应该培养情绪良好、性格乐观的学生，其最终的目标是培养情志中正平和的人。所有的极端情绪都会给人带来伤害，也会使人的判断力等受到不良影响，一个人的理想情志状态应该是中正平和的。所以，在情志教育方面，所有学校的培养目标也应该是相似的。

3. 才能——扬长避短

每个人的禀赋、兴趣都有所不同，学校需要根据每个人的情况因材施教、扬长避短，学校要遵守的教育规律是相似的，但教育结果要看学生自身的情况。此外，学校也可能根据自身的特色，选择具有较强师资或者具有较丰富教育资源的方面，对学生进行才能培养。

综上所述，从教育内容及其培养目标来看，学校的特色应该体现在学生

的才能方面,而不是体现在道德和情志方面。

二、特色体现在教育目标的实现路径上

学校的道德教育与情志教育具有相似的目标,但这并不意味着道德教育与情志教育不能有自己的特点。道德全面发展与情志中正平和并不是一蹴而就的,学校可以以某个具体方面为切入口,实现以点带面的发展。也就是说,学校的特色可以体现在实现路径上。

1. 全面发展不等于同时发展

全面发展不等于各方面同时发展,可以先发展一些方面,然后去带动其他方面发展。比如,一个文化课不好的学生,对学习完全没有自信,但她可能非常喜欢画画也擅长画画,如果尊重她的爱好与特长,使她通过学习自己喜欢的东西培养学习习惯、学习兴趣和学习信心,这种习惯与信心可能会迁移到学习文化课上,然后逐渐全面发展起来。如果觉得画画耽误学习,不让她画,而是逼她学自己不擅长的东西,不但不能养成良好的学习习惯,还可能使其丧失学习的兴趣和信心。学校特色也具有类似的意义,可通过某方面的优先发展去带动其他方面的发展。比如,学校文化建设可以通过体育运动培养学生坚韧不拔的品格,以坚韧不拔的品格带动其他道德品质的全面发展。以音乐、美术培养学生的快乐情绪、高尚情操,并以此带动学生实现全面发展。

2. 以特色发展带动全面发展

看起来学校文化的表述多种多样,归根结底都体现为人的品格。只是大家表述的方式有所不同,有的是直接表述品格,如友爱、勤奋、快乐、文明、健康等;有的是用象征性的表达方式,如以某种花卉为象征来表达期待的品格;有的是以能形成品格的途径为特色,如体育运动、琴棋书画等。在品格的表述中,也不是全面的表述,而是品格的某方面特征,如勤奋、文明、健康、快乐等,这些表述包含了不同的方面,归结起来,都属于道德、情志、能力的范畴。无论从什么样的切入点入手,最后都是要培养德、智、体、美、劳全面发展的人,培养德才兼备的人,培养圣贤。

第十六章　家校关系与家校合作

随着我国教育事业的发展，家长的受教育水平明显提高，很多家长自身的素质都很高，为家校合作提供了更多的契机。研究领域应该加强对家长、家庭教育的研究，使得教师有一定的知识积累，可以对家长与家庭教育情况有一定判断，进而对学校教育应该如何支持孩子发展有一定判断，对应该如何引导家长进行更好的家庭教育有一定判断。

第一节　相互尊重是家校合作的基础

家庭与学校是一种由孩子联结起来的松散的合作关系，这种合作关系要建立在相互尊重的基础之上。家长应尊重教师的专业性，教师应尊重家长的自主权。

一、家长应尊重教师的专业性

有一个小学生，父亲是某个科技领域的全国知名专家，母亲也是名牌大学毕业，可是孩子就是学习不好，想尽了办法都不行。后来，为了教育孩子，母亲辞职了，专门在家里照顾孩子。即使这样，孩子也还是发展不起来。家长产生了强烈的挫败感，把孩子发展不好的原因归结为孩子天生如此。后来，父母就放弃了孩子，老师提出什么要求家长也不配合。家长认为自己的教育背景比老师好，学历比老师高，自己这么努力都于事无补，老师的办法也不可能有效。孩子读到三年级时，新换了一位班主任，这个班主任对如何提高差生的成绩有丰富的经验，班主任就找到孩子家长，希望能够得到家长的配合。家长不想承认是自己的教育方法问题导致孩子学不好，表面上拒绝了老师的建议，但回家以后还是实践了老师的方法，结果孩子的成绩果然就跟上了。

还有一对父母都是大学老师，博士学位，非常重视孩子的教育。他们提前在家里教孩子一些课业知识，一个数学加减法的知识点，孩子就是学不会，后来父母私下交谈，觉得自家孩子智商堪忧，直到孩子的数学老师讲到了这个知识，两口子也没把孩子教会。老师在课堂上讲到这个知识点的那一天，父母很焦虑，觉得孩子学不会，可孩子放学以后很兴奋，告诉父母自己学会了，老师一说自己就懂了。

不管家长的学历、身份、社会地位如何，都应该尊重教师的专业性。此外，即使家长与老师同样能胜任教育内容，但由于身份差异，与孩子的关系差异，有时候由教师来教育比由家长来教育更合适。

二、教师应尊重家长的自主权

每一个老师都希望家长能够配合自己的工作，按照自己的要求来教育孩子，但是，每个家长都有自己的特点，很难让老师都满意。比如，对于老师来说，希望家长能够辅导孩子写作业，那些自己没教会的知识，希望家长能教会，那些老师来不及给每一个孩子讲一遍的事情，希望家长能给孩子讲。每个家长的情况不一样，有些家长可能工作特别忙没有时间管孩子，有些家长可能文化水平不高，没有能力辅导孩子。老师要做的是尽自己的教育职责，给家长一些建议，但不能直接管理家长。不能说家长不按自己的要求做，就不是好家长。

有一位老师抱怨自己学生的家长不好，不配合、不支持自己的工作。这位老师发给家长的调查问卷是这样提问的："你是因为学历低而不辅导孩子写作业吗？"这个问题里隐含着几层假设，"你学历低""你不辅导孩子写作业""你没做到该做到的事"。老师自己是戴着有色眼镜在看家长，家长能高兴吗？能愿意配合老师吗？老师对家长的要求不能根据自己的需要来"漫天要价"，而是要根据家长的情况，不能提出超出家长能力范围的要求，这样会加重家长负担，也会使家长丧失合作意愿。学校和老师要尊重家长抚养孩子的方式，能给家长一些建议，但不能强制家长如何去做。

第二节　家校合作的范畴

家庭教育的终极目标也是把孩子培养成圣贤，其教育内容及所应用的教育原理与学校是相似的,这是家校合作的基础。

一、从教育内容看家校合作的范畴

教育内容从大的方面来说有三个方面:道德、情志与才能。道德教育需要家庭与学校全面合作。如果家庭与学校的意见相反,孩子可能会无所适从。如果学校认为重要的东西,家庭觉得无所谓,对孩子造成的影响不仅体现在某个具体事项上,还可能使孩子降低对学校所教知识的重视程度。比如,学校教育孩子要遵守秩序,不能随便插队,如果家长觉得无所谓,鼓励孩子插队,影响的可能并不是插队这一件事。孩子很多时候都不守规矩,在同学眼里就可能成为特殊同学,进而影响其交友。

情志教育也需要家庭与学校全面合作。学校和家庭都要为孩子提供一个健康的成长环境,使孩子保持良好的情绪、乐观积极的态度,任何一方没有做好,影响了孩子的心情,另一方的努力可能就会付诸东流。家庭环境温馨,如果孩子在学校被霸凌,回家也不会快乐;学校环境友好,如果父母整天吵架,孩子在学校也难开心。

才能教育由于包含的内容比较广泛,家庭与学校可以根据各自的优势进行一定的分工。有些才能主要依靠学校来培养,有些才能主要依靠家庭来培养,两者之间可以相互辅助。比如,对于消费观、理财观念的培养,需要依靠家庭;知识教育主要依靠学校。家校合作方面,学校和老师很容易倾向于把家长作为学校教育的延伸,学校要教孩子什么东西,就请家长协助学校。比如,很多老师希望家长能辅导孩子写作业。从社会的角度来看,在诸多的教育内容中,家长协助学校对孩子进行知识教育效率是非常低的。一方面,家长不一定懂相关知识;另一方面,家长不一定知道应该怎么教。专业教师要花很多时间学习教法,有时候为了提高孩子的学习成绩,家长不遗余力地亲自教孩子,或者给孩子补课。有些教育内容虽然家长自己会,但是不懂教法不知如何教会孩子,一辅导作业就发生亲子矛盾。"不写作业母慈子孝,一写作业鸡飞狗跳"是一些家庭的真实写照。甚至有的父母在给孩子辅导作业时,猝发心梗,进了医院。就学生的知识学习进行家校合作是社会效率非常低的做法。

二、从教育过程看家校合作的范畴

前文我们介绍了"知行情意"统合的教育原理,主要包含四个重要环节,即价值观、理性标准、情感意愿与行为习惯，在每个环节上，都需要家庭与学校保持一致，这样才能达到良好的教育效果。如果家长的要求和学校的要求不一致，就会给学生造成混乱感，不知道应该如何做，不确定如何做才是对的。孩子中正平和的情志修养的养成，也需要家庭与学校共同努力，对情绪的好坏、情绪是否合理，家庭与学校要有一致的认识，对于如何帮助孩子调节情绪，家庭与学校都要掌握适宜的方法。行为习惯在家庭与在学校也应该要求一致，学校要求的行为习惯在家里就不要求了，教育的效果就会大打折扣。

三、家庭与学校的和而不同

孩子的时间和精力是有限的，把教育内容交给最适宜的主体，对提高教育质量、保障教育效果很重要。学校和家庭应该是和而不同，有适宜的分工，在各自擅长的领域发挥优势。家庭教育要注意，避免为了补位学校的知识教育而忽略了家庭的其他教育功能。家庭应该是包容接纳孩子的地方。亲子关系对孩子的成长非常重要，如果家长为了教会孩子几个知识点而破坏了亲子关系，可能是得不偿失的。家长应该多注重培养孩子的品格，想提高成绩就培养与之相关的品格，而不应该把太多精力放在教会知识点上。

第三节 缺位的家长自身教育与学校的作用

如何做好家长，是所有家长都需要努力学习的。我们知道很多职业都是需要经过培训才能上岗的。但是，家长这样一个复杂的工作岗位，很多人都是未经培训直接上岗的。对于学校来说，没有直接管理家长的权力，由于在培养孩子成才这件事上，家庭与学校具有目标一致性，所有，学校具有与家长进行协商的基础。学校可以号召家长成为自我修养者，为家长的成长提供适宜的支持。

一、号召家长成为自我修养者

中国传统教育思想讲究修己安人、言传身教，家长自身的修养是决定家庭教育效果的重要因素。我们在《中国传统教育学理论》中介绍了家长的修养方法，本书介绍了教师的修养方法，在《中国人管理学实践》中介绍了修身的方法，都可以给家长做参考。其实中国传统的修身方法对任何人都是适用的，由于篇幅原因，我们把相关内容分散到了不同的章节，感兴趣的读者可以相互参照着看，会有所启发。

每个家长都想教育好自己的孩子，如果没有取得理想的效果，家长自身也可能产生挫败心理，甚至有的家长不想把孩子发展不好的理由归结到自己没有教育好，而认为是孩子的天性使然，这其实是一种逃避态度。很多问题学生，背后都有问题家长，学校应该号召家长直面教育中所面临的问题。

有些家长的教育方式有问题，严重抑制了孩子发展，学校可以适当给予提醒。有的家长要求孩子按照自己的想法去做，希望孩子能够给自己赢得面子，当孩子做不到时，就指责孩子。越指责，孩子越恐惧，越恐惧就越做不好。孩子在这样的家长面前是没有招架之力的。学校和老师作为可以与家庭平等对话的主体，或许能够给予一定的帮助。

有的家长自己达不到高标准，但是，想用高的标准来要求孩子。有的家长自己做得不符合社会期待，也不想改变，并且想用错误的方式教育孩子。这都可能造成一定的教育问题。

二、学校为家长的成长提供适宜的支持

很多家长都有教育好孩子的愿望，但大部分家长可能都没有系统学习过如何教育孩子，如何做好家长，学校可以在自己的能力范围内给予家长一定的支持。当然，并不是所有家长都会配合，学校可以给有学习意愿的家长提供机会和支持。

对于家长存在的常见问题，学校可以开展一些讲座，或者为家长推荐相关书籍，帮助家长获得资源。比如，很多家长虽然很爱自己的孩子，但不会沟通、不会表达，甚至造成误解，学生与家长一直处于一种不平等的地位之中。有些家长可能一直在努力工作，想为孩子提供充裕的物质条件，没有时间多陪孩子、与孩子交流，最终可能导致孩子觉得父母不关心自己。有些家长不了解孩子在学校里的学习情况，也不知道该如何沟通。学校可以告诉家长如何与孩子沟通，沟通哪些问题，比如，情绪状态如何，同学关系如何，有没有烦心事，等等。

学校也可以组织有经验的家长相互学习，比如，在家长会上请教育孩子有某方面成功经验的家长，和其他家长分享经验。现在信息技术比较发达，也可以通过线上方式分享。

第四节　家校沟通的基本内容与基本逻辑

一般来说，思想统一、利益一致是合作的基础。家校应该形成培养圣贤的共识，在促进孩子健康成长的共同目标下，进行多方面的沟通与合作。在教育实践中，有很多老师有很好的家校沟通技巧，比如，沟通时机选择、沟通话术、内容侧重等，都是有很多技巧在其中的，教育研究领域与教育实践领域应该积极总结这些有效经验，使之为广大教师提供参考。

一、家校形成关于培养圣贤的共识

学校应该就教育目的、教育内容、教育方法、教育原理等基本教育问题，与家长进行沟通，使家长明白学校在怎样培养学生，要培养什么样的学生。家长了解之后，才能有的放矢地与学校形成配合。对于知识教育的内容，家长可以以学习成绩为抓手，以教科书为线索来了解，但是，关于道德教育与情志教育的内容，学校必须与家长沟通。

二、促进孩子成长发展的共同目标是沟通的基础

家庭与学校有着共同的目标，都是希望孩子健康成长。学校的目标是每一个孩子都能健康成长，家长可能更关心自家的孩子，对其他孩子是否能健康成长的关注度没有学校高。学校与家长沟通时，要站在家长的立场，主要从其自家孩子如何健康发展角度与家长沟通。

有时候家长不愿意配合学校，除了家长自身的原因，学校和老师也可以反思自己的要求是否合理。如果要求本身不够合理，还给家庭增加了很大负担，家长就可能不愿意配合；还有一些要求可能超出了家长的能力范围。

第十七章　教育行政管理

中国的教育行政管理是为国家发展服务的,是为人民服务的,其重要职能之一是为社会培养需要的人才。这是中国教育事业能够蓬勃发展的根本原因,也是中国社会各方面事业取得长足发展的人才保障。除了为社会培养人才,教育行政管理也承担着其他社会目标,如追求社会公平。中国教育行政管理在教育领域不遗余力地追求着教育公平,教育公平是社会公平的基石,也是社会主义国家人民当家作主的表现形式。

本章关于教育行政管理的讨论,是在中华传统文化思想指引下的应然讨论,而不是实然讨论。即以讨论教育行政管理"应该是什么样"为主,而不是以介绍中国的教育管理实践"实际是什么样"为主。当然,在阐释过程中,我们也介绍了一些实际情况,这是为说明"应然"服务的。中国教育行政管理的实然情况很多是与应然状态具有一致性的,在第十八章我们会进行简单介绍。

第一节　教育行政管理的两个逻辑

教育行政管理要从上至下贯彻教育目标,这是解决"为谁培养人"的问题。教育行政管理要从下至上遵循教育规律,这是解决"怎么培养人"的问题。在教育目标的指引下,教育实践要尊重客观规律,尊重人性的特点、人的成长规律、人的培养原理等,以采取适宜的教育方法。

一、从上至下——贯彻教育目标

中华民族有着悠久的历史,中华传统文化博大精深,却也庞杂多样,我们要以共产主义理想为指引,从中选出具有时代精神的内容,以帮助我们解决今天所面临的问题,以帮助我们更好地向共产主义理想前进。马克思主义为我们指明了共产主义的前进方向,而中华传统文化中有丰富的具有实践意义的思想,可以使马克思主义思想在中国更深入地落实到实践,比如,中华传统文化中有完整的人文管理思想、教育思想,可以培养社会主义与共产主义的建设者与接班人。

马克思主义以人的自由而全面发展为目标,"自由"意味着遵循人的天性,"全面"意味着臻于至善之境。中华传统文化中认为人的天性是善的,且具有无限的潜能,人生应该以成为圣贤为目标。两者对人的发展方向的认识,都具有"遵循天性,止于至善"的意味。我国提出了"德才兼备"的人才观,可以认为是实现终极目标的过程性目标。"德"与"才"的无限提升与发展,就成了圣贤,就达到了自由而全面发展。从这个意义上说,中华传统文化思想中"培养圣贤"的教育思想,仍然可以为今天我们培养社会主义事业的建设者与接班人所用。

1. 培养社会主义事业的建设者与接班人

教育行政管理要在顶层确定出国家的人才战略、国家的人才培养目标,然后以战略和目标为指引向下落实工作,促进目标的实现。

在中华传统人性观中,孟子认为人的天性是善的,荀子认为人的禀性是恶的。恶的禀性不需要培养就可以自然存在,而善的天性相对来说更需要一个良好的成长环境才能彰显。人有了能力和权力为自己谋福利是人之常情,但在中国社会却广泛存在着"为人民服务""为国为民""天下为公"的利他奉献精神。在利他奉献精神的指引下,很多中华儿女自立自强、团结合作、前仆后继,为民族复兴、国家富强而努力奋斗。很多中华儿女都表现出了圣贤的特征,有卓越的能力,并具有为国为民的利他奉献精神。这种利他奉献精神不是自我消耗型的利他奉献,而是自我滋养型的利他奉献。中华传统人性观认为人的天性是善的,而人按照天性生活会获得愉悦感。我们提倡的利他奉献,是在自己的能力与心力范围内的利他奉献,是让自己感觉愉快的利他奉献,是让自己觉得值得的利他奉献。是否要利他奉献是个人自由的选择,不是外在强加给个体的要求。教育里培养人利他奉献的品质,不是为了压榨人,而是为了成全人、成就人。一个有利他奉献精神的人,一个不受自私自利奴役的人,可以有更开阔的心胸、更深邃的智慧。社会主义是人民当家作主,是无产阶级的联合专政。无产阶级的特点是靠自己的劳动获得生存资料,而不是靠剥削他人,因此,无产阶级所应掌握的能力也有其区别于其他阶级的特点。我们培养社会主义事业的建设者和接班人,就是要培养满足无产阶级能力需要、能力卓越且具有利他奉献精神的人。这样的人,很难靠禀性驱动自发成长起来,而是需要一个适宜的成长环境及适宜的教育体系来培养。

2. 人才战略

人才要以一定的人口为基础,首先要有人口,然后把人口培养成人才。随着人口老龄化及生育率的下降,如何保障人口出生率将是社会要面临的问题。保障人口出生率是一个社会问题,不是依靠教育行政管理能够解决的。但是,出生率与教育制度是有一定联系的,随着高等教育的扩张,人们的婚育年龄普遍后延。我小时候的农村,二十来岁生孩子,三四十岁当爷爷奶奶的事很普遍。相对来说,如果三十岁生孩子,六十岁当爷爷奶奶,就少出生了一代人。教育制度如何与适宜的婚育年龄相匹配,可能是教育行政管理需要考虑的问题。当然,我们绝不是说要减少教育机会,而是要缩减不必要的学习时间,并提供更灵活多样的教育机会,及提供保障性的孩子养育政策,使人有时间、有财力养育孩子。

人才的专业结构要与我国的产业结构、文化特征等相匹配,而不是借鉴其他国家的专业结构。我国是制造业大国,人才的专业结构应该能支撑高科技制造业发展,产业也要为人才提供充足的就业机会。如果专业结构与产业结构不匹配,要么是人才外流,要么会导致失业。专业设置除考虑实用性以外,还要考虑战略意义,不能简单以就业率判断专业的价值。一些基础性学科,以及一些具有中华文化传承意义的学科,即使就业率不高,也要重视。可以有意为这些学科设计一些就业岗位,以保障学生就业,进而保障学科的发展。比如,在各类院校设置一些与中华传统文化相关的课程,或者成立一些研究机构,就可以提供更多教职岗位与研究岗位,这些岗位与高校中的人才培养相匹配,就可以形成一个良性循环,保障具有战略意义学科的存续与发展。在人才的使用上,要为人才提供发挥能力的机会,而不是局限于为事务匹配人才;要使"根据事业培养人才"与"根据人才开创事业"相结合;"因人成事"与"因事任人"要相结合。

二、从下至上——遵循教育管理规律

在确定了为谁培养人之后,就是怎么培养人。培养人要遵循客观存在的教育规律，包括人性特点、教育原理等。教育行政管理的相关政策应与基层的有效教育与管理实践相匹配。

1. 教育规律与教育行政管理

教育行政管理要遵循教育规律。在既定的教育目标下，教育内容如何选择，应用什么样的教育原理与教育方法，遵循什么样的教育原则，都要进行一定的抉择。这种抉择一方面是从理论出发，另一方面则要接受实践的检验。

我们根据中华传统文化思想，总结了中华传统教育理论，目前这个理论还是比较概括的，而教育实践是丰富而广阔的。教育行政管理既要从教育理论出发，也要从教育实践出发，相关政策制定要能够给教育实践以较好的支持。

2. 管理规律与教育行政管理

西方管理学的主流人性观是经济人假设，中华传统人性观是"人皆可以为圣贤"，从哪一个人性观出发管理效果更好，在一线的教育实践中是可以进行验证和比较的。可以从不同的实践主体与研究主体去检验。按照推理来说，中华传统人性观更符合中国文化，更符合教育领域培养人的目标，可能会取得更好的管理效果。从弘扬中华优秀传统文化角度，从培养社会主义事业建设者与接班人的角度，也是中华传统人性观更适宜。人性是复杂的，有时候并不是非黑即白，在管理实践中，两种人性观可能混合使用。

教育行政管理也要秉持一定的人性观，这个人性观应该是与基层成功管理实践所秉持的人性观相一致。如果基层教育管理实践中，应用中华传统管理思想取得了更好的管理效果，教育行政管理的相关政策就要基于中华传统文化思想来制定，否则两者就会产生冲突，使基层管理工作难以顺畅进行。

3. 在整个社会中发展与评价教育

某些教育问题是社会问题在教育领域的体现，是很难在教育领域里得到完全解决的。教育行政管理可以把眼界放得更开，在整个社会中去发展与评价教育。教育做得好不好，要看是否为社会提供了人才，而不能只看在教育内部做得怎么样。在学生的学习阶段，除了学习知识、培养能力，人格培养也是很重要的，比如，健康的身心、探索的兴趣、青春的活力、积极的人生态度、对祖国的热爱等。人培养好了，他们走上工作岗位以后，才能发挥自己的能力贡献社会。现在有部分学校存在一种倾向——向学生要产出，期待在校学生能够为学校创造更多成绩、成果和荣誉。

第二节　从中华传统文化思想看教育行政管理

制定教育政策是教育行政管理的重要工作内容，教育政策是否合理关系到国家的人才培养质量，关系到人才战略能否支持国家多方面的发展。

一、教育政策要符合中国文化特点

在中国，行政管理的组织动员能力非常强，可以做到全国"一盘棋"。教育行政管理的力量也非常大，教育政策往往可以影响全国的每一所学校、每一位师生。在这种情况下，要弘扬中华优秀传统文化，教育政策的制定就要符合中国的文化特征，使得教育目标与管理方法相统一。如果政策思维都是西方思维，却说要弘扬中华文化，就是南辕北辙了。例如，中华文化讲究以人为中心，而不是以事务为中心。如果教育政策只考虑事务性目标，而不考虑人的情感、思想、品格，就不符合中华文化思想。中国的管理思想讲究"内圣外王"，关于领导者的选拔看重道德品质，如果人才选拔只看重业务能力，而不考虑道德水平，就不符合中华文化思想。

二、教育政策要考虑社会发展趋势

当今时代，科技进步非常迅速，对教育内容和教育形式都提出了新的要求。随着人工智能技术的进步，一方面，很多工作可以由人工智能完成，不需要再培养人去从事相关工作；另一方面，很多教育工作也可以由人工智能来完成。随着人工智能的发展，从前很多人与人的联系，可能会被人与人工智能的联系取代。这样人与人的联系就变得更少了，人的社会性发展空间也变得更小了，人的交往需求与情感需求等将更难以获得满足。学校作为知识传播的功能将相对下降，作为人道德成长与情感满足的社会空间的功能将会上升。学校教育可能会把更多的资源投入道德教育与情志教育中，而才能培养将是学校与人工智能共同来完成。从学段来看，越是低学段，其道德教育与情志教育的比重越大，到了临近走向工作岗位的高学段，其才能教育的比例相对越大。

在人工智能时代要培养什么样的人，如何使人的能力超越人工智能，如何使人获得幸福，等等，一系列问题都是教育行政管理需要思考的，而中华传统文化思想将为回答这些问题提供有力的参考。

三、人文管理与科学管理的差异

人文管理与科学管理，在管理实践中有不同的管理思维。科学管理主要从事务出发，组织要做什么事，然后人成为完成事务的工具。人文管理主要从人出发，组织有哪些人，他们能否获得有效的支持去做要做的事，他们的愿望、想法、态度、积极性与主动性等受到哪些因素影响，能否创造一个良好的工作环境，能否在这个环境中充分发挥人的善性与才智。对于高校教师的管理来说，以科学管理理论来管理，很多学校就是看教师上了多少课，发了多少论文，出版了多少本书，申请了多少项目与经费……据我所知，很多高校在年初计划与年末总结时，从来都只说论文发表数量、著作出版数量，不会考虑大家的研究内容对社会是否有价值，也不会考虑社会需求。当然，教师在自己的研究中可能会考虑这些。这种管理方式会给人造成只要出考核成果就可以了，不需要考虑社会贡献的错觉。人文管理考虑的是：教师在考虑回应国家与社会的需要吗？他们能否充分发挥自己的才智去努力回应国家与社会的需要？他们的身心状态如何？他们获得了需要的支持吗？等等。

在学校里，有时候会发生一些师生冲突，家长和学生可能会揪着老师不放。有时候可能老师有责任，有时候老师只是在正常工作，是家长在无理取闹。但是，上级管理部门为了息事宁人，往往就把责任推给老师。如果出了问题，完全由教师个人承担，会造成两方面问题：一方面，不利于学校及上级管理部门提高管理水平，改进自身的不足；另一方面，对一个老师的非公正处理，虽然看起来影响不大，但是却可能让其他老师感到岌岌可危，影响所有人的工作士气、工作意愿、工作热情。

学生的成长权力不能被教师剥夺，教师的教育权力也不能被家长剥夺。在处理教师和家长矛盾的时候，上级部门不能本着息事宁人的态度，一味通过惩罚教师来安抚家长，也不能对确实有错误的教师进行姑息。一方面要公平公正，另一方面也要从教育发展的整体利益出发，考虑事件的扩展影响与长远影响。行政部门应发挥对学校的监督作用，建立健全申述机制，为学校管理提供基础保障。

四、注意政策的机会成本

对于一项政策效果的综合衡量，还需要考虑其投入的实际成本与机会成本。学术研究为了探索变量之间的因果联系，只考虑变量间的关系，有时候具有一定的合理性，但如果是指导教育与管理实践，就必须对成本收益进行整体的权衡。成本很高，收益很低，是不经济的。资源向哪里投入，哪里自然就会产生成果，不能以这样的成果来证明投入的价值，而是要考虑如果不投此处，投入其他方面是否会有更好的结果。有时候我们特别容易看到产生了什么，而忽略消失了什么，消失的东西有时候是更重要的。

比如，在对自己学院的退休老教师进行访谈时，我发现现在的学生与当年的学生在关心不同的事，老教师当年上学时，学生会自发地做研究，去深入实践，去做自己认为有价值的事，而现在的学生大部分都在忙于如何提高绩点、如何满足保研要求等。大学知识不同于中小学知识，大学知识是没有止境的，就算是设计良好的课程体系，也只是对某方面知识的一个提纲挈领引导作用，想要在哪些方面做得好，需要学生自己在课后根据自己的兴趣研究，进行更深入的学习。以绩点为目标的学生，对提高绩点没有帮助的事，可能就失去了兴趣。本来很多年轻人都是很有理想的，即使自主选择也会主动选择那些对国家、对社会有重大价值的知识，他们的自主选择内容可以很广泛，但绩点考核把大家的选择范围限制到了考试内容上。我觉得自己的幸运之处在于，读研究生时由于成绩不好，也没有获得奖学金的希望，就多看了一些自己感兴趣的书，学了些与专业完全不沾边的东西。本书里的部分内容，还是当年读研究生时读课外书的笔记，当年以为自己不务正业，现在看来，却是歪打正着。

又如，很多老教师回忆，当年大学毕业刚留校当老师时，作为年轻教师的自己总是与学生打成一片，和学生们一起运动、去学生宿舍和学生们聊天，可以非常充分而及时地了解学生的情况。谁有什么困难，有什么心事，有什么打算，最近在学习什么，老师都了解。而现在的老师，大部分时间都在忙着写论文满足考核要求，很少有时间接触学生。见学生也主要是为了一起出成果，其他的非正式接触非常有限。有些有心理问题的学生，是到了有明显异常表现时才被发现。

五、教育管理中的全过程人民民主

国家提出发展全过程人民民主，在教育领域，由于各主体目标具有较强的一致性，是有条件率先实现全过程人民民主的。在《中国人文管理学实践》一书中，我们有过关于实质民主与形式民主的讨论，只有各方利益一致才可能有真正的民主，否则，民主不过是力量角逐的另一种方式。教育领域的主体包括学生、家长、老师、行政管理者等，其根本利益是一致的，都是想要培养好人才。在这种情况下，就存在通过民主商讨寻找最优决策的可能。上级管理部门在出台管理政策时，要注意保持群体内部及群体之间的利益一致性，而非破坏大家的利益一致性。全过程人民民主不仅涉及决策方式问题，也涉及权力分配与组织结构等问题，只有合理的权力分配与适宜的组织结构才能保障真正的全过程人民民主。权力分配涉及不同层面，包括上下级之间，也包括不同部门之间等，其与组织结构之间也是相互影响的。

根据中国传统管理思想，在个体与组织利益一致的情况下，可以给个体更大的授权，授权其根据具体情况做出最优决策。当上下级利益一致时，可以把权力分配给了解情况并具体执行政策的下级；当上下级利益不一致时，上级要对下级进行监督。例如，高校招生过程中应该招谁，决定权在学院，因为学院是培养单位，如果招生质量差，损失最大的是学院。上级适当做一些考察是有必要的，但如果在具体执行过程中事事掣肘就不合理。我们试想一下，父母给自己家孩子吃什么，是否需要邻居来监督？因为一般来说父母比邻居更爱自己的孩子，不存在有意坑害自己孩子的可能。在权力分配时，权、责、利要相匹配，有责有利者，应该获得相应的决策权力。如果权、责、利不匹配，做事的人如果没有决定权，要么是敷衍上级，要么是该解决的问题得不到及时解决；反之，有决定权的人如果不做事，就容易产生教条主义、官僚主义等问题。

大学有学校直接下设学院，也有下设学部，学部下再设学院的。学部一般由多个学院组成，规模较大。与学院利益密切相关也要由学院来执行的一件事情，如果学院有自主权，在学院内部根据一手信息讨论后就能决定，但如果学院没有决定权，就需要上报学部，学部如果规模较大，领导者很难直接了解学院的情况，就只能根据二手信息做决策。管理的规模较大，学部领导难以直接了解各学院的情况，难以直接与老师沟通，就只能对着一个庞大的行政系统发号施令，再由行政系统与老师沟通。假设学院内不同老师之间，因为竞争某个奖项发生了矛盾，如果学院有权力，就可以通过平衡教师之间的利益解决矛盾；但如果学院没有权力，就只能把问题上移到学部解决。设置学部，可能存在规模经济，也可能存在规模不经济：规模经济来自有些工作可以由专人负责，实现专业化分工，也可能实现不同学院之间的合作；规模不经济来自沟通成本和决策成本增加等。应该不应该设学部，学部的规模如何，都是需要仔细考量的，这既涉及组织结构，也涉及权力分配。

六、借鉴其他国家教育政策的注意事项

我国在借鉴其他国家的教育政策时，应分析其政策的文化基础与现实基础，并比较其与我国的异同，评估其中的差异对政策效果的意义。如果差异太大，可能就不是适宜借鉴的政策。

制定管理政策时，既要考虑组织内部的各种情况，也要考虑整个社会情况。不同社会对同样的管理制度的认知也是有差异的，这种认知差异可能影响管理政策的有效性。如果一种制度形式在整个社会范围内还没有被普遍认可，就要考虑尝试这种制度形式的时机。在向其他国家学习管理经验的过程中，除了要考虑管理方法作为工具的技术性价值，还要考虑社会性质差异，管理方式应与社会主义的价值观一致。

教育行政管理部门在制定与学校管理密切相关的政策时，要充分考虑中国的文化特点，以及现有的教育实践，出台的政策应为学校采取符合中国文化特色的管理模式留有足够的空间。如果行政部门的政策措施破坏了学校的这种空间，将会为学校管理带来严重的不良后果。

第三节 警惕政策目标与执行结果不一致

中国的教育事业取得了长足的发展，为国家富强、民族振兴培养了大量人才，其中政府的管理水平功不可没，在其中发挥了关键作用。但是，在发展过程中，也出现了一些政策目标与执行结果不一致的情况，对这些情况进行考察有助于提高政策制定水平及政策执行水平。

下面我们首先以高校的论文考核为例，看政策目标与执行结果的不一致性，对过去的总结可以帮助我们更好地面向未来。

一、以论文考核为例看政策目标与执行结果的不一致性

高校承担着学术研究的功能，对其工作完成情况进行一定的考核，有其必要性。论文发表作为反映学术创新情况的指标，对其进行一定考核有其道理。但是，有些高校过分强调论文发表，造成了一定的不良影响。中共中央、国务院印发的《深化新时代教育评价改革总体方案》，明确提出"破五唯"，

其中包括"唯论文"。只有深刻认识"唯论文"等的危害,才能理解"破五唯"的重要性。

1. 窄化的评价标准不利于相关领域的全面发展

如果在考核过程中,过度强调发表成果,尤其是期刊论文数量,会造成一系列问题。首先,从国内期刊总体情况来看,内容覆盖并不全面,有些研究内容难以发表论文,限制了相应研究的发展,一些具有中国文化特色的研究领域,在国内外都少有论文发表的空间。其次,期刊需求不能涵盖所有社会需求。一般来说,期刊对论文的要求是有创新性,创新虽然可以服务社会发展,但是社会发展不只需要创新,还需要其他方面的配合,可以说社会需要与学术创新之间并不完全对称。社会应用需要成熟稳定,学术创新需要尖端前沿。这种非一致性导致片面强调期刊论文会造成一些有社会需求的研究,由于创新性有限或者难以发表论文而得不到研究者的关注。尤其是在非升即走等考核制度的配合下,论文不仅关系到教师的发展,还关系到教师的生存,教师就更不会把精力投入难以发表论文的研究领域。这种非一致性也会导致高校教师把更多精力放到论文发表上,而忽视社会实际需要。再次,论文的数量成了考核重点,质量往往难以评估,这可能倒逼研究者追求篇数,不追求质量,不考虑研究成果的真正意义与价值。甚至可能会造成学术不端行为,比如,数据造假、一稿多投、侵占学生成果、通过关系发稿等问题(赵书松等,2013)。最后,新的研究领域,因为不够成熟,产出成果会相对困难,也可能会影响学者的投入积极性。期刊往往以吸引读者为目标,学术期刊还可能以追求引用率为目标,因为引用率决定了影响因子。那些得到广泛关注的研究,并不一定是前沿研究,相反,前沿研究可能曲高和寡,能够对话的研究者很少,引用率自然也不高,一些有价值的前沿研究可能不被期刊青睐,这也可能制约学术的发展。

从目前的情况来看,无论是管理学科,还是教育学科,研究领域关注的问题并不全面,很多值得研究的问题没有得到关注。其中的原因可能与片面强调期刊论文的考核方式有关,新的研究领域往往缺乏对应期刊,难于发表成果。高校绩效考核方案应鼓励具有社会价值的新学科、新研究领域的发展,考虑其在初期阶段成果产出的困难性。

2. 警惕评价标准的权力"旁落"

高等院校是学术研究的主体,但一些制度安排,不利于相关研究的全面开展。目前，高等院校的教师绩效考核内容以教学科研为主，科研成果是决定绩效奖励与职称评定的关键因素。科研成果中，论文发表是一个重要方面，能否发表期刊论文成为高校教师的研究工作能否被认可的重要指标。通常来说，教师在实施研究、撰写论文前，就要考虑能在哪些期刊发表，如果完全没有被期刊接收的可能，即使是对社会有意义的研究，也可能不做。期刊的偏好和种类成了决定大学教师研究内容与研究方向的重要影响因素。面对考核压力，很多研究者也在关注国际期刊，有些大学也在追求国际排名，相当于把决定权交给了国际学术市场，这都可能进一步压缩本土文化的研究空间。大国崛起与文化自信是相辅相成的，我们要有大国的自信，参与国际竞争，以国际上的高标准要求自己，促进学科与学术的发展，但是，我们也要有自信去确立自己的标准。研究本来应该立足于本国社会需求，现在在一定程度上变成了期刊发表需求，两者之间具有严重的不一致性，这极大地限制了中国的研究潜力。通过写作本书，我也有一个体会，很多对我们来说很重要的具有中国特色的管理问题却缺乏研究，同时，我们也看到了很多意义不大的站在"国际学术脉络"上的研究。期刊往往有特定的偏好，即使某一领域的期刊，也不是该领域所有类型的研究主题与研究成果都能受其青睐。过分依赖考核期刊论文可能造成的后果是，期刊的视野和水平会影响学术领域的产出类型和产出水平。

3. 激励偏差可能导致挤出效应

在管理中，过度激励存在危害。激励只能就可以测量的因素进行，可能会导致难以测量的工作被忽视。比如，在高校管理中，对教师的考核，科研成果很重要，很多学校评职称、发绩效奖励的关键影响因素都是科研成果，因为科研成果容易计算，但是教学成果不太好计算，教学成果成为一个基本因素，只要满足一定的工作量就可以。科研成果的考核，质量也难以测量，于是就成了考核论文篇数。这容易让人忽略教学工作和研究成果的质量，只看重论文数量。

有些教育过程也是很难监督的，很多老师都说自己的工作是良心活。教育是一种创造性工作，并不是程序化的，比如，从学生瞬间的表情，感知其情绪，然后及时地给予情感支持，这对学生成长来说是非常重要的。一旦过多的硬性工作任务挤压了教师的时间和精力，教师就可能压缩与学生情感交流的时间。情感交流是所有工作中"最脆弱"的内容，因为完全没有办法考核。如果把教师的所有工作时间与精力都控制了,让他们去做指定的事,教师与学生的情感交流就很难发生。只有拥有充裕时间的教师,才有精力去关注学生。

4. 激励偏差可能导致目标替代

很多人的工作无法直接指向社会需要,而是指向以绩效考核指标的利益。一旦绩效考核指标与社会需要脱钩,大部分人只能以绩效考核指标为指向。过度激励会导致目标替代,比如,对于高校科研来说,发表论文本身肯定不是终极目标,终极目标应该是以创新推动社会进步,但创新水平和创新程度是难以测量、难以评估的。所以评价者就应用了替代方案,即论文发表情况,作为科研贡献的衡量标准。这样的制度一旦形成,"发表论文"的目标,就替代了"以创新推动社会进步"的目标,即使对社会毫无价值的研究,只要能发表论文,就会有人去做;即使对社会很有价值的研究,只要不容易发论文,就少有人愿意做。

5. 激励偏差可能导致资源错配

过度激励可能造成资源错配。让不擅长从事此项工作的人及应用到其他领域可以产生更大效益的资源,集中到过度激励的领域,可能造成风险规避行为。为了获得成果,人们可能不愿意承担大的风险,而只是从事容易获得可见成果的工作。如果考核的周期比较短,人们就只能做短期内容易出成果的研究。研究者可能把更多的时间和精力投入短期目标上,而忽略了长期目标。对非重要因素的激励会挤占重要工作的时间。有了激励以后,大家就都在做有回报的事。有回报的事不一定有意义,有意义的事不一定有回报。

有一次,我对一所小学的 12 个学生进行访谈,当问到他们的人生理想时,让我惊讶的是发言的前 10 个同学都说当演艺明星,我把希望寄托在最后两个学生身上,倒数第二个发言的女生说:"我的理想也是当演员、做明星,虽然我长得不漂亮,但是……"倒数第一个发言的男生说:"我的理想是当球星,虽然我的个子不高,身体条件不是特别好,但是……"访谈结束之后,我有种绝望之感,好在后来又访谈了一所学校,这所学校没有一个学生说想当明星。我认为学生的理想是重要的教育问题之一,关乎国家的未来,如果没人关注这些问题,就是一个更大的问题。我对教育领域关注比较多,我深感教育领域有很多非常重要的问题需要关注与解决,却很少有人会关注,更别说解决了。关于学生的理想、榜样、偶像这类教育问题,我们有可以信服的系统研究做参考吗？"小红花"模式在实践中应用得如此广泛，对学生到底有什么影响，我们有可以信服的系统研究做参考吗？中学生的早恋问题广泛存在且影响重大，我们有可以信服的系统研究做参考吗？因为关注这些问题对发论文拿项目来说，都没有什么帮助。教育是具有实践性的，教育研究应该具有对实践的指导意义，从教育实践的需要出发，而不是从能否发表论文出发。

6. 激励偏差可能破坏有效合作

论文发表主要是针对个人的激励，容易破坏有效合作。设想一个教育研究单位，有几十位老师，每一位都很有才华，也有很深的教育情怀，都愿意为祖国的教育事业贡献自己的力量。这几十位老师能联合起来，直接针对教育实践中所面临的问题进行研究，这种合作可能产生不可估量的价值。如果大家没有形成有效合作，就会把自己的工作直接指向发表论文。"几十个人精诚合作为解决教育实践所面临的真实问题而努力"，就被"几十个人各自钻营为发表论文而努力"取代，效果将是完全不同的。

二、警惕政策执行过程中的弄虚作假

很多政策的出发点是好的，即目的是好的，但在具体执行过程中，存在执行不到位的问题。政策出发点虽然好，但其执行过程与执行结果没有产生积极影响，这样的政策就没有达到立德树人的效果。

比如，有一次上级检查学校是否开齐了所有课程，有一所学校除了升学考试要考的课程，其他课程都没有开。有些地区对学校及其管理者的评价偏重学生的学习成绩，学校开设其他课程相当于要承受成绩低的惩罚，不开设其他课程被检查到也要受惩罚。这所学校就选择不开设其他课程争取成绩，如果上级来检查就说开设了。这是一个系列性的造假过程，学生的课程表要造假、课程相关的一系列材料要造假、任课教师要造假，学生还要提前背诵一些课程相关内容。如果培养圣贤是教育目标，培养学生的品德、教师的品德是教育目标，这种造假的情况，就是在危害教师与学生的人格，是与教育目标背道而驰的。上级检查的意图是好的，希望学校能重视学生的全面发展，但这种检查能否达到目的，需要审慎思考。"导之以政，齐之以刑，民免而无耻"，如果只是有工作要求，而缺乏相应的系列支持，学校只有造假才能满足要求，或者只要造假就能满足要求，这样的工作检查可能就达不到良好效果。

上级对学校进行检查，学校完全没有造假，如实汇报情况，现实中并不多见。对于上级管理者来说，要不要检查，如何检查，都是考验管理智慧的。如果处理不当，可能对做事有促进作用，但是对人才的培养来说是没有帮助的，甚至是适得其反的。

教育一定是在老师和学生之间发生的，不可能发生在行政管理者与教师之间，也不可能发生在老师和检查人员之间，更不可能发生在评课教师与讲公开课的教师之间。有些老师备课、教育学生都成了副业，主业是接受各种随机安排。

第四节　信息社会的教育管理

信息社会使得信息的获得、保存与传播更方便，也深刻影响着教育管理的模式。新技术在教育管理领域的应用带来了新的契机，也存在一些潜在风险。科技使工具人格化了，但是教育管理要谨防把人工具化。

一、不要以技术过度替代人与人的沟通

制度化与程序化的管理让没有明确规定的工作无法进行，也减少了人与人之间的交流与沟通机会，使信息机械化与碎片化。在一些教育机构，教师不了解学生，与学生的接触和交流很少。有些领导不了解教师，只按照程式化的规章制度来奖励或惩罚。在考核成果时，也不了解或者不在乎工作成果对社会的意义与价值，而只看是否达到了数量要求。培养学生的目标、发展教师的目标、有益社会的目标在工作中都是模糊的，大家只按程式化的要求完成工作。在完成工作的过程中，大家没有积极性、主动性、能动性，没有情感与精神的投入，只是发挥机械性作用。

在大学里，学生和教师的情感交流与沟通，没有被赋予太多机会，更没有被赋予价值认可。大家都在忙着完成自己的"任务"，老师在忙着完成自己的教学科研任务，学生在忙着积累用于保研、评优的资历。一位老师说，自己除指导学生毕业论文让其能毕业外，没有时间与精力管其他事。还有一位老师说，有时候自己想见见学生，但是学生很忙。一般只有指向共同的成果产出的见面，师生才会有兴趣。情感共鸣、精神交流、价值凝聚，这些对学

生的成长非常重要的事情，大家都没有时间去做，也没有兴趣。有一位曾产生过心理问题的学生说："当我忧愁痛苦需要有人帮助的时候，没有人注意我，当我支撑不住要崩溃了，整个系统都向我扑来。"

二、不要把人脑当成信息系统的延伸

有些工作内容变动不大的组织，就可以形成详细的工作计划，严格按照工作计划执行。因此很多人都成了制度的"螺丝钉"，按照制度来运转，制度没有明确规定与强制要求的事，没有人真正关心。比如，在某个人才培养机构，学生报到时少来了一个学生，没人知道，一年以后下一届学生要入学了，才发现好像少了一个学生，大家相互问是怎么回事，结果谁也不知道。某个学院在开哪些课？课的内容是什么？学生选课情况怎么样？学生上课后的获得感如何？学院里没有人了解整体情况。很多信息都只在信息系统里，并不在人的头脑里，想要了解相关信息，都要去电脑系统查询。这些信息在活人的头脑里，是可以进行整合的，在电脑机器里就可能是沉睡的信息。信息系统代替了人脑去收集信息，却并不会主动进行信息整合，也不会自动进入人的头脑，人放弃了思索与思考，成为扩展在信息系统之外的按照信息系统指令进行工作的扩展功能。信息系统并没有成为人脑的延伸，反而是人成了信息系统的延伸。这些对于教育来说重要的信息，为什么没人知道，可能是因为制度没有要求谁必须知道，制度明确要求的工作很多人还应接不暇呢。

现在很多组织都讲究管理的规范化，所谓管理规范化，在很多情况下就是制度化、流程化。在一些管理规范的大学，每个人都在执行信息系统发给自己的任务，并按照要求完成任务，至于学生培养的效果怎么样，没有人关心。你不知道谁在向你发送指令，自己了解的情况也不知道要向谁反映，因为你面对的是一个信息系统。老师是培养学生的直接参与者，属于最基层的工作者，但老师培养学生的经验与思考无法进入相关决策。

三、切忌管理范围与监督范围的盲目扩大

移动互联网使得人与人的交流空前便捷，线上会议变得非常方便，对人的监督也变得方便。比如，在有些教育管理实践中，开始使用留痕制度。人在知道自己被监督的情况下，是难以发挥主动性与创造性的，更多的是考虑如何不在监督者面前出错。

管理者如何看待人性，是善还是恶，如果认为人性恶，就需要不断监督

检查；如果认为人性善，就会相信学校和教师能够承担起自己的职责。

四、警惕流量经济对教育的侵蚀

互联网与商业的结合，使流量成为销售的重要基础。这种思维方式也侵入教育领域，有些教育工作者在拼命争取流量，争取人们的关注。某区教委对学校的评价指标之一，是看学校的工作有没有被报道，社会的关注情况如何。学校最重要的工作是培养人才，至于培养过程是不是有社会关注，并不是人才培养的重要因素。这样的评价标准，使学校努力去争取流量，甚至给老师、学生、家长下达流量任务，违背了教育初衷，浪费了教育资源。

第五节 因材施教与教育公平——行为均衡的资源分配方式

中国一直把教育公平作为重要的教育发展目标，教育公平要以教育资源均衡分配为保障。由于个体兴趣爱好、禀赋等方面存在差异，不能对每个人以完全相同的方式培养，应该根据个体具体情况进行因材施教。个体的差异决定了所需教育资源的类型及数量都会有差异，因材施教的教育与公平的教育决定了资源分配情况也是有差异的。我们要回答的问题是，在这种情况下，如何判断教育资源分配是否均衡？

教育资源分配是否均衡可以从多个层面讨论，如个体层面、学校层面、地区层面等。从地区层面分析太粗略，无法反映地区内部不同学校的差异。在教育实践中，教育资源很少直接分配到个体，而是分配到学校，因此，我们将从学校层面来讨论教育资源分布的均衡性。我们再假设因材施教是以学校为基础的，即某个学校专门培养具有某种禀赋的学生，或者专门培养人的某种才能。这可以理解成是学校的特色，每所学校都有自己的特色，就是教育的多样化发展。

理想的教育资源分布情况是，每个学生都进入了与自己禀赋相匹配的学校，获得了自己期待的发展。即使有择校的自由，也没有择校的动机，不会发生择校行为，这就是行为均衡。行为均衡既可以作为检验教育均衡实现程度的方法，也可以作为教育均衡发展的阶段性目标。

一、厘清因材施教与教育公平关系的意义

在因材施教的情况下，如何体现教育公平，教育公平与因材施教如何有

效兼容，在研究领域还缺乏深入的阐释。如果不能厘清教育公平与因材施教的关系，那么，在理论上则无法认识教育公平的真正内涵，在实践上则可能出现主观任意性。因为很难确定区域间、学校间、个体间教育资源分布的差异是由教育非均衡发展带来的，还是由因材施教带来的。在实践中可能会导致两种错误倾向：一是以因材施教为名义的非均衡发展，损害教育公平；二是以教育均衡发展为名义的单一发展，无法做到因材施教。

二、行为均衡及其在教育均衡中的表现形式

张曙光（1992）的研究指出，均衡的基本含义包括两个方面：一是指对立变量相等的均等状态，即变量均衡；二是指对立势力中的任何一方不具有改变现状的动机和能力的均势状态，即行为均衡。区域间、学校间教育资源均等分布具有变量均衡的性质，各方的教育资源在数量和质量等方面具有均等的性质。在经济领域里，在参与方不具有改变现状的动机和能力时，就达到了行为均衡状态。在教育领域里，出于对教育公平目标的追求，对能力的定义范围应有所要求，比如，这种能力不应包括家庭经济条件等因素，而应该限于孩子自身的兴趣、爱好、天赋水平等因素。如果给予所有家庭自由择校的权利，也没有学生愿意更换学校，这种状态具有行为均衡的性质，家庭没有改变孩子学校的动机。这种行为均衡的背后，在一定程度上蕴含了教育资源分布的合理性。如果教育资源分布不合理，比如，学校之间的差异过大，在资源匮乏学校就读的学生就会产生择校到资源丰富学校的动机，行为均衡就难以实现。

行为均衡可以在很多条件下实现，但在教育领域，我们所期待的行为均衡是在实现了学生与学校有效匹配的情况下，没有学生有改变自己状态的动机。这种学生与学校的有效匹配，主要是指学生的禀赋能力与学校的办学特色相匹配，学生只有在该学校才能获得最大的能力开发，学校只有招收该类型的学生才能实现教育资源的最有效利用。在这种配置情况下，社会效益才能达到最大化。

三、教育均衡、教育多样化发展与行为均衡

假设学生选择学校考虑两个方面的因素：一是学校的教育资源，它决定了接受教育的收益；二是自身禀赋，如果进入与自身禀赋相匹配的学校，接受教育的成本低、收益高。比如，一个喜欢画画、擅长画画的学生，选择进

入一所以美术为特色的学校,学生学习会更快乐、更容易(成本低),水平会更高(收益高)。在现实中考取某所学校并在该学校就读所发生的相关成本,可能包括为了考取该学校所付出的努力、参加课外辅导所发生的成本、学校的课业难度、学费等。为简便起见,我们把由学生的禀赋决定的教育成本与教育收益转化为成本项,即教育成本—教育收益,如果收益大于成本就是负数,我们称其为禀赋成本,禀赋越高成本越低。由学校资源决定的教育收益称为资源收益,资源越多收益越高。一个人的教育决策取决于资源收益与禀赋成本两个变量。理论上也可以通过提供一系列(资源收益、禀赋成本)的组合,[①] 使不同类型的学生自动选择与其自身天赋、能力、爱好等相匹配的学校。可以通过调节两个变量的大小,实现学生与学校的有效匹配及学生的行为均衡。有效匹配意味着因材施教,行为均衡意味着教育资源的均衡分布。

如果学生进入与自己禀赋相匹配的学校就是因材施教,在自由选择的情况下,如果没有更换到其他学校的意愿就是行为均衡。能够实现因材施教与行为均衡的教育资源分配形式,可以认为是相对均衡合理的教育资源分布形式,意味着某种程度的教育公平。

这种行为均衡状态的实现不需要教育资源均等分布,但是分布差异要控制在一定范围内。由于受教育者自身的禀赋能力差异,即使教育资源分布是有差异的,只要差异控制在一定范围内,受教育者也会自动选择与自身禀赋能力最匹配的学校。社会需求是多样化的,受教育者的天赋能力也是多样化的,天赋能力的差异决定了开发其能力所需的资源也是不同的,只要教育资源的分布对不同类型人才的能力开发实现了行为均衡,就可以认为是合理的教育资源分布形式。按照人才的禀赋类型给予相应的培养,按照能力水平的差别给予相应的开发,教育的均衡发展体现在对人才禀赋能力挖掘与开发程度的均衡上,而不是培养方式和培养结果的一致上。本质是要做到因材施教,因"材"的差异而多样化培养,因"材"的开发程度相似而均衡发展。

如果教育资源的分布差距过大,任何禀赋的学生进入资源丰富的学校所获得的收益增加都大于其所付出的成本,就会造成恶性竞争,无法实现学校与学生的有效匹配。恶性竞争可以表现为择校、超过孩子身心负荷的课外补习等现象。[②] 而禀赋能力有差异的学生竞相进入相同的学校接受相同的培养,

---

① 其理论依据是经济学中的信息甄别理论,感兴趣的读者可以参考于洪霞(2012)的文章,文章对信息甄别的过程进行了详细论述。
② Yu 和 Ding(2011)对教育资源分布差异过大导致的课外补习现象进行了详细论述。

会造成人才的无效配置，损害差异性、多样性和特色性，损害社会效率。

四、行为均衡在教育领域的应用

前面我们讨论了在理论上如何认识教育资源是否合理分配。在实践中如何确定合理的教育资源分配方式，还需要根据家庭的教育行为进行调整。比如，判断某个地区内学校之间的教育资源分布是否合理，可以观察家庭的教育选择行为，如果家庭都争相选择某些学校而放弃另一些学校，说明前者获得的教育资源相对于后者来说比较多，应该加大对后者的投入，缩小学校之间的差距。

教育资源均等分布并不能保障教育均衡发展，一方面是由于培养不同禀赋能力的人才所需的资源可能是有差异的，另一方面是由于不同主体的资源利用效率可能是有差异的。比如，一所农村地区小学和一所城市地区小学，即使投入相同的教育资源，也可能由于两者的社区环境等差异，导致前者对学生能力的开发程度小于后者，在这种情况下，以教育均衡发展为目标的资源投入方式，应该对前者有所倾斜。行为均衡实际上包含了对资源使用效率的度量，学生及其家庭在作决策时，考虑的是学校有效利用了的资源。在资源数量相当的情况下，资源利用效率高的学校会更受学生及其家庭青睐，学生及其家庭会产生从资源利用效率低的学校向资源利用效率高的学校转入的择校行为，这种行为非均衡表明了教育的非均衡发展。应该具体分析非均衡产生的原因，如果是外部环境等客观原因，就应该加强对薄弱学校的资源投入，如果是学校管理水平等主观原因，就要提高学校的管理水平。

可见，行为均衡可以作为教育均衡发展指标的重要补充，有很多影响学校教育水平和教育质量的因素是难以用具体数字来衡量的，比如，学校的文化氛围等，这些因素会被学生和家长选择学校时综合考虑，因此家庭的教育行为是检验教育均衡情况的重要补充指标。如果给予所有家庭自由择校的权利，家庭也没有为孩子更换学校的动机，说明学校之间的教育质量是基本均衡的，学校间的教育资源分布形式是比较合理的。

第十八章 中国教育管理实践与教育理论发展

当今的中国,在经济、科技、外交、军事等很多领域都取得了令世界瞩目的成绩,在国际上发挥着举足轻重的作用。中国的建设成就主要是依靠自己培养的人才取得的,中国的教育系统在人才培养中发挥了重要作用,也积累了很多宝贵经验。对这些经验的总结对构建中国的自主学术体系是非常重要的,而自主学术体系的构建又可以反过来加强对中国经验和知识的积累,形成良性互动。

第一节 中国教育管理实践

新中国成立以来,中国的各项教育事业取得了突飞猛进的发展。中国的教育管理实践非常丰富,本书仅做简单介绍。

一、中国教育事业的发展

1. 义务教育的普及,高等教育的扩张

中国全面普及了九年制义务教育,每一个适龄少年儿童都有接受教育的机会,保障每个人的受教育权利。随着国家经济实力的提升,对教育的投入不断加大,尤其是对欠发达地区及收入水平相对较低的人口支持力度不断加大,中国的各级各类教育事业,都取得了长足发展,高等教育的规模不断扩大。

2. 教育领域为国家建设提供了人才保障

目前,有一部分人,还有一种"崇洋媚外"思想,认为中国的教育落后,国外一些国家的教育水平高。一些学科领域有唯国外马首是瞻的思想,甚至某些高校的某些学科明确规定,招聘老师只考虑海外留学生。对于教育水平谁高谁低，我们要辩证地看，不能盲目。对于自然科学相关学科，谁高谁低是有一个相对客观的评价标准的，如果国外确实比国内强，我们就要向国外学习。在一些自然科学领域，比如，航天航空领域，我国人才培养的水平已经走在了世界前列。我国的航空航天事业，在事业起步阶段主要是依靠留学归国人员，这些留学归国人员的基础教育也大多是在中国完成的，而后期主要是依靠我们自己培养的人才。目前中国航天航空技术在国际处于领先水平，本国培养的人才，在其中发挥了重要作用。

有一些中国传统学科，如中国文学、中国哲学、中国历史，有些高校也看重留学经历和国际发表。中外的文化背景、思维方式、评价标准都不同，我们为什么一定要用别人的文化思维来认识我们自己的文化呢？把评价权给别人，对我们的文化是非常危险的。对于与中华传统文化相关的学科，我们就要有自信承认，我们是最好的。我们不排斥进行国际交流，但是评价权要掌握在自己手里。

对于不同学科的国内外教育水平，我们要辩证地看，不能盲目"崇洋媚外"，觉得只要是出国读书就是好。一方面我们要承认别人的长处，另一方面也绝不能妄自菲薄，觉得我们自己的教育落后。有些家庭花巨资供孩子出国读书，毕业以后的发展并不理想。在教育实践中也有人存在这样的情况，不珍惜甚至放弃我们的宝贵经验，而去向其他国家学习不适合自己的经验。

二、教育行政管理的关注点

中国有分层级的教育管理体系来落实国家的教育政策。中国政府注重教育公平，不遗余力地促进教育均衡发展，目前，优质均衡是教育领域的重要发展目标。"人皆可以为圣贤"的人性观蕴含了人具有平等性之意，不管人外在的身份地位如何，内在都是平等的，这样的人性观反映到社会生活中，会体现为对公平的追求，对弱势群体的帮扶。中国政府重视学生的全面发展与多样化发展。

1. 重视教育质量与公平

中国的学校以公立学校为主，公立学校主要由政府资助，这为家庭经济条件不同的少年儿童获得平等的教育机会提供了保障。还有一系列如助学金、奖学金等政策，保障了低收入家庭子女的教育机会。

教育公平是社会公平的基石，中国政府追求教育公平的决心坚定，奋斗不止。在中国的教育体系里,一直是以公办教育为主,最好的学校基本都是公立学校。公立学校可以保证不同家庭经济条件的孩子有更平等的入学机会,国家也会采取各种措施保障个体的入学机会。国家出台了很多措施,保障教育发展相对落后地区及处境不利群体的平等教育机会,在政策、财政资金、项目等方面,都着力向农村地区、西部地区、薄弱学校、处境不利的特殊群体等倾斜。中国的经济发展有一个过程,随着国力的上升,对教育的投入及对教育公平的保障逐渐加强。追求教育公平是教育发展的重中之重,采取的相关措施非常多。

以国家政策的形式,对落后地区进行扶助,并给予财政上的支持,比如,全面免除农村义务教育学杂费,建立农村义务教育经费保障机制,统一城乡义务教育学校生均公用经费,义务教育学校标准化建设,等等。国家出台了一系列政策,提高教育薄弱地区的教师素质,比如,强化乡村教师待遇保障、特岗教师制度、教师交流轮岗、中小学教师国家级培训计划、银龄讲学计划等。为了快速有针对性地改善办学条件,提高教育水平,国家会以工程、项目的形式,带动落后地区的教育发展,比如,农村寄宿制学校建设工程、农村中小学现代远程教育工程、农村义务教育学生营养改善计划等。特殊群体是指在某方面或者因某种原因,处于不利地位的群体,国家会专门针对这些特殊群体,提出相应政策,保障其获得平等的教育机会,比如流动儿童、留守儿童、贫困人口、残疾儿童等。对于关系到教育公平的关键环节,国家会提出有针对性的政策,比如高考招生的"阳光工程"、集团化办学等。总之,为了促进教育公平,国家采取了普惠性与补偿性相结合的政策体系,千方百计地扶助处于弱势地位的群体、学校与地区。这种对公平的执着追求,与"人皆可以为圣贤"的平等观具有一致性。

2. 重视学生的全面发展与多样化发展

在学生层面,重视全面提升学生的素质,也重视学生的多样化发展。每个人的禀赋是有差异的,每个人的才能、兴趣都可能不同,使每个人按照自己的禀赋与兴趣去发展,既是对人天性的尊重,也是人尽其才。

在教育实践中,部分学校与家庭可能出现了"唯分数"论的倾向,但这并不是国家教育发展的本意。大家对这种情况都很不满,只是还没有找到合适的解决办法。无论对于国家还是个体来说,个体的自由全面发展、多样化发展都是更理想的选择。既然大家有共同的意愿、共同的利益基础,剩下的就是共同寻找解决方案。我相信人类有这个智慧做出对所有人都有利的选择。

三、学校管理

中国的各级各类学校，是落实国家各类教育政策的基本单位，是实现教育整体目标的基本单位。各级各类学校在国家的领导下，要办让人民满意的教育，人民是否满意是评价学校的重要标准。在各级各类学校中，都有办学非常成功的学校。这些学校的办学经验是我们进行教育管理研究的宝贵资源。

第二节 教育管理案例写作

教育管理案例是总结教育管理经验的重要途径。教育案例可以有不同的层次，可以是学校管理案例，也可以是区域管理案例。从宏观层面看，国家管理可以成为案例；从微观层面看，班级管理也可以成为案例。本书主要以学校为例分析管理案例的写作。

有很多成功的管理案例，没有进行很好的总结，非常可惜。这些成功案例可以给读者很多启发，只不过这些启发需要读者自己去体会。全方位呈现一个真实的案例，读者会根据自己的需要去解读这个案例，并汲取自己需要的营养。

很多学校的管理案例，缺乏原始性、充分性与生动性。案例总结不是原汁原味地反映学校的做法，而是进行站位较高的总结，案例缺乏过程性细节，尤其是缺乏人的情感、心理、思想等的变化。案例的视角，往往是从事务出发，而不是从人出发看人的成长变化。

我们期待能从教育理论、管理理论及文化视角来写作教育管理案例，使案例能够为人文管理提供借鉴。案例能够反映人的成长发展，反映人的情感、态度、思想、行为，人的主动性、积极性，人与人的关系，人的道德、自我修养，等等。

我们要相信，我们心目中理想的教育在现实中有原型，它可能不是以完成的形式存在于某个主体上，但是，一定有教育者、有学校在某个方面有自己的成功经验，如果我们能把整个教育领域的成功经验都整合起来，或许就能发展出更理想的教育模式。

一、学校管理案例的作用

1. 外部作用

学校管理案例可以呈现学校的教育实践，起到经验交流与知识传递等作用，为其他学校、教育者、管理者等提供参考，帮助其实现理念转变、思维形成、能力提升等。此外，学校管理案例也可以为教育学术研究者提供参考，可以为高校中教育相关专业培养学生提供参考资料，为校长培训、教师培训提供参考资料。

2. 内部作用

学校管理案例真实反映了学校的教育实践，可以起到内部交流的作用，可以用在统一内部思想、建设学校文化、新教师培训等方面，起到文化传承、人才培养、立德树人等作用。学校管理案例也给学校提供了一个反思不足、总结经验的机会，为学校管理改进提升提供参考。

3. 管理思想与管理理论发展

中国要发展自己的教育管理理论，就必须有大量的教育实践。管理案例可以把经过实践检验的有效经验积累起来，只有这些有效经验积累得多了才可能从中总结出具有一定普适性的理论。

二、学校管理案例选题

学校管理案例的作者身份不同，其选题逻辑也会有所不同。比如，高校教师等研究人员，可能首先选有特色的或者有突出成就的学校，然后根据学校的特色或突出成就选择案例主题。如果是学校内部人员写自己学校的管理案例，就是根据自己学校的情况，选择其认为比较有价值的主题。学校管理涉及的内容非常广泛，在一个案例里不可能呈现学校管理的方方面面。如果一所学校有一些给人印象深刻的特征，这个特征背后就可能有值得挖掘的案例选题。一般来说，并不需要梳理学校管理的方方面面去思考案例选题，本书提供一些进行案例选题的思考范畴及线索。

1. 参考管理对象思考选题

根据管理所包含的内容可以把管理对象划分为几个方面：人力相关，包括教师专业发展、绩效考核、学生培养、家校关系、干部培养等；财务相关，包括经费使用、绩效工资等；实物相关，包括校园建设、安全管理等；知识相关，包括教学领导、教研管理、课程开发等；荣誉相关，包括职称评比、荣誉称号、奖项评比等；文化心理相关，包括学校文化、心理安全、自我修养等。

2. 参考学校管理工作包含的内容思考选题

学校管理工作要完成的任务包括与教师相关的教学、教研、师德师风培养、教师培训、教师专业发展、教师队伍建设、评优评先、评职称等；与学生相关的班级管理、德育、学生活动等；此外还有督导、后勤服务、安全管理等。学校管理工作涉及人员的内容包括领导、技能、情感、情绪、价值观、人事、考核、报酬、文化、关系等。学校管理工作涉及技术工具的内容包括课程、知识、设备、物资、信息等。

3. 选题要点

学校管理案例要具有参考价值，具有对他人或者对自己的启发性。在选题上可以考虑学校最突出的特点是如何形成的，最突出的矛盾是如何解决的，最打动人心的地方是什么，等等。主题选择是一个不断聚焦的过程，可通过观察庞杂的信息发现背后的主线。著名的管理学案例《海底捞你学不会》，全书有一个焦点：为什么员工愿意为海底捞拼命工作？

三、材料收集

1. 按案例结构从不同来源搜集素材资料

在确定了主题之后，就是根据主题搜集素材资料。素材资料的收集可以考虑从决策背景、存在问题、决策依据、行动方案、结果等几个方面进行，这几个方面是一般案例的结构。素材资料的来源包括师生家长等各类人群、历史档案、相关文件、实物资料/文字资料、数据信息、会议记录/活动记录、汇报材料、各类作品等。

2. 收集素材资料的方法

可以是亲身经历，其特点是真实直接，但是可能不够客观；可以通过观察法收集，其优点是基本不妨碍被观察者的正常工作，所取得的资料与实际需求间的相关性较高，但是要求观察者必须熟悉相关情况才能把握观察要点；可以通过访谈法收集，其优点是易于了解相关信息，缺点是费时，对访谈者本身要求较高；可以通过问卷调查法收集，其优点是花费低，可以获得大量反馈，易于总结，易于了解相关信息，缺点是无法获得问卷内容以外的信息，设计问卷需要大量的时间及设计能力；也可以对现有数据进行分析，其优点是准确、客观，但是对技术要求较高。

四、具体写作

1. 案例构思

以情节展现案例，体现管理思想，突出参考价值。管理案例介绍的对象往往是行动、事件、背景、环境以及组织中的人员等，通过对事实、对话的描述以及数据与图表等形式表达。管理案例有两个要点：一是真实，二是包含管理思想。管理案例在案例情节中隐含了管理知识点，管理知识点要与情节线索相融合。每一个事件都包含很多内容，作为管理案例应该包含管理要素、管理知识点，这样才具有参考价值，对构建管理理论有参考价值。下面我们举例说明如何在案例情节中隐含管理要素（见表18-1）。

表 18-1 如何在案例情节中隐含管理要素

以情节推动的事实介绍	体现出来的管理要素
新校长上任，发现教师面对工作推诿不积极，组织调查团队，了解教师的想法	决策方法、管理理念、管理方法、团队产生方式
发现老师承担工作总是单打独斗，缺乏支持，提出组建各类团队，用人之长，助人成长	管理理念、管理方法
很多教师在团队的支持下获得了成长，为学校赢得了很多荣誉	人如何改变、团队如何发挥作用
新教师的成长故事，在团队的支持下迅速成长，从刚入职时的困惑迷茫到两年后的独当一面	新教师的困难、如何培养新教师
老教师的成长故事，在团队的支持下焕发新的活力，决心学习更多新的东西	老教师职业不倦怠
很多老师主动请缨做一些工作，并取得了良好的教育效果，积极的社会影响	管理效果
来学校交换顶岗的老师受到学校氛围的感染，改变了自己的心态	影响范围扩展、不同类型教师
另一所学校应用了该校的这种工作方法，也取得了良好的效果	经验的跨校推广过程

案例要具有真实性，内容真实，描述可信，是完全真实发生的情况，不

能有杜撰；目的性，可以传递知识、交流经验、传达理念等，读者读了要有收获；故事性，按照情节发展逻辑、时间先后顺序、因果联系等展开；可读性，有学习价值、有趣味性，能够吸引读者。

2. 案例中嵌入：对管理哲学基本问题的认识

作为一个管理案例，要体现出对管理哲学基本问题的认识，才能够给他人提供参考。比如，人性观，认为人性是善是恶，还是兼而有之；是否相信人具有无限的潜能。管理目标，是以事为核心，侧重事务的完成，还是以人为核心，侧重人的需要满足及成长。管理评价标准，是侧重事务的高效完成，还是侧重人的心悦诚服、各尽其才。管理方法，是以制度奖惩的方式来进行管理，还是以修己安人、以身示范的德政与教化方式来管理。人际关系是以竞争性为主，还是以和谐合作为主。管理取向，是效率取向还是伦理取向。管理范畴是以效率为基础展开，还是以人为基础展开。激励方式，是物质激励还是道德激励、情感激励。

学校管理案例写作应避免的问题：整篇都是心得体会和取得的成绩，缺乏管理事实与情节支持；有故事、有情节，但是比较离散，故事之间缺乏联系；主题不明确，像工作报告，面面俱到，主旨不明。学校管理案例写作中结构是骨、主线是筋、情节是肉、文笔是皮、思想是魂。在案例本身既定的情况下，写作上最好还能有趣味性，能引人入胜，吸引读者。我们为什么强调趣味性，这与我们的教育理念是相关的，如果一个案例没法打动人心，没有给人带来情感上的震撼或共鸣，就很难有影响。我们主张建立在真实基础上的写作，如果是通过虚假夸张的情感打动人，没有真实基础，就失去了参考价值。

3. 案例写作

案例写作不需要太多的条条框框，只要如实地把事情说清楚就可以。本书关于案例写作格式的介绍，只是一个参考，并不是必须的。

一个完整的案例由标题、摘要、关键词、正文、附录（根据需要）等构成。

标题的构成要素：学校名称、案例事件、案例主题、关键问题、人物的姓名或职位，以及描述或评述性短语等。以上要素既可以单独使用，也可以相互结合。

摘要是对案例的概括性描述和对案例主题全面而又精练的介绍，应简明扼要，突出重点，补充标题。主要内容为写作案例的目的、方法、结果和结论等。组合要素包括内容概述、关键背景、学校介绍、关键事件、关键问题、关键人物、案例意义等。应注意体现案例的管理价值与教育价值，而不是描述具体事件本身。

关键词应具有全面性，全面反映案例内容；专指性，每个关键词都有明确的含义；专业性，最好使用管理学名词，比如，使用"教师专业发展"，好于使用"教师成长"。不是从事件本身提炼关键词，而是从事件所指向的管理领域或教育领域提炼关键词。

正文内容一般包括引言、案例背景、案例事件等。引言一般包含事件背景、起因、需要解决的问题或面临的难题等，重点是具有吸引力。案例背景包括案例故事本身所处的内外环境，重点介绍引发案例事件的主要影响因素。案例事件是反映案例主题的具体事件，可以进行情境化的构建，可以利用各种图表呈现信息。可以以事件为线索穿插案例素材，也可以进行人物塑造，包括人物背景、人物困境、独特观点和性格等。

案例类似小说，都是由情节构成；不同点是小说源于生活、高于生活，案例就是真实的生活。案例不是获奖感言，不能偏重评论、缺乏事实；案例不是工作报告，也不能偏重事实、缺乏情节，情节是案例的基本构成要素。情节不能漫无目的，要以线索穿插起来，才能构成好的案例。案例要突出特色，在主题之下全面把握重点，体现教育理念、体现如何落实国家的教育方针、体现管理思想等。

第三节 中国教育管理理论总结与发展

中国各项事业所取得的成就及中国的整体发展，与中国教育领域所提供的人才保障是分不开的。中国所取得的社会成就主要是依靠自己培养的人才取得的。首先，我们应该肯定教育系统的人才培养成就，并肯定其中的成功经验；其次，对成功经验进行总结，对存在的不足进行反思。有些人，一提到中国的教育就觉得充满问题，这是一种缺乏自信的表现，对发展我国的教育事业是不利的。放弃自身的经验不总结，去学习他人似是而非的经验，是危险的。一方面，别人的理论和经验不一定百分之百正确；另一方面，即使正确也不一定适合自己。我们自己通过实践所积累起来的经验，才可能是切实有效的，是正中肯綮的。从群众中来到群众中去的工作路线，体现在教育领域就是从学校和教师中来，到学校和教师中去。教育实践中面临一定的问题并不可怕，很多人都面临同样的问题也不可怕，只要有少数主体有可以学习的有效经验就可以了，我们要总结教育实践中的好经验。

一、总结自己的成功经验

中国有庞大的教育体系，在这个体系里有很多优秀学校、优秀管理者和优秀教师，他们对解决教育问题有着丰富的经验。这些实实在在的实践经验是宝贵财富。一些学校或老师所面临的问题，在现实中都可能有好的解决办法。要想解决什么问题，就要向解决了这些问题的人学习，不能学习似是而非的近似性经验。我举一个例子来说明这个问题。一般的情况是，随着年龄的增加人的发际线会上移，男性甚至可能会秃顶。但是，我在40多岁时，发现发际线下移了，而且我也没有白头发。看到我的头发挺好，有些朋友就向我请教头发养护经验。有一次，一个脱发比较严重的朋友，就问我有什么方法解决脱发问题。我自己脱发也挺严重的，就觉得脱发是正常的。后来，我听说某种方法可以减少脱发，我就按照那个方法试了，果然有效。我举这个例子是想说，要想解决问题，就需要向解决了这个问题的人学习。因为我发际线下移，就傲慢地对掉头发的问题进行了判断，其实我是没有资格的。找我咨询的人没有选对人。我们的教育发展，一定要立足于成功经验。

在进行教育研究的过程中，很多难以解决的教育问题，在现实中都能找到示范，比如，教育均衡有些地区做得很好，班级管理有些老师做得很好。现实中，我们看到部分老师对一些犯错的学生比较苛刻，即使不打骂，也存在训斥、挖苦、讽刺、嘲笑等情况。作为研究者，这一度让我非常犯难，一方面觉得不应该这样对待学生，会对学生造成伤害；另一方面又觉得如果不这样做，怎么才能管住那些特别调皮的学生。后来，我到现实中去了解，看到很多有教育智慧的老师，他们能够以被学生认可的方式管理学生，而不是采用苛刻的伤害心灵的方法。100位老师里，有99位老师做得不好都不重要，重要的是要把做得好的老师的经验总结出来，给剩下的99位老师做参考。

有些学校在改革过程中，全盘否定自身的经验、自己老师的经验，全盘接收其他学校的经验，这样改革效果终归是有限的。还是拿发际线下移来举例，当我发现发际线下移后，很多朋友都想学习我的经验，但我只能坦诚地说，我也不知道原因是什么。因为我的生活作息都跟他人不太一样，到底是哪个原因带来的结果难以确定。

在与一线教师接触的过程中，我发现很多老师都有丰富有效的教育经验，每当此时，我总是惊喜地鼓励这些教师，把自己的经验总结出来给其他同行做参考，可是得到的结果往往都不理想，都说自己的实践经验不重要。有一些教研员、特级教师、骨干教师，他们在一线的教育教学实践中有非常成功的表现，他们的经验在一线老师中非常受欢迎，能够帮助老师解决实际问题，但在学术研究领域却难以得到认可。

如果我们不重视总结自己的系统经验，却把外国的零散经验高高举过头顶，相当于自断手足。首先要在认识上相信广大教育者的经验，其次在工作中尊重他们的经验、总结他们的经验，最后从群众中来到群众中去。

二、把实践经验上升到理论

实践经验太庞大，如果没有一个理论作为线索，要学习庞大的实践经验也比较困难。如果不能理解实践经验背后的理论，只按照表象照猫画虎，也可能不得要领，发挥不了实践经验应有的作用。有一个笑话，讲一个小孩子学翻书，他看到别人手指唾一下唾沫翻一页书，觉得这样慢，就一只手沾唾沫，另一只手翻书。很多在一所学校行之有效的经验，其他学校模仿以后就失效了。这可能是因为只看到了表象，忽略了表面做法背后的条件性因素。总之，如果没有理论的指导，盲目学习表面做法不一定能取得预期的效果。在发现了有效的教育管理实践之后，要尝试将其上升到理论层面，然后把理论总结和实践经验结合起来，再应用到实践中，以检验理论的适宜性。经过实践检验的理论，就可以在更大范围内推广。整个过程可能需要教育实践者与教育研究者的分工合作，各自发挥自身的优势。

无论是教育理论、管理理论，还是教育管理理论的总结，都需要建立在一定的文化基础上。对于教育与管理这种与人密切相关的学科，不存在完全脱离于文化、放之四海而皆准的科学理论。因此，我们在总结中国的教育管理理论时，要充分考虑中华传统文化思想。我们也不能狭隘，不能放弃对国际理论的借鉴与参考。用什么理论来认识实践，要看其在实践中是否有效。我之所以提倡使用本土理论，是因为从文化角度来看，本土理论的适用性更强。

三、实践是检验真理的唯一标准

教育是具有实践性的，被实践证明的经验就应该被尊重。比如，一种病症有两种治疗方法，一种方法科学无法解释，但治一个好一个；另一种方法科学可以完美解释，但治疗起来没效果。哪一种是好的治疗方案呢？有效的治疗方法科学解释不了，是科学本身水平不够，不能说方法有问题。在教育领域也是一样，有效的教育实践，理论无法解释，是理论有问题，不能说实践有问题。好的理论也要从实践中来，如果理论无法解释的实践被忽略，理论要怎么发展呢？

四、以自主学科体系建设形成经验与知识积累

由于中国文化自身的特点，一些具有中国文化特色的教育与管理实践，在西方的学术理论中是得不到有效解释的。比如，以道德教育为核心的情志教育、中国人的利他奉献精神等。在西方的学科体系下，这些"无处安放"的独特经验，就无法形成积累。我们要发展自己的学术理论，使中国的实践经验能够总结起来，形成知识积累，并能够有效传播，为更多实践者提供参考。

参 考 文 献

［1］陈鼓应. 老子注释及评介［M］. 北京：中华书局，2009.

［2］陈鼓应. 庄子今注今译［M］. 北京：中华书局，2009.

［3］（春秋）孙武，曹操，杨丙安，等. 十一家注孙子校理［M］. 北京：中华书局，2016.

［4］（三国魏）刘邵. 人物志译注［M］. 王晓毅，译注. 北京：中华书局，2019.

［5］［美］理查德·尼斯贝特. 思维的版图［M］. 李秀霞，译. 北京：中信出版社，2006.

［6］（清）王先谦. 荀子集解［M］. 沈啸寰，王星贤，整理. 北京：中华书局，2012.

［7］（战国）孟子，等. 四书五经［M］. 北京：中华书局，2009.

［8］BALAN, DAVID, STEPHEN KNACK. The correlation between human capital and morality and its effect on economic performance: theory and evidence［J］. Journal of Comparative Economics, 2012, 40(3): 457-475.

［9］BECKER G. Human capital: a theoretical and empirical analysis, with special reference to education［M］. New York: Columbia University Press, 1964.

［10］FLEISHER B, WANG X. Skill differentials, return to schooling, and market segmentation in a transition economy: the case of mainland China［J］. Journal of Development Economics, 2004, 73(1): 315-328.

［11］GE, SUQIN, HANS H. Job market signaling and returns to education［J］. Southern Economic Journal, 2018, 84(3): 734-741.

［12］GROSSMAN, SANFORD J, OLIVER D. H. The costs and benefits of ownership: a theory of vertical and lateral integration［J］. Journal of Political Economy, 1986, 94(4): 691-719.

[13] HART, OLIVER, JOHN M. Property rights and the nature of the firm[J]. Journal of Political Economy, 1990, 98(6): 1119-1158.

[14] LOCHNER, LANCE J, ALEXANDER MONGE-NARANJO. The nature of credit constraints and human capital[J]. American Economic Review, 2011, 101: 2487-2529.

[15] NELSON R. R, PHELPS E. S. Investment in humans, technological diffusion, and economic growth[J]. American Economic Review, 1966, 56 (1-2): 69-75.

[16] PALACIOS-HUERTA I. An empirical analysis of the risk properties of human capital returns[J]. American Economic Review, 2003, 93(3): 948-964.

[17] REICH, MICHAEL, DAVID M, et al. A theory of labor market segmentation[J]. The American Economic Review, 1973, 63(2): 359-365.

[18] ROMER, PAUL M. Increasing returns and long run growth[J]. Journal of Political Economy, 1986, 94 (5): 1002-37.

[19] SCHULTZ, THEODORE W. Investment in human capital[J]. The American Economic Review, 1961, 51(1): 1-17.

[20] SPENCE, MICHAEL. Job market signaling[J]. Quarterly Journal of Economics, 1973, 87(3): 355-374.

[21] YU, HONGXIA, XIAOHAO DING. How to get out of the prisoners' dilemma: educational resource allocation and private tutoring[J]. Frontiers of Education in China, 2011, 6(2): 279-29.

[22] 黄铁鹰. 海底捞你学不会[M]. 北京：中信出版社，2015.

[23] 李申，等. 周易经传译注[M]. 北京：中华书局，2018.

[24] 李实，丁赛. 中国城镇教育收益率的长期变动趋势[J]. 中国社会科学，2003(6).

[25] 沈立. 如何培养管理者——中国传统管理教育初探[M]. 郑州：河南人民出版社，2018.

[26] 温忠麟，叶宝娟. 中介效应分析：方法和模型发展[J]. 心理科学进展，2014(5).

[27] 于洪霞. 教育均衡发展与教育多样化发展——基于行为均衡的分析[J]. 教育管理研究，2012(6).

[28] 于洪霞. 生命周期偏误、终身收入与中国教育收益率的估计[J]. 管

理世界,2014(12).

[29] 于洪霞.生命周期偏误与中国教育收益率元分析[J].经济研究,2013(8).

[30] 于洪霞.生命周期中教育收益率变动轨迹分析[J].统计研究,2015(5).

[31] 张曙光.论制度均衡和制度变革[J].经济研究,1992(6).

[32] 赵书松,廖建桥.绩效工资制下大学教师绩效非伦理风险及其规避策略[J].高等教育研究,2013,34(2).

[33] 任应秋.任应秋论医集[M].北京:人民卫生出版社,1984.

[34] 詹世友.先秦儒家道德教化的不同范型之分析[J].哲学研究,2008(2).

[35] 鸠摩罗什,等译.佛教十三经[M].北京:中华书局,2010.

书 系 后 记

这套书我写了很多年，写作过程也映照了一个人的成长历程。完成初稿后，我就开始写后记了，写写删删数遍，曾经一些想说的话，后来却不想说，就都删除了。总觉得没必要唠唠叨叨，无非是"老当益壮，宁移白首之心？穷且益坚，不坠青云之志""十年饮冰，难凉热血"的陈词，就都留给自己回味吧。这是我人生中第一次出书，或许也是最后一次，总是感觉还有未尽的牵挂。我讲一讲自己是如何写出这套书的吧，也为想研究中国传统文化的同人提供些许参考。我相信自己所有未竟的心愿，将来都会有人来完成。

一、有幸得遇中华传统文化

在我的正式教育生涯里，我是学习管理学和经济学的，曾总有一种"显学"专业的傲慢，自己是不懂中国传统文化的"文盲"，却不自觉地把中国传统文化与腐朽落后画等号。年少懵懂的我，看到自己专业领域里那么多人名利双收，没有一个是因为研究中国学问而获得名利的，都是紧跟国际前沿的，自然就形成了一种价值观。

2006年，我在北大读书时，通过学生社团接触了太极，2008年又开始接触中医，我深深地被中华传统文化震撼与吸引，感受到了一种博大精深的力量，一种让我觉得不可思议的力量。西方的学问我学了很多年，总感觉学问是学问，自己是自己，所学的东西除了让自己掌握了一门生存技能，对我的内心少有影响。接触了中华传统文化之后，我感觉自己有了积极变化，但只知道这是中华传统文化的影响，却不知道是如何被影响的。我开始对中华传统文化有了浓厚的兴趣，甚至想把其引入自己的学术研究。读博时，我就产生了把传统文化与自己的研究结合起来的想法，在写博士毕业论文时，我做了尝试，但失败了。从北大毕业后，我一直没有找到学习太极的合适机会，但我通过书籍及网络资源自学了中医十多年。我从学习经络穴位入门，按摩、刮痧、拔罐、艾灸、针灸、方剂都了解过，后来觉得作为一个缺乏实践机会的业余爱好者，自己学习中医没有成长空间，就去学习书法和国画。对中国很多传统的东西，我的兴趣都很大，只是水平有限。

在高校从事教学科研工作后，我仍旧想把自己的工作与中国传统文化结合起来。直到我有机会开设一门相关课程，才正式进入了积累阶段。在积累过程中，我惊奇地发现，自己之前所学习的西方经管理论与中国传统文化中的理念是"格格不入"的，如果不发展基于自己文化的管理理论，就相当于在一场文化战争中直接缴械投降。我知道自己之前有多崇拜西方的学问，也知道有很多与之前的我一样的人，因为人们根本就没有可以与西方理论匹敌的中国理论可以借鉴，直接把西方理论当作真理来接受，却不知道西方的理论只是建立在一定文化基础上的假说，是认识世界的众多视角中的一种。我们就这样把中华传统文化中很多有价值的东西不自觉地摒弃了。意识到这些后，我仿佛拿到了中华传统文化传承的"接力棒"，如果不把这套理论整理出来并传播出去，我感觉前对不起古人，后对不起来者。

在这个过程中，我又面临着一个选择。我是学习西方学问出身的，已经形成了自己的"套路"，对于中华传统文化的相关研究，我必须从头学起。由于我自己传统文化的基础薄弱，全力以赴尚觉力不从心，因此我没有足够的能力同时既向东走，也向西走，于是我决定破釜沉舟。我知道开弓没有回头箭，我也恰好不想回头，我要向着心中的光明一直走下去，再不要回到黑暗里。我要把自己所认识的中华传统文化、在学习过程中所走过的心路历程都记录下来，也许会有人沿着相似的路找到自己想要的光明。

二、历史与时代所赋予的机会与责任

回首写这套书的整个历程，我虽然挣扎、努力了十几年，但感觉一点儿弯路都没走，是直奔主题。哪怕是一时兴起研究的一些看起来不相干的小问题，最后，也都很自然地成了这套书的一部分。哪怕是自己业余生活中鸡毛蒜皮的小事，都对本书的完成有重要启发。在这个历程中，我从中国悠久的历史与当今波澜壮阔的社会实践中汲取了很多营养，没有这样的历史，不生逢这样的时代，我写不出自己想写的东西。我感觉是历史与时代赋予了我机会与责任，本书如果能具有一定的价值，那么其荣誉属于每一个为我提供知识、案例与素材的人，属于历史与时代的创造者。这里没有彪炳功绩的荣誉榜，更没有可以回报大家的有形名利，但是，每个人各自的贡献将在时空中绽放永恒的光芒。

毕业工作以后，我继续着对中华传统文化的探索，尤其是在入职北京师范大学以后，我阴差阳错地进入了教育管理研究领域，使我可以把自己的工作和兴趣更好地结合。我开始疯狂寻找关于中国管理学的文献，结果却找不到成体系的理论。有很多文献只是把中华传统经典中的一些只言片语拿出来解释，并阐释一些管理的启示，这类研究或许能给管理实践提供一些参考，但是，在西方管理学庞大的学科体系及严密的论述逻辑下，显得太弱小，太不堪一击。我认识到从别人的相关研究里找不到自己想要的东西，于是就开始自己去研习传统经典，比如《论语》《中庸》《大学》《道德经》等，直接从传统经典中体味管理智慧。这本来只是我的个人爱好，直到有一天一门课程的出现，使我对中华传统管理思想的研究投入越来越多。

在我们学院的学生培养方案里，有一门课程叫《教育管理哲学》，大家觉得这门课程很重要，学生培养方案几经改革都一直保留着，却从来没有老师讲授过。有一年学部规定，所有学生培养方案里有的课都必须开，在为课程安排任课老师的那次学院例会上，我因在参会的路上出了点儿意外没有参加，结果课程就安排给了我。起初我还不太情愿，负责的领导宽慰我说，课先放到我名下，只要选课的学生不够就不用开，让我不用担心。等到开课时，果然只有3个学生选课，未达到6个学生的开课最低要求。在第一堂课上，我就基于自己对中华传统管理思想的研究积累，给同学们介绍了如果开设这门课程，我会怎么讲。没想到3位同学特别感兴趣，回去发动自己的同学选课，这门一学期课时的研究生课程从此就开起来了。以课程为抓手，我一遍又一遍体会着中华传统文化思想，一遍又一遍地思考着相关问题。从2013年开始讲相关课程，每一次上课我都花很大精力备课，课程在不断充实，我也开始零散地就一些问题写一些书稿。

我非常感谢选课的学生，是他们的支持，让这门课程能够持续开设起来，这本书的很多内容，就是在与学生的互动中产生的。我最重要的支持者就是选课的学生，他们选课的热情，他们在课上的收获，他们所表现出的对中华传统文化与中国实践的认同，给了我莫大的安慰与鼓励。他们似乎也像我一样，心灵被中华优秀传统文化深深地滋养。对于中华优秀传统文化的传承与弘扬来说，没有什么比"青年喜欢"更重要。直到2019年，我突然发现，自己平时所积累的"一砖一瓦"似乎可以组合成一个完整的建筑。于是，我第一次搭建出比较完整的理论结构，形成了管理学部分的初稿，到2023年初，我为这个建筑添上了最后一块瓦，形成了一个逻辑自洽的完整理论体系。

  起初我就是按照管理哲学的基本问题构建理论，而这个构建思路确实形成了自己的理论。我之所以没有走弯路，是我的前辈、同事设置了一门叫《教育管理哲学》的课程，一直在等着我。作为一门新课，没有前期基础，使我可以自由地把管理哲学与中华优秀传统管理思想结合起来，才有了最后的理论成果。我必须做一个说明，应把这项荣誉给予我所尊敬的同事们。北京师范大学是一个拥有人文精神与人文传统的地方，这里有很多热爱中华传统文化、致力于弘扬中华优秀传统文化的师生。我的同事们就曾自发组织过中华传统经典的读书会，很多参与者都是社会上的知名学者，在没有任何经费支持的情况下，大家自发地来到学校，一起诵读、讨论传统经典。虽然由于种种原因，这个读书会没有坚持下去，但是，那种精神却可以给人长久的支持与鼓励。有很多同事在传统文化学识方面是我的师长，在人格修养上是我的榜样。其中有些同事，对我认识一些关键问题的帮助非常大，他们默默地坚守着自己的教育初心，努力推广中华优秀传统文化，不计名利地做真正有益于社会、有益于教育的事，也给了我很多精神上的鼓励。单位里的很多老前辈，在教育领域早已誉满天下，他们为国为民的教育热忱、高风亮节的品格、谦虚谨慎的态度，也给了我很多鼓励。学校也非常重视中华传统文化相关课程，有很多老师对这个研究方向很感兴趣。我在学校里也获得了充分的学术自由，入职前几年不止有一个人问我"在跟着谁的项目做研究"，我都是肯定地回答，我在按自己的兴趣和意愿做研究，不曾跟随任何其他人的项目与想法走。北京师范大学教育管理学院是由教育部发文批示成立的，很多优秀前辈为学院与学科发展做出了卓越贡献。我能在这里完成这本书,并不是偶然,是因为有这样一片土壤,有这样一块立锥之地。我相信未来我的同事可以在中国传统文化相关研究中发挥更大的作用。

国家提倡弘扬中华优秀传统文化,单位比较重视,我得以有了几年的上课机会。年复一年,学校问我在研究什么,我都说自己在研究中华传统文化中的教育与管理思想,年年给单位画大饼,一到考核却没有成果。我感到非常抱歉,一直无法把自己对自己的要求和单位对自己的要求很好地统合起来。考核团队也没有难为我,都是我难为考核团队。像我这种情况在其他单位可能要被末位淘汰了,我的单位还在年复一年给我机会,给我一个可以继续完成这项工作的机会。

这本书完成的时候,也是我的课从学生培养方案中删除的时候。学校教学改革减少了专业课门数,这门没有多少人了解的新课程,相对于"老牌"管理学课程来说没有"合法"地位。如果课程写到学生的求职简历里,用人单位既不知道课程内容是什么,也不知道讲课老师是谁。我自己为研究生开设两门课程,还有一门是"老牌"课程,选课学生不到30%,而这门课程选课学生是90%以上,甚至有时是100%。在教学改革过程中,"老牌"课程被保留了,新课程被删除了。我能理解这种安排,如果我是一个不了解这门课程的人,也不会砍掉"老牌"课程而接纳新课。这门课程我讲过10次左右,内容在不断完善与改进,最后一次讲与倒数第二次讲内容已经差别不大了,可以算是"功成身退"吧。我只能把东西写出来,让其等待知音,让大家看一看中国传统理论值不值得在学科体系里有一席之地。期待未来,中国理论能够与波澜壮阔的中国社会实践相匹配。

这套书的产生,不是因为我个人的努力,而是盛世结出的果实,是历史与时代的必然。2020年,中国已全面进入小康社会,2022年,党的二十大第一次把中华优秀传统文化写入党章。我相信在不久的将来,肯定会有很多基于中国传统文化与本土文化的研究,如雨后春笋般蓬勃出现。

三、"古仁"是谁

为什么要用"古仁"这个笔名来出版这本书?这本书虽然是我历时十几年一字一句写出来的,但它并不是我一个人的成果,它是中华民族的高贵精神与英勇实践所结出的果实,这个果实成熟时,我有幸遇见了。中国传统智慧，守望千年等待知音，我也只不过是一个幸运的相遇者。如果这套书里有错误与不足，那是我个人修养不足、学问不够，如果有一些有价值的东西，那是因为中华传统智慧与中国人民集体智慧的力量，是因为天地有大美而不言。我并不是因为有写这套书的能力才写了这套书，而是因为想写这样的书，中华传统智慧与中国人民的伟大实践赋予了我相应能力。我并不是一个创造者，而是一个受益者。如果把这套书的写作比喻成一场戏，古圣先贤、仁人志士、中华儿女，甚至全人类、全宇宙，才是编剧与导演，而我不过是扮演了一个角色的演员。这个角色如果我不演，也肯定会有其他人来演。我不能把自己扮演的角色与自己本人混淆了。如果本书的内容能给您带来启发与帮助，那是因为中华民族的智慧，是因为您自己传承了这种智慧，是您作为编剧与观众赋予了角色内涵，而不是因为我这个演员。"古仁"是谁并不重要，在那些您有共鸣的地方，你就是我，我就是你，你就是"古仁"。这是中华民族共同的智慧，完全不是平凡的我能够企及的。中华传统文化中认为"仁"是人的天性，在汉语里也把"种子"称为"仁儿"，希望从古至今世代相传中华优秀传统文化的这颗"种子"，能历久弥新，焕发自己永恒的光辉。

我出生在一个幸福美满的农民家庭，在一个青山绿水环绕的村庄长大，有一个无忧无虑、快乐美好的童年。我坐在院门前的石墩上看过朝霞夕阳和满天繁星，在无际的稻田里听过潮水般的蛙鸣，坐着小板凳在院子里的树荫下读过唐诗，躺在马车上看过飘着大朵白云的湛蓝天空，在夏天清澈的河水里洗过澡，在大山里采过春天的野菜和秋天的蘑菇，张开双臂旋转着感受过冬天漫天的雪花，在雪地里踩过脚印，与一条街上几十个孩子一起在大河滑过冰，早晨醒来赖在被窝里看过窗玻璃上的冰花，在温暖的室内听过呼啸的狂风，我吃过菜园里采摘的新鲜黄瓜、番茄，我吃过呵护我的哥哥为我做的饭，我坐在家门口马路边的石堆上听过几十个邻里乡亲一起聊天，我接受过无数次亲戚邻里的温馨呵护……

小学与初一，我都是在自己出生的村庄里读书，没上过课外辅导班，也没有过学业压力。初二开始，我离开家到县城寄宿读书，开始追求考大学，考研究生，找好工作，也开始体会了忧愁。从此以后我就成了一个"天生忧郁的人"，因为如果按外在的标准来看，我的处境还算是可以的，可是我就是有挥之不去的忧郁。我随波逐流地追求着功名利禄，当我读了名校的博士，感觉自己与功名利禄更近了，看着那些在高层当领导的校友，那些在专业领域里誉满天下的校友，那些在商业领域财源滚滚的校友，常常误以为自己也可以成为其中的一员。但是，当我面临毕业找工作时，我犹豫了，我必须承认，即使自己成为那样的人，也不会快乐。我对人生的意义与价值，对人生到底应该追求什么，充满了困惑。恰在这个时候，我的一位好友意外去世了，这件事对我的打击非常大。一方面让我看到了功名利禄在生命面前的无能为力；另一方面让我产生了去探索生命意义与价值的紧迫感。我重新选择了人生方向，我要去从事最有利于自己探索人生意义与价值的工作，于是，我选择了教育领域。有些同学、师长不理解，为什么我要从"显学"领域改行到其他领域，我说"宠辱毁誉终不怨"。如今我觉得自己的目的达到了。

工作之后，我逐渐把自己的主要精力转移到传统文化相关教学与研究上，随着对传统文化了解的加深，我看到了中西文化的差异，更是产生了必须为弘扬中华优秀传统文化做点儿什么的责任感。2019年，管理学部分的初稿写出来后，我以为很快可以完成，没想到修改补充又用了好几年，字数也远远超过了我的预期。书也从一本变成两本，从两本变成四本。我感觉内容太臃肿了，总是想精简，也确实删减了一些内容，但是，在看每一部分具体内容时，又感觉自己写得太粗浅了。我曾长期犹豫是否出版这些书，中华传统文化博大精深，而自己的水平确实非常有限，我感觉自己连入门水平都没达到，怕自己误导了人。后来才下了决心要出版，是因为在这条赶考之路上，这是我给祖国人民交出的自己的答卷，要勇敢拿出来接受批评与指正。我来抛砖引玉，希望能有更多的人来做更好的学问。

我在这套书里提出的某些观点，有些人可能是难以想象的，尤其是学习西方经济学与管理学的人，习惯了接受"经济人"假设的人，但是，多年学习西方经济学管理学的我为什么能够跳出这个假设，可能与我的个人经历有关，我感觉自己就生活在一个充满利他奉献精神的世界，遇到了很多利他奉献的人。在接触了中华传统文化以后，我发现很多好东西，特别是对自己有价值的东西，都是免费的。在"商品经济社会"里，你可能花钱买到的不一定是对自己有积极作用的东西，但是，在"传统文化社会"里，很多让人受益终身的东西都是免费的。我个人对中华传统文化感兴趣，通过各种途径获得了很多免费的公益资源，有很多人在不图名利地传播弘扬中华优秀传统文化。在这套书里,我不能肯定自己说出来的都是对的,但都是自己的真心话。我的书中的世界可能比很多人看到的要美好一些,因为我这个人就是一个比较乐观的人,看待任何事物都倾向看积极的一面。我应该也是比较幸运吧,从小出生在一个幸福的家庭,有和睦的邻里、淳朴的乡亲、相互支持关心的亲友,都帮我形成了对美好世界的认知,我心里一直相信人人为我、我为人人的大同世界可以实现。我的关于幸福的感知与品味,都是在童年形成的,我很庆幸自己生在一个农民家庭,一辈子向往的都是自然的生活。有时候,我不想接受别人告诉我的既定思想,不想向现实妥协,因为它们与我从小形成的对世界的美好认知不一致。我的整个学术追求与人生追求,都是在寻找美好的童年,希望每个人都能一辈子生活在美好的童年里,大家尽职尽责地去承担一个成年人的责任,但有着孩童般的内心。每个人都有自己的局限,我就局限在自己的美好世界里。感谢所有相遇,一切都刚刚好。

在这套书的写作过程中,遇到困难和挫折时,我就想那些古圣先贤,尤其是革命烈士,他们用自己的生命和鲜血换来我今天衣食无忧、和平幸福的生活,今天我有了一个继承他们遗志,保卫一方文化领土的机会,我有什么理由退缩,有什么理由不全力以赴?想到他们,我都感觉有些惭愧,感觉自己做得还不够。有中华民族的传统智慧与伟大精神滋养我的灵魂,我才有了战胜困难和挫折的勇气和力量。我就是一个普通的老师,既没做过有实权的领导,也没教过几个学生,个人修养上也没什么境界,我写的管理学与教育学,完全是依靠中华民族博大精深的传统智慧和中国人民波澜壮阔的社会主义建设实践。虽然书是我费尽心血一字一句写出来的,但是,我不想将其署到自己名下,感觉是贪天之功。有人劝我说,要用真名发表,这样发表论文、申请项目、评职称都能有帮助。可是对我来说,仗都打完了,我还要补给干什么,还是留给其他有需要的人吧。我深知中华优秀传统文化的伟大价值,怕自己的名字万一借了传统文化的光而身价倍增,自己再用不起了,我还是自己留着用吧。我是谁,谁是我,都不重要,重要的是我们能珍惜身逢盛世的机会,借助中华优秀传统文化提升自己,提升教育与管理品质,为人类开创一个更美好的未来。

四、"倾城不换"的收获

我曾开玩笑说,现在都进入人工智能时代了,而我的书,既不是机械化生产的，也不是手工生产的，而是用牙啃出来的。这套书虽然写了很多年，但是感觉很不完善。中国古代那么多蕴含着深刻智慧的典籍，我都还没有读过，还是读书太少了。我只是自学了很少的中华传统文化，然后把所学运用到了自己的生活实践中，就感觉收获特别大。这种收获感，是我学习西方学问从没有过的感受。那种解决了自己很多苦恼的感觉，那种正中肯綮的感觉，是学习西方理论从来没有过的。这让我对中国传统文化产生了极大的兴趣，想去做更多的探索，想让自己有更大的收获，也期待更多人也能像我一样有收获。

有一位非同行得知我的主要精力都用来写书，认真地问我："你写书一年能挣多少钱？"我当时就愣住了，那时我还只是想自费出一本书，从来没想过挣钱。愣了几秒钟后，我就开玩笑说，你太不了解我了，我什么时候为"稻粱谋"过。你不知道我的家庭背景吗？父母都是农民，老家至今还有房有地，我可以回家种地，青山绿水衣食无忧。每个人都可能有自己的兴趣爱好，有的人爱美食，有的人爱玩乐，有的人爱美容，有的人爱旅游，我的爱好是写自己的书，跟别人的爱好比起来，我的爱好也花不了多少钱，至今还一本书的出版费也没花成。

有人知道我在写与中华传统文化相关的书，以为我有理论创新流芳百世的野心，语重心长地告诫我，这不是一个学术创新的时代，作为学术研究者能就小问题做点儿小研究，能满足工作量混口饭吃就很好了。人家也是为我好，担心我混口饭吃都有困难。开始做这件事，我真的没什么"野心"，我本来只是想上山挖点儿野菜调剂一下口味，没想到挖到的是金山，有无穷的宝藏。当我认识了中华文化的特征，了解了中西方文化差异后，为了保卫自己的文化领土，本来过着优哉游哉的小日子的我，再不能坐以待毙。只可惜自己的学识与能力十分有限，中华传统文化博大精深，我只是一个普通人，以平凡的才智勉强来做难以胜任的事，可谓不自量力。人家都是有十桶水写出来一桶，我感觉自己恰好相反，有一桶水想写十桶。历史和时代给了我机会，我就把自己有限的才华发挥得淋漓尽致。有人说学术创新要只往前走一小步，这样别人才能理解，我这一步从西边跨回了东边，说了很多"不着边际"的话，言多必失。只希望学术领域能认识到这一点，我们还有一个自己的学科体系要去建立，还不能躺在西方学术体系上睡大觉，觉得已经很完善了，没有大的创新工作要做，只能小修小补混口饭吃。我高兴地看到，在很多社会学科领域都产生了自主知识体系的萌芽，甚至成体系的理论。我深知同胞之中藏龙卧虎，如果那么多优秀的人都能来研究中国自己的学问，相关学术研究的繁荣定指日可待。

有很多人都在用有多少名利来评价自己，但这不是我评价自己的标准。做什么样的人，做什么样的事，所做事的意义，这才是人生真正的意义，名利不过是别人的价值观。怎么赚钱不过是工作待遇，如何花钱才是人生待遇。能写这样的书，能自费出版，这才是我真正的机遇，感激历史和时代把这样的机会给了我，如果读者看了我的书能有收获，那就是我价值的体现。

写作这套书的过程，并不是"艰苦卓绝"的，而是处于良好的状态之中，让灵感与书的内容在这种良好状态里自然生长出来。有时候，并不知道要写什么，如果状态好，在前后语境中，自然会生发出合适的内容。如果状态不好，绞尽脑汁也是一筹莫展。这套书写了那么多年，有时候我也着急，想加把劲赶快写出来，但就是写不快。与其说这本书是写出来的，不如说是"养"出来的，就像种庄稼一样，你再努力施肥除草，也要春种秋收。不让一切的利益诱惑干扰自己的心，内心平静安宁无忧无虑，只有在这样的状态下，才能进行写作，可能是在写毛笔字、画画、读诗词、做手工、做饭、打盹、聊天等的时刻，头脑里灵光一闪，就产生了一个想法，然后将其记录下来，成为书的一部分内容。内心里如果有点儿其他功利性想法，或者情绪上有点儿焦躁，就与写书的要求不相适应了。我觉得写这套书是自己的学术使命，只要能完成这个使命，其他的都不重要。读者读了这套书感觉有收获，才是我真正的财富与荣誉，是我学术生涯的价值，也是我人生的价值。十多年来，个中艰辛逐白难竟，但是我是幸福的，我觉得值得。虽然水平有限，但我无愧于心。

我为什么"热衷"中华传统文化？并不是因为它是"中华传统"的文化，而是因为它是可以给整个人类带来希望的文化，有解决人类所面临的困境的智慧之匙。这里我想郑重地告诉大家，中华传统文化是有实实在在的应用价值的，学习中华传统文化如果只是了解了一些知识，而没有提升自己，相当于进入金山却空手而归。接触了中华传统文化以后，我感觉自己内心以及自己的生活都发生了难以想象的积极变化。那些传统文化中的"大道理"，真的与人的现实生活息息相关。中华传统文化，使我所上的课，所做的研究，所过的生活，所交往的人，从割裂状态走向有机统一。人生的兴趣和求生的饭碗，形而上的学术与形而下的生活实现了统一。从前的我身体不好，学习了中华传统文化后，身体变好了，时常会产生"健康自由"的感觉；从前的我情绪不佳，觉得自己的性格"天生忧郁"，学习了中华传统文化后，心情变好了，时常觉得"无忧无虑"；从前的我，对人生充满了迷茫与困惑，学习了中华传统文化后，感觉人生充满了希望，有太多有意义的事情要做；从前的我仿佛是被镇压在城市的钢筋水泥中的小鸟，不知道还有更光明的世界，现在的我仿佛是出笼的鸟，有更广阔的空间可以翱翔；从前的我听到"书中自有千钟粟""书中自有黄金屋""书中自有颜如玉"时，觉得这些比喻说得真是太好了，现在的我觉得这些并不是比喻，我在学习中华传统文化过程中所得到的收获，如果用"千钟粟""黄金屋""颜如玉"来交换的话，我是不会换的，可谓"倾城不换"。

五、展望与期待

对中国传统文化进行相关研究，与西方的社会科学研究有很大的不同。学习西方的一些社会科学，只要具备一定的智力水平，花费足够的时间，是可以穷尽其知识的。西方学问也有一套自己的成果产出模式，哪怕是一个没有什么学术积累的人，只要有"明师"指点，掌握一套产出模式，就能很快出成果。虽然成果的社会价值可能有限，但能解决燃眉之急。中国传统学问博大精深，学习十年是十年的功夫，学习二十年是二十年的功夫，就算学习一辈子也不"封顶"。如果没有自己的实践感悟，就很难理解传统经典，没有受用也就难以产出对他人有参考价值的成果。如果用西方的成果评价方法来评价中华传统文化的相关研究，肯定会造成削足适履的伤害。弘扬中华优秀传统文化，应该以培养人为目标，而不是以产出成果为目标。

中华传统文化有着丰富的内容，我主要选择了对我们解决当今时代所面临的问题有价值的视角。中华传统文化博大精深，我的认识可能是片面的、窄化的，只能作为认识传统文化的一个参考，如果想更深入地认识中华传统文化，还需要学习中华传统经典。根据我对中国传统文化的认识，"开悟"是修行的入门境界，所谓"悟后起修"，而我自己是一个普通人，自己研究中华传统文化的资格还不够。虽然我力求"述而不作",努力总结古圣先贤及中国人民的智慧,但本人的水平决定了这套书的局限,对中华传统文化学习与研究感兴趣的同人,最好能向中华传统经典寻求更深邃的智慧,向中国波澜壮阔的历史与当今实践寻求更丰富的智慧。

在书中我介绍了自己的一些实践与思考,看起来不太符合现有的学术范式,现有的学术研究往往只谈"普遍规律",不谈个人经验,似乎个人经验是狭隘而缺乏价值的。在书中我也论述了,对于管理、教育这类关乎人的发展的学科来说,关键点不在于平均标准与普遍规律,而在于卓越标准与超越规律,如果按照平均标准来要求人,按照普遍水平来发展人,无异于明珠暗投。我讲述了自己的一些经验,并不是把自己当成卓越标准,而是作为一个普通人学习卓越标准的案例供大家参考。在学习中华传统文化的过程中,我是有很大改变、很大收获的,这种改变是如何发生的,我自己也难以尽述,需要读者判断、感悟,每个人可能都有自己独特的成长路径。我所讲的个人经历,其实是自己吸收传统文化营养的方式,我呈现的是个体学习与成长的案例,或许这才是我能提供的价值,否则大家直接去读传统经典就可以了。我这样一个普通人能做的,也许恰恰是可以对大家有所启发的。另外,在写作这套书的过程中,我自己心目中的"诉说对象",并不仅仅是学术界的同人,而是所有教育者与管理者,所有希望了解中华传统文化的人,虽然是学术著作,但我希望它成为通俗读物,希望谁都能读懂,有兴趣读,读了能有收获,所以,我有意无意地不想让内容显得太刻板。写作完成之后回头看,感觉有些地方比较有故事性,甚至有点儿文学性,我想这种写作风格除了与我个人有关,也是由中华文化与汉语的语言文字特点决定的。我讲的每一个"故事"都是真实的,起码我自己觉得是真实的。虽然有些内容为了避免对当事人造成影响,我进行了一定的修饰,但其核心内容一定是真实的。一方面我不能编造谎言去骗人,另一方面虚假的东西即使再贴切再动人,都不具有真实的力量。就像仿制的塑料宝石,看起来再美丽,也不能像真宝石那样在时空中绽放永恒的光芒。我之所以要讲很多"故事",不只是说明道理,也是基于中华传统"知行情意"的教育与管理思想,知道很多道理是不够的,还需要记住,还需要有情感共鸣,而故事是达到这一效果的简便途径。这套书蕴含了个人自我修养体系,可以为任何人的自我成长提供启发。由于篇幅的限制及管理学、教育学理论的阐释需要，这部分内容分散到了不同的章节。比如，人性观，自我修养的道、法、术，情志调节的方法等，感兴趣的读者可以自己去发掘。我个人是从这套自我修养的体系中有所受用，而切入传统文化研究的。我的研究只是抛砖引玉，希望未来能有更多同人一起把中国过去几千年的智慧捧奉出来，交给未来几千年，这是我心目中最浪漫的千年之约，我相信自己不是单刀赴会，一定有很多人与我同赴此千年之约。我不是对自己有信心，是对中华儿女有信心，是对中华传统文化有信心。

这套书修改到后期，我手握自诩的传统文化"接力棒"，感觉战战兢兢、如履薄冰，总是怕万一出点儿意外，自己的"接力棒"交不出去。写了这么多年，凝聚了无数个那时那刻的想法与感受，如果出了意外我自己也无法再重新写出来同样的版本。这套书的出版让我如释重负，感觉交到自己手里的"接力棒"，终于被传递出去了，从今以后，可以"解甲归田"了，可以"一蓑烟雨任平生"了。在人生的前几十年，我努力做了一件值得的事，对一切都感觉满意，一切都刚刚好。后几十年，我想再做山野间无忧无虑的小孩儿，在智慧里重获童年。在那些独自走过的漫漫黑夜里，所有的焦虑与压力、困顿与挫折、嘲笑与指责，如今似乎都成了锦上添花，如果我可以轻易地完成这项工作，今天或许就不会有这种如释重负的感觉。我尽力做了自己能做的，其他的就拜托大家了。我相信有很多人，在看得见看不见的地方，在为国为民为人类做着同样的努力。期待中华传统文化能为解决人类所面临的困境发挥更大的作用，期待人类可以走上道德高尚、内心幸福的成长之路，期待人类能够彻悟宇宙人生之真谛。